KLAUS ZWINGMANN

Zur Soziologie des Richters in der Bundesrepublik Deutschland

NEUE KÖLNER RECHTSWISSENSCHAFTLICHE ABHANDLUNGEN

HERAUSGEGEBEN VON
DER RECHTSWISSENSCHAFTLICHEN FAKULTÄT
DER UNIVERSITÄT ZU KÖLN

HEFT 44

Berlin 1966

WALTER DE GRUYTER & CO.
vormals G. J. Göschen'sche Verlagshandlung · J. Guttentag, Verlagsbuchhandlung
Georg Reimer · Karl J. Trübner · Veit & Comp.

Zur Soziologie des Richters in der Bundesrepublik Deutschland

Von

Dr. Klaus Zwingmann

Berlin 1966

WALTER DE GRUYTER & CO.

vormals G. J. Göschen'sche Verlagshandlung · J. Guttentag, Verlagsbuchhandlung
Georg Reimer · Karl J. Trübner · Veit & Comp.

Gedruckt mit Unterstützung der Stiftung Volkswagenwerk

Archiv-Nr. 27 08 66 5

Satz und Druck: Saladruck, Berlin 36

INHALTSVERZEICHNIS

LITERATURVERZEICHNIS

A. Bücher

Anz, Heinrich — Bundesbesoldungsgesetze mit Wehrsoldgesetz, Berlin 1957.

Austin, John — The Province of Jurisprudence determined, London 1954.

Bartholomeyczik, Horst — Die Kunst der Gesetzesauslegung, Frankfurt/Main 1951.

Baumbach-Lauterbach — Zivilprozeßordnung, 24. Aufl., München und Berlin 1956.

Baur, Fritz — Justizaufsicht und richterliche Unabhängigkeit, Tübingen 1954.

Batiffol, Henri — La Philosophie du Droit, Paris 1960.

Bentham, Jeremy — The Limits of Jurisprudence defined, New York 1945.

Beradt, Martin — Der deutsche Richter, Frankfurt/Main 1930.

Bericht — des Statistischen Bundesamts VIII/1/18/1.

Berg, Hans — Gutachten und Urteil, 10.–13. Aufl., Stuttgart 1955.

Binder, Julius — Philosophie des Rechts, Berlin 1937.

— Rechtsbegriff und Rechtsidee, Leipzig 1915.

Bismarck, Otto von — Gedanken und Erinnerungen, Stuttgart und Berlin 1921.

Boehmer, Gustav — Grundlagen der bürgerlichen Rechtsordnung, Erstes Buch, Tübingen 1950. Zweites Buch, erste Abteilung, Tübingen 1952.

Bohne, Gotthold — Zur Psychologie der richterlichen Überzeugungsbildung, Köln 1948.

Bolte, Karl-Martin — Sozialer Aufstieg und Abstieg, Stuttgart 1959.

Bréhier, Émile — Histoire de la Philosophie, Paris 1934.

Brusiin, Otto — Über die Objektivität der Rechtsprechung, Helsinki 1949.

Bull, Hans-Joachim — Prozeßhilfen, 2. Aufl., München und Berlin 1960.

Burckhardt, Walter — Einführung in die Rechtswissenschaft, Zürich 1939.

Cardozo, Benjamin — Lebendiges Recht (The Growth of the Law), München 1949.

Carlston, K. S. — Law and Structures of Social Action, London 1956.

Castberg, Frede — Problems of Legal Philosophy, 3. Aufl., Oslo 1957.

Dahm, Georg — Deutsches Recht, Stuttgart und Köln, 2. Aufl. 1951.

Dahrendorf, Ralf — Über den Ursprung der Ungleichheit unter den Menschen, Tübingen 1961.

Davy, Georges — Le droit, l'idéalisme et l'expérience, Paris 1922.

del Vecchio, Giorgio — Lehrbuch der Rechtsphilosophie, 2. Aufl., Basel 1951.

Döhring, Erich — Geschichte der deutschen Rechtspflege seit 1500, Berlin 1953.

Dreher-Maassen — Strafgesetzbuch mit Erläuterungen, 2. Aufl., München und Berlin 1956.

Ehrlich, Eugen — Die juristische Logik, 2. Aufl., Tübingen 1925.

— Grundlegung der Soziologie des Rechts, München und Leipzig 1913.

Eichler — Rechtssoziologie in Handwörterbuch der Soziologie, hrsg. W. Ziegenfuss, Stuttgart 1955/56.

Enneccerus-Nipperdey — Lehrbuch des Bürgerlichen Rechts, 14. Aufl., Tübingen 1952.

Esser, Josef — Grundsatz und Norm in der Fortbildung des richterlichen Privatrechts, Tübingen 1956.

Fallada, Hans — Damals bei uns daheim, rororo Taschenbuch, Ausgabe 1955.

Fauconnet, Paul — La responsabilité, 2. Aufl., Paris 1928.

Fechner, Max — Soziologie und Metaphysik des Rechts, Tübingen 1956.

Finger, Richard — Die Kunst des Rechtsanwalts, 3. Aufl., Berlin 1926.

Fischbach, Oskar — Bundesbeamtengesetz, 2. Aufl., Köln/Berlin 1956.

Forsthoff, Ernst — Lehrbuch des Verwaltungsrechts, 7. Aufl., München und Berlin 1958.

Friedmann, Wolfgang — Law in a changing society, London 1959.

Geiger, Theodor — Vorstudien zu einer Soziologie des Rechts, Aarhus 1947.

Gierke, Otto von — Deutsches Privatrecht, Band I, Leipzig 1895.

Gray, J. Ch. — The Nature of the Judicial Process, New York 1909.

Gumplowicz, Ludwig — Grundriß der Soziologie (Ausgewählte Werke Band II) Innsbruck 1926. (Ausgewählte Werke Band IV), Innsbruck 1928.

Gurvitch, Georges	Grundzüge der Soziologie des Rechts, Neuwied 1960.
—	L'idée du droit social, Paris 1931.
—	Rechtssoziologie in: Die Lehre von der Gesellschaft, Stuttgart 1958.
—	Sociology of Law, London 1948.
Hägerström, Axel	Inquieries into the Natur of Law and of Morals, Wiesbaden 1953.
Hellmer, Joachim	Das Fischer Lexikon „Recht", Frankfurt/Main 1959.
Hippel, Fritz von	Recht, Sittlichkeit und Religion im Aufbau von Sozialordnungen, Tübingen 1958.
—	Formalismus und Rechtsdogmatik, Hamburg 1936.
Holmes, O. W.	Collected Legal Papers, New York 1921.
Homans, George C.	The Human Group, 2. Druck, London 1957.
Horvath, Barna	Rechtssoziologie, Berlin 1934.
Jerusalem, F. W.	Kritik der Rechtswissenschaft, Frankfurt/Main 1948.
—	Soziologie des Rechts, Jena 1925.
—	Der Staat, ein Beitrag zur Staatslehre, Jena 1935.
Kant, Immanuel	Metaphysik der Sitten, hrsg. von Vorländer, Hamburg 1954.
Kelsen, Hans	Der soziologische und der juristische Staatsbegriff, 2. Aufl., Tübingen 1928.
—	Hauptprobleme der Staatsrechtslehre, 2. Aufl., Tübingen 1923.
—	Vergeltung und Kausalität, Den Haag 1946.
Kern, Eduard	Gerichtsverfassungsrecht, 3. Aufl., München und Berlin 1959.
—	Geschichte des Gerichtsverfassungsrechts, München und Berlin 1954.
—	Strafverfahrensrecht, 3. Aufl., München und Berlin 1953.
Klug, Ulrich	Juristische Logik, Berlin / Göttingen / Heidelberg 1951.
Kohler, Josef	Lehrbuch der Rechtsphilosophie, 3. Aufl., Berlin 1923.
König, René	Das Fischer Lexikon „Soziologie", Frankfurt/Main 1958.
Kroschel-Doerner	Die Abfassung der Urteile in Strafsachen, 18. Aufl., Berlin und Frankfurt/Main 1957.

Krüger — Breetzke — Nowack	Gleichberechtigungsgesetz, Kommentar, München und Berlin 1958.
Lambert, Édouard	Le gouvernement des juges et la lutte contre la législation sociale aux États-Unis, Paris 1921.
Laun, R.	Recht und Sittlichkeit, 3. Aufl., Berlin 1935.
Leclerq, J.	Du droit naturel à la sociologie, Paris 1960.
Lehmann, Heinrich	Allgemeiner Teil des Bürgerlichen Gesetzbuches, 12. Aufl., Berlin 1960.
Less, Günther	Vom Wesen und Wert des Richterrechts, Erlangen 1954.
Lévy-Bruhl, Henri	Aspects sociologiques du droit, Paris 1955.
Llewellyn, K. N.	Präjudizienrecht und Rechtsprechung in Amerika, Leipzig 1933.
Marx, Karl	Auswahl und Einleitung von Franz Borkenau, Fischerbücherei 1956.
Mezger, Edmund	Strafrecht, Allgemeiner Teil, Ein Studienbuch, München und Berlin 1951.
Michael und Adler	Crime, Law and Social Science, 1933.
Olivecrona, Karl	Law as Fact, London 1939.
Ornstein, Hans	Macht, Moral und Recht, Bern 1946.
Palandt, Otto	Bürgerliches Gesetzbuch, 19. Aufl., München und Berlin 1960.
Petrazyckí, Leon	Law and Morality, Cambridge/Mass., 1955.
Pinto, R.	Des Juges qui ne gouverne pas. Opinions dissidentes à la cour suprême des États-Unis 1900—1903, Paris 1934.
Popitz, H.	Das Gesellschaftsbild des Arbeiters, Tübingen 1957.
Pound, Roscoe	Sociology of Law in: Gurvitch, G., and W. E. Moore (Hrsg.) Twentieth Century Sociology, New York 1945.
Radbruch, Gustav	Rechtsphilosophie, 5. Aufl., Stuttgart 1956.
Reinhard, R., und König, W.	Richter und Rechtsfindung, München und Berlin 1957.
Rehfeldt, Bernhard	Einführung in die Rechtswissenschaft, Berlin 1962.
Ripert, Georges	Les Forces créatrices du droit, Paris 1955.
Rosenberg, Leo	Lehrbuch des deutschen Zivilprozeßrechts, 8. Aufl., München und Berlin 1960.
Ross, Alf	Theorie der Rechtsquellen, Leipzig 1929.
—	Towards a realistic Jurisprudence, Copenhagen 1946.

Sartorius, Carl, (Begründer) — Verfassungs- und Verwaltungsgesetze, Band 1, 16. bis 23. Aufl., München und Berlin, Stand 1. 4. 1960.

Sattelmacher — Lüttig — Beyer — Bericht, Gutachten und Urteil, 22. Aufl., Berlin und Frankfurt/Main 1957.

Sauer, W. — System der Rechts- und Sozialphilosophie, Basel 1949.

Sauermann, H. — Soziologie des Rechts, in: Dunkmann, K. (Hrsg.) Lehrbuch der Soziologie und Sozialphilosophie, Berlin 1931.

Savigny, Friedrich Carl von — System des heutigen Römischen Rechts, Band 1, Berlin 1840.

Schiffer, Eugen — Die deutsche Justiz, 2. Aufl., München und Berlin 1949.

Schmidt, Eberhard — Gesetz und Richter — Wert und Unwert des Positivismus, Karlsruhe 1952.

— — Lehrkommentar zur Strafprozeßordnung und zum Gerichtsverfassungsgesetz, Teil I, Göttingen 1952.

Schmidt, Richard — Einführung in die Rechtswissenschaft, Auf der Grundlage einer neuen Rechtsordnung, 3. Aufl., Stuttgart 1934.

Schönfeld, Walter — Grundlegung der Rechtswissenschaft, Stuttgart und Köln 1951.

Schönfelder, Heinrich, (Begründer) — Deutsche Gesetze, 32. Aufl., München und Berlin, Stand 1. 8. 1960.

Schönke, Adolf — Einführung in die Rechtswissenschaft, 6. Aufl., Karlsruhe 1955.

Schönke-Schröder — Strafgesetzbuch, Kommentar, 9. Aufl., München und Berlin 1959.

Schorn, Hubert — Der Richter im Dritten Reich, Frankfurt/Main, 1959.

Schröder-von Künßberg — Lehrbuch der deutschen Rechtsgeschichte, 7. Aufl., Berlin 1932.

Schwarz, Otto — Strafprozeßordnung, 19. Aufl., München und Berlin 1956.

Setz, Karl — Dodeldum, Komische Geschichten um einen schwäbischen Amtsrichter, Heidenheim 1956.

Stone, Julius — The Province and Function of Law, 2. Aufl., 1950.

Timasheff, N. S. — An Introduction to the Sociology of Law, Cambridge/Mass. 1939.

Tönnies, F. — Die Sitte, Frankfurt/Main 1909.

Tucholsky, Kurt — Panter, Tiger & Co., Hamburg 1954.

Wagner, A. — Der Richter, Geschichte, Aktuelle Fragen, Reformprobleme, Karlsruhe 1959.

Weber, Max — Wirtschaft und Gesellschaft, Halbband 1 und 2, Tübingen 1956.

Wegner, Arthur — Einführung in die Rechtswissenschaft, 2. Aufl., Berlin 1948.

Wieacker, Franz — Privatrechtsgeschichte der Neuzeit, Göttingen 1952.

Wiese, Leopold von — System der allgemeinen Soziologie, 2. Aufl., München und Leipzig 1933.

Welzel, Hans — Das deutsche Strafrecht in seinen Grundzügen, 2. Aufl., Berlin 1949.

Wörterbuch — der philosophischen Begriffe, bearbeitet von Rudolf Eisler, 4. Aufl., Berlin 1928.

Wörterbuch — der Soziologie, hrsg. von Bernsdorf und Bülow, Stuttgart 1955.

B. Aufsätze in Zeitschriften und Jahrbüchern

Arndt, A. — Grundfragen einer Reform der deutschen Justiz, DRiZ 1959, S. 199.

Arndt, H. — Krise der Verwaltungsgerichtsbarkeit, DRiZ 1959, S. 85.

Ascher — Die Verbürgerlichung des Strafrechts, DJZ 1929, S. 570.

Bachof — Urteile von der Stange? DÖV 1957, S. 564.

Baring — Urteile nach Maß, DÖV 1959, S. 161.

Baur — Sozialer Ausgleich durch Richterspruch, JZ 1957, S. 194.

Baur — Formzwang und Fallgerechtigkeit, Staatsanzeiger für Baden-Württemberg, 10. Jahrgang Nr. 3, vom 14. 1. 1961.

Bender — Zur Methode der Rechtsfindung bei der Auslegung und Fortbildung gesetzten Rechts, JZ 1957, S. 596.

Bettermann — Bei Zurückverweisung — andere Richter, JZ 1959, S. 17.

Bruns — Zur rechtsproblematischen Dogmatik strafrichterlicher Auflagen, NJW 1959, S. 1393.

Capelle — Zum Verhältnis von Gesetz und Rechtswirklichkeit in der Wirtschaft, in Hamburger Jahrbuch für Wirtschafts- und Gesellschaftspolitik, 5. Jahr, Tübingen 1960, hrsg. von H. D. Ortlieb, S. 44.

Cohen, R. — Moral Aspects of the Criminal Law, Yale Law Journal, Vol. 49, April 1940, S. 987 ff.

Cohn — Richter, Partei und Prozeßvergleich, JZ 1959, S. 463.

Dahrendorf — Bemerkungen zur sozialen Herkunft und Stellung der Richter an Oberlandesgerichten, in Hamburger Jahrbuch für Wirtschafts- und Gesellschaftspolitik, 5. Jahr, Tübingen 1960, hrsg. H. D. Ortlieb, S. 260.

Ehrlich, E. — Erwiderung auf die Rezension Kelsens der Grundlagen der Rechtssoziologie, Archiv für Sozialwissenschaft und Sozialpolitik (Braun's Archiv), Bd. 39, 1915, S. 879.

Ehrig — Die Krise der Verwaltungsgerichtsbarkeit, NJW 1959, S. 217.

Ellwein — Zur Geschichte des deutschen Rechtspositivismus, Protokolldienst der Evangelischen Akademie Bad Boll, 1959, Nr. 25, S. 9.

Fishman — Prolegomena zu einer Soziologie des Rechts, Österreichische Zeitschrift für Öffentliches Recht, 1959, Band IX, Heft 3, S. 298.

Forsthoff — Eigentumsschutz öffentlichrechtlicher Rechtsstellungen, NJW 1955, S. 1249.

— — Norm und Verwaltungsakt im geltenden und im künftigen Baurecht, DVBl. 1957, S. 113.

Geiger, W. — Die Bedrängnis der Richter, Vortrag vor dem deutschen Richterbund, Frankfurter Allgemeine Zeitung vom 9. 12. 1959, Nr. 285, S. 13.

Gillner — Stellungnahme zum Aufsatz Külz (in DÖV 1956, 741), DÖV 1957, S. 563.

Gillner — Wider die Vielschreiberei, DÖV 1959, S. 130.

Güde — Wie wirkt sich die totalitäre Vergangenheit auf die heutige Rechtsprechung aus? Die Justiz 1958, S. 373.

Hamann — Die gerichtliche Nachprüfung von Verfügungen und sonstigen Maßnahmen der Justiz- und Verwaltungsbehörden, DVBl. 1959, S. 7.

Haueisen — Die Krise der Verwaltungsgerichtsbarkeit, DVBl. 1960, S. 7.

— — Zur Rechtsfindung auf dem Gebiet des Verwaltungsrechts, DVBl. 1960, S. 350.

Houin, R. — Enquête sociologique sur la situation juridique de l'enfant, Cahiers internationaux de sociologie, 7. Band, 2. Heft, 4. Jahrgang 1949.

Husen, P. van — Die Entfesselung der Dritten Gewalt, DVBl. 1959, S. 202.

— Die Überlastung der Verwaltungsgerichtsbarkeit, DVBl. 1958, S. 674.

Janowitz, M. — Soziale Schichtung und Mobilität in Westdeutschland, Kölner Zeitschrift für Soziologie und Sozialpsychologie, 1958, Heft 1, S. 1.

Kelsen — Eine Grundlegung der Rechtssoziologie, Archiv für Sozialwissenschaften und Sozialpolitik (Braun's Archiv) 1915, Band 39, S. 879.

— Replik auf Ehrlich, Archiv für Sozialwissenschaften und Sozialpolitik (Braun's Archiv) 1915, Band 41, S. 853.

— Zur Soziologie des Rechts, Archiv für Sozialwissenschaften und Sozialpolitik, (Braun's Archiv) 1912, Band 34, S. 601.

Kipp, Th. — Über die Doppelwirkung im Recht, Festschrift für Martitz 1911, S. 211.

Kohlhaas — Äußere und innere Unabhängigkeit der Richter, DRiZ 1956, S. 82.

— Übergesetzliches und positives Recht in der Sicht des Juristen, Protokolldienst der Evangelischen Akademie Bad Boll, 1959, Nr. 25, S. 20.

Kraft, J. — Rechtssoziologie in: Handwörterbuch der Soziologie, Stuttgart 1931 (hrsg. Vierkandt).

— Vorfragen der Rechtssoziologie, Zeitschrift für vergleichende Rechtswissenschaft 1930, Band 45, S. 1.

Küchenhoff — Der Begriff des Minimums in der Rechtswissenschaft, NJW 1959, S. 1254.

Lévy-Bruhl, H. — La science du droit ou „juridique", Cahiers internationaux de sociologie, 1950, 5. Jahrgang, 8. Band, 2. Heft.

Llewellyn, K. N. — Law and the Social Sciences — especially sociology, American sociological Review, 1959, Vol. 14, Nr. 4, S. 451.

— The Normative, the Legal and the Law-Jobs, Yale Law Journal 1940, Vol. 49, S. 1355.

Marx, H. — Das Recht, die Politik und unsere Richter, Stuttgarter Zeitung vom 6. 8. 1960, Nr. 179, S. 39.

— Die unbewältigte Vergangenheit, DRiZ 1960, S. 98.

May — Zur Beschränkung der Berufung auf das Strafmaß, NJW 1960, S. 465.

Menger — Aus der Praxis der Verwaltung und der Verwaltungsgerichtsbarkeit, Verwaltungsarchiv 1960, S. 64.

Neidhard — Vorwürfe gegen sogenannte „Nazi-Blutrichter", DRiZ 1960, S. 150.

Neubeck — Globalzession und verlängerter Eigentumsvorbehalt, NJW 1959, S. 1954.

Newerla — Noch einmal: Zur Krise der Verwaltungsgerichtsbarkeit, NJW 1959, S. 1621.

Nicken — Vorbereitungsdienst und große Staatsprüfung, JZ 1958, S. 207.

Niedermayer — Zur Krise der Verwaltungsgerichtsbarkeit, NJW 1959, S. 1897.

Noack — Rationalisierungsmöglichkeiten im Verwaltungsgerichtsverfahren, DÖV 1959, S. 210.

Potthoff — Grüne Pläne, — Schwarze Preise, NJW 1960, S. 706.

Rabenau — Das Arbeitszimmer des Richters, DRiZ 1960, S. 249.

Rautenberg — Der Perfektionismus in der Verwaltungsgerichtsbarkeit, NJW 1958, S. 164.

Recum, H. von — Soziale Strukturwandlungen des Volksschullehrerberufs, Kölner Zeitschrift für Soziologie und Sozialpsychologie, 1955, S. 574.

Reinecke, H. — Haftpflichtrecht und gesellschaftliche Entwicklung, Versicherungsrecht 1960, S. 769 und 1960, S. 965.

Reinicke, G. und D. — Die Bindung des Richters an veraltete Gesetze, MDR 1957, S. 593.

— — Zum Quotenvorrecht der Versicherungs- und Versorgungsträger, NJW 1954, S. 1103.

Richter, E. G. — Der Verwaltungsrichter und „seine" Statistik, DVBl. 1959, S. 196.

— — Über die angebliche Vielschreiberei, DVBl. 1959, S. 688.

Richter, W. — Die Richter der Oberlandesgerichte der Bundesrepublik, Hamburger Jahrbuch für Wirtschafts- und Gesellschaftspolitik, 5. Jahr, 1960, S. 241.

Riedel — Der Verwendungsanspruch des Werkunternehmers, NJW 1960, S. 1237.

Rumpf	Der goldene Mittelweg des deutschen Naturschutzes — Stellungnahme zum Aufsatz Gerber DÖV 1959, S. 485 in DÖV 1959, S. 740.
Rumpf, M.	Was ist Rechtssoziologie? Archiv für zivilistische Praxis 1924, Band 122, S. 38.
Ruscheweyh	Zur Reform der juristischen Ausbildung, JZ 1957, S. 50.
Schäfer	Der dritte Start der Verwaltungsgerichtsbarkeit, DVBl. 1958, S. 49.
Scheerbarth	Ist im Verwaltungsrecht die Hermeneutik auf Abwegen? DVBl. 1960, S. 185.
Scheuerle	Vorweggenommene Beweiswürdigung durch richterliche Aussageformulierung, ZZP 66, S. 306.
Scheuner	Die Aufgabe der Gesetzgebung in unserer Zeit, Mitteilungen der kommunalen Gemeinschaftsstelle für Verwaltungsvereinfachung, Köln, Juni 1960 (Sonderdruck).
Schmid, R.	Ein Buch über den Richter, Stuttgarter Zeitung vom 9. 1. 1960, Nr. 6, S. 47.
—	Der Richter, Ein Vortrag, Stuttgarter Zeitung vom 10. 1. 1959, Nr. 7, S. 43.
Schmidt-Räntsch	Die Vorbereitung des Richters auf die Ausübung seines Amtes, DRiZ 1958, S. 274.
Schönfeld	Verwendungsansprüche des Werkunternehmers bei Unwirksamkeit des Werkvertrags, JZ 1959, S. 301.
Schorn	Zur Dienstaufsicht über Richter, DRiZ 1954, S. 2.
Schumacher	Contra legem! Contra rechtsprechende Gewalt, DRiZ 1958, S. 46.
Schwinge	Die deutsche Militärgerichtsbarkeit im zweiten Weltkrieg, DRiZ 1958, S. 350.
Spiegel	Jurisprudenz und Sozialwissenschaft, Grünhuts Zeitschrift 1909, Band 36, S. 10.
Steiber, H. A.	Problemi attuali del diritto constituzionale americano, Rivista internationale di filosofia del diritto, 1937.
Tiedau	Zum neuen ehelichen Güterrecht, insbesondere zu den Beschränkungen des § 1365 BGB n. F., MDR 1959, S. 79.
Tietgen	Rezension von E. Kern, Gerichtsverfassungsgesetz, DVBl. 1960, S. 257.

Timasheff, N. S.	Wie steht es heute mit der Rechtssoziologie?, Kölner Zeitschrift für Soziologie und Sozialpsychologie, 1956, S. 415.
Venn, J. J. M. van der	Zur Aufgabe der Rechtssoziologie, Archiv für Rechts- und Sozialphilosophie, 1958, S. 241.
Wagner, A.	Die Rechtsstellung der Richter in der DDR nach Erlaß des Richterwahlgesetzes, JZ 1960, S. 270.
—	Die Regierungsvorlage zum Richtergesetz, JZ 1957, S. 531.
Weidner	Zur Rechtsprechung des Bundessozialgerichts, JZ 1959, S. 698.
Wengler	Über die Unbeliebtheit der Juristen, NJW 1959, S. 1705.
Werner	Zur Kritik der Verwaltungsgerichtsbarkeit, DVBl. 1957, S. 221.
Woeste	Zur Frage der Einreichung unterschlagener Schecks durch einen ungetreuen Angestellten zur Gutschrift auf seinem Bankkonto, NJW 1960, S. 132.
Wunschel	Globalzession und verlängerter Eigentumsvorbehalt, NJW 1959, S. 1953.

ABKÜRZUNGSVERZEICHNIS

a. a. O.	am angeführten Ort
AbzG	Gesetz über die Abzahlungsgeschäfte
a. E.	am Ende
a. F.	alter Fassung
AG	Amtsgericht
a. M.	anderer Meinung
Anm.	Anmerkung
ArbGG	Arbeitsgerichtsgesetz
Art.	Artikel
BAG	Bundesarbeitsgericht
BAGE	Amtliche Sammlung der Entscheidungen des Bundesarbeitsgerichts
BaWüVBl	Baden-Württembergisches Verwaltungsblatt
BayObLG	Bayerisches Oberstes Landesgericht
BayObLGSt	Amtliche Sammlung der Entscheidungen des Bayerischen Obersten Landesgerichts in Strafsachen
BayVBl	Bayerisches Verwaltungsblatt
BB	Betriebsberater
BBG	Bundesbeamtengesetz
Bd.	Band
Bekl.	Beklagter
Beschl.	Beschluß
BDH	Bundesdisziplinarhof
BDO	Bundesdisziplinarordnung
BFH	Bundesfinanzhof
BGB	Bürgerliches Gesetzbuch
BGBl	Bundesgesetzblatt
BGH	Bundesgerichtshof
BGHSt	Amtliche Sammlung der Entscheidungen des BGH in Strafsachen
BGHZ	Amtliche Sammlung der Entscheidungen des BGH in Zivilsachen
BSG	Bundessozialgericht
BStBl	Bundessteuerblatt
BVerfG	Bundesverfassungsgericht
BVerfGE	Amtliche Sammlung der Entscheidungen des Bundesverfassungsgerichts
BVerfGG	Gesetz über das Bundesverfassungsgericht
BVerwG	Bundesverwaltungsgericht
BVerwGE	Amtliche Sammlung der Entscheidungen des Bundesverwaltungsgerichts

BVerwGG	Gesetz über das Bundesverwaltungsgericht
BWahlG	Bundeswahlgesetz
DDR	Deutsche Demokratische Republik
DIVO	Deutsches Institut für Volksumfragen, Frankfurt/Main
DJZ	Deutsche Juristenzeitung
DNotZ	Deutsche Notarzeitschrift
DOG	Deutsches Obergericht für das Vereinigte Wirtschaftsgebiet
DÖV	Die Öffentliche Verwaltung
DRZ	Deutsche Rechtszeitschrift
DRiZ	Deutsche Richterzeitung
DVBl	Deutsches Verwaltungsblatt
EGBGB	Einführungsgesetz zum Bürgerlichen Gesetzbuch
EheG	Ehegesetz
ESVGH	Entscheidungssammlung des Hessischen und Württembergisch-Badischen Verwaltungsgerichtshofs
FamRZ	Familienrechtszeitschrift; Ehe und Familie im privaten und öffentlichen Recht
GBl	Gesetzblatt
GewO	Gewerbeordnung
GG	Grundgesetz für die Bundesrepublik Deutschland
Goltd.Arch.	Goltddammers Archiv für Strafrecht
GVG	Gerichtsverfassungsgesetz
HGB	Handelsgesetzbuch
JAO	Verordnung der Landesregierung über die Ausbildung der Juristen (Baden-Württemberg)
JBl	Justizblatt
JGG	Jugendgerichtsgesetz
JR	Juristische Rundschau
JW	Juristische Wochenschrift
JZ	Juristenzeitung
KG	Kammergericht
KRG	Kontrollratsgesetz
KRABl	Amtsblatt des Kontrollrats
KuT	Konkurs und Treuhandwesen
LG	Landgericht
LitUrhG	Gesetz betreffend das Urheberrecht an Werken der Literatur und Tonkunst
L.-M.	Lindenmaier-Möhring, Nachschlagwerk in Zivil- und Strafsachen
MDR	Monatsschrift für Deutsches Recht
MRVO 165	Militärregierungsverordnung 165 = Verordnung Nr. 165 über die Verwaltungsgerichtsbarkeit in der britischen Zone.
NatSchG	Gesetz zur Ergänzung und Änderung des Reichsnaturschutzgesetzes
n. F.	neuer Fassung
NJW	Neue Juristische Wochenschrift

OLG	Oberlandesgericht
OVG	Oberverwaltungsgericht
PolG	Polizeigesetz Baden-Württemberg
PrÜbVO	Preisüberwachungsverordnung
PVG	Polizeiverwaltungsgesetz
RAO	Reichsabgabenordnung
RegBl	Regierungsblatt
RG	Reichsgericht
RGSt	Reichsgericht-Rechtsprechung in Strafsachen
RGZ	Reichsgericht-Rechtsprechung in Zivilsachen
s.	siehe
ScheckG	Scheckgesetz
StFG	Straffreiheitsgesetz
StGB	Strafgesetzbuch
StPO	Strafprozeßordnung
StVG	Straßenverkehrsgesetz
StVZO	Straßenverkehrszulassungsordnung
UmstG	Umstellungsgesetz
VerwArch.	Verwaltungsarchiv
VerwRspr.	Verwaltungsrechtsprechung in Deutschland
VGG	Gesetz über die Verwaltungsgerichtsbarkeit
VGH	Verwaltungsgerichtshof
VVG	Versicherungsvertragsgesetz
VwGO	Verwaltungsgerichtsordnung
Wü AGBGB	Württembergisches Ausführungsgesetz zum Bürgerlichen Gesetzbuch
ZPO	Zivilprozeßordnung
ZVG	Zwangsversteigerungsgesetz
ZZP	Zeitschrift für Zivilprozeß

EINLEITUNG

Eine Soziologie des Richters bedarf einiger Vorbemerkungen, um Mißverständnisse zu vermeiden. Das Wort „Soziologie" hat bis heute weithin eine schillernde Bedeutung behalten. Zwar gibt es innerhalb der soziologischen Wissenschaft seit langem Definitionen, die Soziologie als eine empirische Wissenschaft exakt umschreiben[1]. In Rechtswissenschaft und Rechtsprechung ist es aber bis heute dabei geblieben, daß man meist da von Soziologie zu sprechen beginnt, wo die Jurisprudenz anerkanntermaßen aufhört.

Bei diesem unsicheren Sprachgebrauch ist es deshalb erforderlich zu sagen, was hier unter Soziologie verstanden, mehr noch, was nicht darunter verstanden werden soll. Für eine Soziologie des Richters ist der Streit um die Begriffsbestimmung der Soziologie überdies von Interesse, weil der Zwiespalt zwischen allgemeinem und wissenschaftlichem Verständnis der Soziologie ein Hauptgrund für den beklagenswerten Zustand ist, in dem sich derzeit die Rechtssoziologie und die unter diesen Zweig der Soziologie fallende Soziologie des Richters befindet.

In der Rechtsprechung und in der Rechtslehre ging eine Hinneigung zu „soziologischen" Erwägungen Hand in Hand mit der Abwendung von der Begriffsjurisprudenz. Die Rechtsfindung erfolgt heute nach allgemeiner Ansicht nach den Regeln einer „soziologischen" Jurisprudenz[2]. Diese arbeitet nicht etwa mit Untersuchungsmethoden der Soziologie; der Begriff ist vielmehr nur ein Antithese zur Begriffsjurisprudenz, der vorgeworfen wird, sie deduziere Entscheidungen aus abstrakten Oberbegriffen ohne Rücksicht auf das Leben und die sozialen Bedürfnisse. Demgegenüber betont die soziologische Jurisprudenz, daß die Gesetze eine billigende oder mißbilligende Wertung sozialer Tatbestände enthielten und der Richter deshalb eine dem Gesetzeszweck gemäße Entscheidung zu finden habe[3].

Die Ersetzung scharfer Begriffe durch derartige „soziologische" Erwägungen hat Gründe, die später noch eingehend dargelegt werden. Wie weit solche Erwägungen von einer empirischen Soziologie entfernt sind, zeigt indes ein Urteil des VGH Stuttgart, in dem es heißt[4]:

---

[1] So schon M. Weber, Wirtschaft und Gesellschaft, 1. Halbband S. 1.

[2] Lehmann, Allgemeiner Teil des BGB, § 8 II 1.

[3] Lehmann, a. a. O., § 8 III 4.

[4] VGH Stuttgart Urteil vom 27. 3. 1958 — 2 S 176/57, FamRZ 1958, 235.

„Es ist schon soziologisch gesehen nicht zutreffend, daß der Automatenverkauf von Präservativen auf öffentlichen Straßen als allgemein bestehende Übung von der Bevölkerung anerkannt sei. Schon die ständig wachsende Zahl der Verwaltungs- und Strafprozesse über die Zulässigkeit dieser Verkaufsart spricht für das Gegenteil. Diese Verfahren sind regelmäßig — wie auch im vorliegenden Fall — soziologisch von der öffentlichen Meinung her untermauert durch eindeutig ablehnende Stellungnahmen der Elternschaft, der Lehrerschaft, der Geistlichkeit usw. Wenn zum Beispiel das Schöffengericht Dortmund, am 15. 2. 1957, 12 MS 24/57 erklärte, daß das Gericht nicht imstande sei,'das ohnehin nicht verläßliche Verfahren der Befragung der öffentlichen Meinung (nach Gallup, Emnid) zu veranlassen und seine Ergebnisse zu verwerten', so mag das zutreffen. Im Bereich rechtlicher Erkenntnismöglichkeiten liegt es aber, hypothetische Fragen des Alltagslebens an den Durchschnittsbürger zu stellen und zu beantworten. Läßt man einmal die Lehrerschaft und die Geistlichkeit außer Betracht, denen von den betroffenen Geschäftsleuten der Vorwurf gemacht wird, sie nähmen von Amts wegen gegen den Straßenautomatenverkauf von Präservativen Stellung, so würde doch jeder Vater und jede Mutter in unserer Bevölkerung diese Verkaufsart eindeutig mißbilligen. Dies jedenfalls dann, wenn man sie ohne jegliche Beeinflussungsabsicht mit dem objektiven Sachverhalt bekannt machte, wie er dem 1. Senat des erkennenden Gerichtshofs im Urteil vom 30. 4. 1956, ESVGH 6, 106 zur Entscheidung vorlag. Überhaupt läßt sich sagen, daß nach dieser Entscheidung jedes den Straßenverkauf von Präservativen im Grundsatz gestattende Urteil einseitig und unvollkommen bleibt, wenn es sich nicht mit den dort sehr zurückhaltend geschilderten Folgen dieser Verkaufsart auseinandersetzt, die völlig ‚aus heiterem Himmel' in einer ganz normalen, keine soziologischen Besonderheiten aufweisenden Durchschnittsstadt auftreten."

Die „soziologischen" Ausführungen in dieser Entscheidung beruhen nicht auf empirisch überprüften Feststellungen sozialer Tatbestände; es handelt sich vielmehr um unbewiesene Mutmaßungen, die mit dem Beinamen „soziologisch" versehen werden, damit sie gewichtiger erscheinen. Es mag dahingestellt bleiben, ob für die Untersuchung sozialer Tatbestände das angeblich „ohnehin nicht verläßliche Verfahren der Befragung der öffentlichen Meinung" nicht doch den „hypothetischen Fragen des Alltagslebens" vorzuziehen ist. Immerhin fragt die Meinungsforschung wirklich, nicht nur hypothetisch. Es wäre hier Sache des Gerichts gewesen, seine Entscheidung mit juristischen Argumenten zu begründen. Dabei hätte das Gericht darlegen müssen, daß die Rechtsprechung der Obergerichte zu der entschiedenen Streitfrage sehr schwankend ist[5]. Die „soziologischen" Ausführungen des Urteils sind also nichts anderes als ein Versuch, anstelle einer zweifelnden juristischen eine überzeugende metajuristische Begründung zu geben.

---

[5] Zusammenfassung BVerwG Urteil vom 23. 2. 1960 — I C 241/58, FamRZ 1960, 233.

Dieses Beispiel aus der Rechtsprechung ist symptomatisch für die Auffassung der Soziologie als eines Hilfsmittels für die Begründung von Entscheidungen. Eine so verstandene Soziologie ist niemals eine eigene Wissenschaft, sondern ein bloßer juristischer Soziologismus. Die Jurisprudenz sucht aber nach technischen Hilfsmitteln für die Begründung von Entscheidungen. Daraus ist die vielberufene Freirechtslehre hervorgegangen, die mit soziologischen Erwägungen gegen begriffliche Deduktionen argumentierte. Die weitaus bedeutendere Rechtssoziologie M. Webers, die vom Soziologismus weg zu einer Soziologie hin führte, blieb in der Jurisprudenz bezeichnenderweise unbekannt. Auf der anderen Seite fanden auch die Soziologen, mit Ausnahme M. Webers, der selbst ausgebildeter Jurist war, keinen Zugang zu der begriffslogischen Welt der Juristen. Die Rechtssoziologie wurde auch von ihnen nur oberflächlich in Angriff genommen und blieb ein Stiefkind unter den besonderen Soziologien.

Die wechselseitige Fremdheit von Jurisprudenz und Soziologie hatte zur Folge, daß konkrete rechtssoziologische Untersuchungen fast vollständig ausblieben. Die Soziologen verstanden die fachtechnischen juristischen Probleme nicht, weshalb kein idealtypischer soziologischer Sinn in dem Bereich gefunden wurde, der juristisch als Recht gilt. Ebensowenig aber war den Juristen die soziologische Fragestellung geläufig. Die Behandlung rechtssoziologischer Fragen führte daher entweder in die Rechtsphilosophie oder aber die Vertreter beider Wissenschaften blieben jeweils an der Grenze ihrer Fachwissenschaft stehen und warfen von da aus einen Blick auf die andere Wissenschaft. Von diesem Standpunkt aus erörterten sie, ob und in welcher Richtung eine Rechtssoziologie überhaupt möglich sei und in welcher Weise bestimmte Sachgebiete näher zu untersuchen seien. Es ist kein Zufall, daß im Gegensatz zu derartigen „Grundlegungen" der ausgebildete Jurist M. Weber die Rechtssoziologie schrieb, die am eingehendsten in juristische Einzelfragen eindrang.

Die Frage nach der Möglichkeit einer Rechtssoziologie soll hier nicht theoretisch beantwortet werden. Kommt eine empirische Soziologie des Richters zu praktischen Ergebnissen, so erledigt sich diese theoretische Frage von selbst.

Die heutige in zahlreiche soziale Gruppen zerfaserte pluralistische Gesellschaft beobachtet Stellung, Funktion und Tätigkeit des Richters besonders kritisch. Eine Soziologie des Richters muß deshalb klarstellen, daß sie zwar empirisch Tatsachen festzustellen versucht, damit aber keinerlei sozialkritische Wertung verbindet. Bei einer soziologischen Untersuchung des Richters liegt die Gefahr wertender Feststellungen besonders nahe. Die pluralistische Gesellschaft stellt an die Person des Richters fast übermenschliche Anforderungen. Der Richter soll gleichzeitig in und über allen sozialen Schichten stehen: Man erwartet von ihm, daß er die sozialen Verhältnisse und die Wertvorstellungen aller sozialer

Schichten verstehe, also in allen sozialen Schichten zu Hause sei; man verlangt andererseits von ihm, daß er über den Parteien steht und „richtig“ entscheidet.

Jede Feststellung sozialer Tatsachen über die Person des Richters kann vom Standpunkt einer bestimmten sozialen Gruppe aus als Werturteil angesehen werden. Die Zugehörigkeit des Richters zur gehobenen Mittelschicht kann ebensogut den Vorwurf der Kleinbürgerlichkeit wie den Vorwurf der Klassenherrschaft begründen; sie kann auch positiv als soziale Sicherheit und als geordnete Lebensführung gewertet werden. Eine Soziologie des Richters ist keiner sozialen Gruppe verpflichtet; sie verbindet deshalb mit ihren Feststellungen keinerlei wertende Urteile.

In dieser Arbeit soll Soziologie als empirische Einzelwissenschaft verstanden werden. Im Anschluß an König läßt sich die Soziologie des Richters als ein Teil der Rechtssoziologie begreifen, welche das Recht als eine Ordnung des Gesellschaftslebens, seine Bewegungs- und Entwicklungsgesetze, seine Beziehung zu anderen sozialen Ordnungssystemen, zur Kultur, zu Einzelgebieten des Lebens und zur sozial-kulturellen Person des Menschen zu erfassen sucht[6].

Der Richter ist die zentrale Figur des Rechts. Seine Stellung innerhalb des sozialen Gefüges und seine Arbeitsmethode bestimmen wesentlich die Bedeutung des Rechts innerhalb der sozialen Ordnung. Seine Entscheidung entwickelt im Einzelfall das Recht; sie stellt eine Beziehung zwischen dem dogmatischen Rechtssystem und dem lebenden Recht her. Sie ordnet bestimmte soziale Beziehungen des Menschen und weist ihm damit auf einzelnen Lebensgebieten einen bestimmten Platz zu. So schneidet eine Soziologie des Richters zwangsläufig alle Fragen an, die eine Rechtssoziologie zu lösen hat.

Eine so verstandene Soziologie des Richters muß von vornherein ihr Untersuchungsfeld räumlich begrenzen. Stellung, Funktion und Macht des Richters hängen von der besonderen Rechts- und Sozialordnung ab, in der er wirkt. So werden sich die Ergebnisse einer Soziologie des Richters in der Bundesrepublik nicht einfach auf den französischen, englischen oder amerikanischen Richter übertragen lassen. Nicht einmal eine einheitliche Soziologie des deutschen Richters ist möglich, da die Verschiedenheit in der Stellung und in den Aufgaben zwischen dem westdeutschen und dem ostdeutschen Richter womöglich noch größer ist, als die zwischen jenem und dem amerikanischen.

---

[6] König, Fischerlexikon Soziologie, S. 7.

I. ABSCHNITT

Die soziale Herkunft des Richters

Zahl der Richter und Besetzung der Gerichte in der Bundesrepublik

Bei den Gerichten der Bundesrepublik sind heute rechtsgelehrte Berufsrichter und Laienrichter tätig. Der Schwerpunkt der richterlichen Arbeit liegt bei den Berufsrichtern, die gegenüber den Laienrichtern auch der Zahl nach bei weitem überwiegen. Zahlreiche Gerichte sind nur mit Berufsrichtern besetzt, so die Amtsgerichte mit Einzelrichtern, die Zivilkammern der Landgerichte, die Senate der Oberlandesgerichte und der Oberen Bundesgerichte[7] mit Ausnahme des Bundesarbeits- und des Bundessozialgerichts, bei denen auch Laienrichter mitwirken[8].

In größerem Umfang sind Laien in der Strafrechtspflege, bei den Arbeits-, Sozial- und Verwaltungsgerichten tätig. Zum Teil sind diese Gerichte mit mehr Laienrichtern als Berufsrichtern besetzt, so zum Beispiel die Kammern für Handelssachen, die Arbeitsgerichte und die Landesarbeitsgerichte, die Schöffengerichte, die kleinen Strafkammern[9] sowie die Schwurgerichte[10]; zum Teil überwiegt die Zahl der Berufsrichter die Zahl der Laienrichter, etwa bei den großen Strafkammern, den Verwaltungsgerichten, dem Bundesarbeitsgericht und dem Bundessozialgericht[11].

Am 1. 1. 1957 waren in der Bundesrepublik insgesamt 11 340 Berufsrichter in den verschiedenen Gerichtszweigen tätig. Im einzelnen verteilen sich die Richter auf die einzelnen Gerichtszweige der Gerichte des Bundes und der Länder wie folgt:

---

[7] §§ 22, 75, 122, 139 GVG; § 10 VwGO; s. als Ausnahmeregelung § 2 des Gesetzes über das gerichtliche Verfahren in Landwirtschaftssachen vom 21. 7. 1953.

[8] § 41 ArbGG; § 40 i. V. m. § 39 SGG.

[9] Alle besetzt mit 1 Berufsrichter und 2 Laienrichtern: § 105 GVG; §§ 16, 35 ArbGG; § 29 Abs. 1, § 76 Abs. 2;GVG.

[10] 3 Berufsrichter und 6 Geschworene: § 81 GVG.

[11] 3 Berufsrichter und 2 Laienrichter: § 76 Abs. 2 GVG; §§ 4 Abs. 3, 41 ArbGG; § 40 i. V. m. § 33 SGG.

Gerichtszweig	Zahl der Richter[12]	davon bei andern Gerichten tätig
Verfassungsgerichte	60	40
Ordentliche Gerichte	9248	—
Arbeitsgerichte	305	—
Verwaltungsgerichte	752	69
Sozialgerichte	903	—
Disziplinargerichte	372	354

Persönliche Voraussetzungen zum Richter

Jeder Richter, der heute in der Bundesrepublik tätig ist, muß drei allgemeine Voraussetzungen erfüllen:

1. Besitz der deutschen Staatsangehörigkeit[13].
2. Besitz der bürgerlichen Ehrenrechte und der Fähigkeit zur Bekleidung öffentlicher Ämter (§§ 31, 35 StGB).
3. Ein gewisses Mindestalter, das in den einzelnen Gerichtszweigen und Gerichtsarten verschieden ist[14].

Jeder Richter wird grundsätzlich bei einem bestimmten Gericht ernannt[15]. Die Ernennung kann auf Lebenszeit — wie bei den meisten Berufsrichtern[16] — oder auf Zeit — wie bei den Laienrichtern[17] — er-

---

[12] Zahlen nach dem Bericht des Statistischen Bundesamts VIII/1/18/1.

[13] Für die beamteten Berufsrichter folgt dies schon aus § 7 Abs. 1 Nr. 1 BBG. Für die Laienrichter ist dieses Erfordernis gesetzlich ausdrücklich festgelegt, z. B. für Handelsrichter § 109 GVG, für Arbeitsrichter § 21 Abs. 2 ArbGG i. V. m. § 12 Abs. 1 BWahlG, für Schöffen und Geschworene § 31 S. 2 GVG, für Beisitzer der Verwaltungsgerichte § 20 VwGO.

[14] Für beamtete Berufsrichter grundsätzlich 27 Jahre § 9 Abs. 1 Nr. 2 BBG; für Richter am BGH, am BVerwG, am BAG, am BDH 35 Jahre, § 25 Abs. 2 GVG, § 3 Abs. 2 BVerwGG, § 42 Abs. 2, S. 1 ArbGG, § 41 Abs. 2 BDO. Richter am BVerwG müssen mindestens 40 Jahre alt sein, § 3 Abs. 1, S. 1 BVerwGG. Für Laienrichter gelten unterschiedliche Regelungen. Das Mindestalter von Arbeitsrichtern beträgt 25 Jahre, § 21 Abs. 2 ArbGG; von Handelsrichtern 30 Jahre, § 109 GVG; von Beisitzern bei Verwaltungsgerichten 30 Jahre, § 20, S. 2 VwGO; von Schöffen und Geschworenen 30 Jahre, §§ 33 Ziff. 1, 84 GVG.

[15] Ausnahmen von diesem Grundsatz finden sich in den §§ 22 Abs. 2 und 59 Abs. 2 GVG, wonach Mitglieder des Amtsgerichts gleichzeitig beim übergeordneten Landgericht und Mitglieder des Landgerichts gleichzeitig Amtsrichter sein können.

[16] Eine Ausnahme von diesem Grundsatz ist § 4 Abs. 2 BVerfGG, wonach 5 Richter eines jeden Senats für die Zeit von 8 Jahren gewählt werden.

[17] Handelsrichter für 3 Jahre, § 108 GVG; Schöffen und Geschworene für 2 Jahre, §§ 42 Abs. 1, 84 GVG; Beisitzer bei Verwaltungsgerichten mindestens für 2 Jahre, § 16 VwGO.

folgen. Einzelheiten regeln die Rechte der Länder, so daß sich innerhalb der Bundesrepublik Abweichungen ergeben können.

Bis zum Jahr 1922 konnten nur Männer Richter sein. Die ZPO und das GVG gingen als selbstverständlich davon aus, daß Frauen von der Rechtspflege ausgeschlossen sind[18]. Erst nachdem durch Art. 109 Abs. 2 der Weimarer Reichsverfassung Männer und Frauen für gleichberechtigt erklärt worden waren, erging am 25. 4. 1922 ein Reichsgesetz, wonach auch Frauen Schöffen und Geschworene werden konnten. Durch das Gesetz vom 11. 7. 1922 erhielten sie die Möglichkeit, als Handelsrichterinnen zu fungieren.

Im Dritten Reich wurde dieser Rechtszustand formell nicht geändert. Durch einen geheimen Führererlaß wurde jedoch angeordnet, daß Frauen als Richterinnen in Zukunft nicht ernannt werden sollten. Die bereits amtierenden Richterinnen sollten in die Verwaltung abgeschoben oder entlassen werden[19].

Art. 3 Abs. 2 GG sichert heute den Frauen wieder die Gleichberechtigung. Trotz dieser erreichten rechtlichen Gleichstellung ist der Richterberuf in der Bundesrepublik bis heute überwiegend ein Männerberuf geblieben. Von den am 1. 1. 1957 an Gerichten amtierenden 11 340 Richtern waren 280 Frauen. Davon waren 217 in der ordentlichen Gerichtsbarkeit, 10 bei den Arbeitsgerichten, 18 bei den Verwaltungsgerichten und 34 bei den Sozialgerichten tätig; 1 Frau ist Verfassungsrichterin. Der Anteil der weiblichen Richter beträgt demnach 2,4 %[20]. W. Richter meint in seiner soziologischen Untersuchung über Richter an Oberlandesgerichten, daß die Zahl der weiblichen Richter an Oberlandesgerichten vermutlich noch geringer sei als 2,2 %[21]. Die an oberen Gerichten und am Bundesverfassungsgericht tätigen Richterinnen führt Wagner namentlich in seinem Buch auf. Dies alles zeigt, daß weibliche Richter auch heute noch sehr selten sind, ja ihre Tätigkeit an höheren Gerichten beinahe als Sensation empfunden wird.

Soziale Herkunft der Berufsrichter

In Anbetracht der ausschlaggebenden Bedeutung der Berufsrichter für die Rechtsprechung muß eine Soziologie des Richters mit einer Soziologie des Berufsrichters beginnen. Eine Soziologie der Laienrichter soll hier

---

[18] Rosenberg, Lehrbuch des deutschen Zivilprozeßrechts, § 21 II 2 a.

[19] Hildegard Krüger in: Krüger — Breetzke — Nowack, Gleichberechtigungsgesetz, Einleitung, Randnummer 12 unter Berufung auf Kern, Geschichte des Gerichtsverfassungsgesetz.

[20] Zahlen nach dem Bericht des Statistischen Bundesamts VIII/18/1. Nach der in der DRZ 1959, S. 159 veröffentlichten Richterstatistik beträgt der Anteil der Richterinnen sogar nur 2,2 %; vgl. auch Wagner, Der Richter, S. 136.

[21] W. Richter, Die Richter der Oberlandesgerichte der Bundesrepublik. Eine berufs- und sozialständische Analyse, Hamburger Jahrbuch für Wirtschafts- und Gesellschaftspolitik 1960, S. 242.

nicht gegeben werden. So sehr ihre Tätigkeit umstritten sein mag, so wenig gibt es exakte empirische Unterlagen, die allein die Grundlage für eine Soziologie im hier verstandenen Sinn sein könnten. Schon eine Untersuchung über die soziale Herkunft der Laienrichter würde daran scheitern, daß hierzu keine statistischen Unterlagen greifbar sind. Es ist aber nicht Ziel dieser Arbeit, den Mutmaßungen über die Bedeutung oder über Wert oder Unwert der Tätigkeit von Laienrichtern eine weitere hinzuzufügen.

Für die soziale Herkunft der Berufsrichter ergeben sich erste Anhaltspunkte aus der Vorbildung, die seit dem Inkrafttreten des GVG jeder Bewerber um das Amt eines Richters nachweisen muß[22]. Die Fähigkeit zum Richteramt setzt ein Rechtsstudium an einer Universität von mindestens dreieinhalb Jahren voraus, dem sich die erste Staatsprüfung anschließt. Danach folgt eine praktische Ausbildungszeit von dreieinhalb bis vier Jahren, nach der die zweite Staatsprüfung abgelegt werden muß[23]. Mit dem Bestehen dieser zweiten Prüfung ist die Befähigung zum Richteramt nachgewiesen[24].

Schon eine Untersuchung der Studierenden der Rechtswissenschaftlichen Fakultäten in der Bundesrepublik und im früheren Deutschen Reich zeigt, daß ihre soziale Herkunft von einem soziologischen Querschnitt der gesamten Bevölkerung erheblich abweicht[25]. Auffallend ist insbesondere,

---

[22] Für die Bestellung zum Berufsrichter beim Arbeitsgericht ist die Befähigung zum Richteramt nicht unbedingte Voraussetzung, wenn auch erwünscht (§ 18 Abs. 3 ArbGG). Die Vorsitzenden der Landesarbeitsgerichte und die Berufsrichter beim Bundesarbeitsgericht müssen die Befähigung zum Richteramt nachweisen können (§ 36 S. 2 und § 42 Abs. 2 ArbGG); bis zum Inkrafttreten des ArbGG konnten in Berlin Vorsitzende des Landesarbeitsgerichts auch Personen sein, die nicht die zweite juristische Staatsprüfung abgelegt hatten (BAG Urteil vom 5. 11. 1957 — 3 AZR 18/57, DÖV 1958, 390). Die Zahl der Arbeitsrichter, die die Befähigung zum Richteramt nicht besitzen, ist jedoch im Verhältnis zur Zahl aller Richter so gering, daß sie sich bei einer Untersuchung der Herkunft aller Richter statistisch nicht auswirken kann. Die weitaus überwiegende Zahl aller beim Arbeitsgericht tätigen Berufsrichter besitzt die Befähigung zum Richteramt.

[23] Die Unterschiede in den Justizausbildungsordnungen der Länder können hier außer Betracht bleiben.

[24] § 2 GVG vom 27. 1. 1877 in der Fassung vom 12. 9. 1950. In den Gesetzen über die Verfassungs-, Verwaltungs-, Sozial-, Disziplinar- und Finanzgerichtsbarkeit ist eine dem § 2 GVG entsprechende Regelung eingefügt oder auf diese Vorschrift verwiesen (vgl. § 3 Abs. 2 BVerfGG; § 15 Abs. 2 VwGO in Verbindung mit § 2 GVG; §§ 3, 6 SGG; § 35 Abs. 3 BDO).

[25] Hierauf weist DAHRENDORF, Zur sozialen Herkunft und Stellung der Richter an Oberlandesgerichten. Ein Beitrag zur Soziologie der deutschen Oberschicht, Hamburger Jahrbuch für Wirtschafts- und Gesellschaftspolitik 1960, S. 266, hin.

in welch geringem Maß das Rechtsstudium Kinder von Arbeitern anzieht[26].

Die soziale Herkunft der Richter kann von der sozialen Herkunft der Rechtsstudenten abweichen, da nur ein Bruchteil der Studenten Richter wird. Über die soziale Herkunft der Richter war bis vor kurzem keine Aussage möglich, da die erforderlichen statistischen Unterlagen nicht zu erlangen waren. Die amtlich veröffentlichten Justizstatistiken des Deutschen Reichs, des Bundes und der Länder beschränken sich im wesentlichen auf eine Darstellung des Geschäftsanfalls bei den Gerichten. Von den Richtern wird vor allem mitgeteilt, wie sie sich auf die einzelnen Gerichtsarten und Gerichtszweige verteilen. Ebensowenig wie die allgemeine Statistik war und wird die Justizstatistik nach soziologischen Gesichtspunkten aufgestellt[27].

So finden sich bisher in den amtlichen Statistiken Angaben nur über die Zahl der Richter, ihre Verteilung nach Oberlandesgerichtsbezirken und das Verhältnis der Zahl der Richter zur Zahl der Einwohner[28]. Eine bundeseinheitliche Justizstatistik besteht erst wieder seit 1957. Die Entwicklung der Gerichtsbarkeit nach dem zweiten Weltkrieg bis zum Jahre 1957 wird sich deshalb kaum statistisch erfassen lassen. Die Möglichkeiten, bei den Justizministerien der Länder soziologische Daten über die soziale Herkunft der Richter zu erhalten, sind gering. Die Justizministerien weisen — mit Recht — auf den außerplanmäßigen Arbeitsanfall hin, den größere Erhebungen verursachen würden. Die Einsicht eines Dritten in die bei den Justizministerien angelegten Personalakten zu soziologischen Zwecken ist undenkbar[29].

Es ist das Verdienst Wagners, erstmals soziologische Daten über die Zusammensetzung der Richterschaft zusammengestellt zu haben, die weitergehende Analysen erlauben[30]. Seine Arbeit, die in erster Linie Belange der Richter für das damals zu erwartende Richtergesetz vertreten

---

[26] Vgl. die Übersicht bei Dahrendorf, a. a. O., S. 270.

[27] Dahrendorf, a. a. O., S. 270 Anm. 21 für die allgemeine Statistik.

[28] Die Statistiken des 3. Reiches über das Justizwesen spiegeln darüber hinaus seit 1935 in zunehmendem Maße nur noch inhaltsleere Angaben in Zahlen wider.

[29] Die Rechtsprechung billigt dem Beamten zwar ein Einsichtsrecht in seine Personalakten zu, vgl. VGH Bebenhausen Urteil vom 5. 1. 1956 — Pr. L. Nr. 257/55, BaWüVBl 1956, 41 mit weiteren Nachweisen. — Wesentliche Teile der über die Person der Beamten angelegten Akten, wie z. B. die Prüfungsakten, können jedoch für den einzelnen Beamten nicht eingesehen werden, so BVerwG Urteil vom 11. 7. 1958 — VII C 98/57, DÖV 1958, 706; Württ.-Bad. VGH Urteil vom 15. 11. 1957 — 3 K 101/57, Verw. Rspr. 10, 175. Da der Beamte seine eigenen Dienstakten nur beschränkt einsehen kann, erhalten Dritte nur unter ganz besonderen Umständen Auskünfte aus den Personalakten.

[30] Wagner, Der Richter, S. 133 ff.

sollte[31], wird durch die Untersuchung über deutsche Richter an Oberlandesgerichten von W. Richter und Dahrendorf in wesentlichen Punkten ergänzt[32]. Diese Untersuchung, die rein soziologische Ziele verfolgt, verarbeitet eine Fülle soziologischer Daten, die bisher empirisch nicht erfaßt waren. Diese beiden Untersuchungen können in einigen Punkten durch meine eigene Untersuchung über die Berufe der Väter der in Niedersachsen tätigen Richter ergänzt werden[33].

Die Vorbehalte, die Dahrendorf gegenüber dem von W. Richter zusammengetragenen Material macht, erscheinen nicht gerechtfertigt[34]. Zwar lassen sich die für Richter an Oberlandesgerichten gewonnenen Erkenntnisse nicht ohne weiteres auf alle Berufsrichter übertragen. Dahrendorf ist auch darin zuzustimmen, daß es wünschenswert ist, durch empirische soziologische Untersuchungen über die in den Personalbogen enthaltenen Angaben hinaus soziologische Daten zu erhalten. Die in den Personalbogen gesammelten persönlichen Daten stellen aber immerhin eine Grundlage dar, die einige soziologische Schlußfolgerungen nahelegen, wie sie auch Dahrendorf selbst zieht[35].

Über den Altersaufbau der Richter in der gesamten ordentlichen Gerichtsbarkeit und an Oberlandesgerichten gibt W. Richter folgenden Überblick[36]:

Altersaufbau der Richter an ordentlichen Gerichten und an Oberlandesgerichten

Lebensalter im Jahre 1959	Geburts-jahrgänge	Richter an ordentl. Gerichten ingesamt %	Richter an Oberlandes-gerichten abs.	%
26—30	1929—1933	1,9	—	—
31—35	1924—1928	11,0	1	0,1
36—40	1919—1923	13,1	22	2,6
41—45	1914—1918	11,5	66	7,7
46—50	1909—1913	18,8	191	22,3
51—55	1904—1908	20,8	227	26,5
56—60	1809—1903	14,0	210	24,5
61—65	1894—1898	7,4	111	13,0
66 und mehr	1893 und früher	1,5	28	3,3
		100,0	856	100,0

[31] Dies kommt schon in dem erläuterten Untertitel „Geschichte, Aktuelle Fragen, Reformpläne" zum Ausdruck. Die Rezensionen des Buches zeigen, daß auch die Richter das von WAGNER gebotene Material in erster Linie unter

W. Richter entnimmt die Prozentwerte für den Altersaufbau aller in der ordentlichen Gerichtsbarkeit tätigen Richter einem statistischen Schaubild bei Wagner[37]. Diese Statistik beruht auf einer Vollerhebung. Die absoluten Zahlen, von denen die Prozentwerte berechnet sind, hat Wagner leider nicht mitgeteilt.

W. Richter weist in seiner Untersuchung überzeugend nach[38], daß der Beruf des Richters ein urbaner Beruf ist. Von 10 an einem Oberlandesgericht beschäftigten Richtern kommt jeder 4. aus einer Großstadt[39] und nur jeder 5. aus einer Gemeinde bis zu 5000 Einwohnern. Das Verhältnis der Wohnbevölkerung des deutschen Reichs war im Jahre 1910 gerade umgekehrt. Mehr als die Hälfte aller Einwohner lebten in Gemeinden bis zu 5000 Einwohnern, in Großstädten lebte nur jeder 5. Der Vergleich mit dem Stichjahr 1910 bot sich an, weil 1959 der größte Teil der Richter an Oberlandesgerichten zwischen 1899 und 1913 geboren war. Der von W. Richter angestellte Vergleich setzt allerdings voraus, daß der Geburtsort zugleich der Ort ist, wo die Richter an Oberlandesgerichten ihre Jugend bis zur Berufswahl verbracht haben.

Die Ursache für diese Stadtgebundenheit des Richterberufs[40] sieht W. Richter in den von vornherein günstigeren Ausbildungsmöglichkeiten eines Kindes aus Groß- oder Mittelstädten, die sich vor allem früher ausgewirkt haben[41]. Man wird dem hinzufügen können, daß Kinder, die in ländlichen Gemeinden aufwachsen, nach den in der Gemeinde gebotenen Anregungen den Beruf des Richters kaum anstreben werden. Da die juristischen Berufe im allgemeinen in Groß- oder Mittelstädten seßhaft sind, liegt für ein Kind, das in einer ländlichen Gemeinde aufwächst, der Richterberuf, im Gegensatz zum Lehrer- oder Pfarrberuf, „außer seiner Welt".

---

diesem Gesichtspunkt gewürdigt haben. (Schmid, Ein Buch über den Richter, Stuttgarter Zeitung vom 9. 1. 1960, Nr. 6, S. 47.)

32 W. Richter, Die Richter der Oberlandesgerichte der Bundesrepublik. Eine berufs- und sozialständische Analyse, Hamburger Jahrbuch für Wirtschafts- und Gesellschaftspolitik 1960, S. 241 ff.; Dahrendorf, a. a. O., S. 260 ff.

33 Das niedersächsische Ministerium der Justiz hatte mir freundlicherweise eine Aufstellung von 1132 Berufen von Vätern der im niedersächsischen Justizdienst tätigen Richter übersandt.

34 Dahrendorf, a. a. O., S. 263, insbesondere Anm. 9.

35 z. B. Dahrendorf, a. a. O., S. 265.

36 W. Richter, a. a. O., S. 243.

37 Wagner, a. a. O., S. 134.

38 W. Richter, a. a. O., S. 243/4.

39 Stadt von 100 000 Einwohnern und mehr.

40 W. Richter, a. a. O., S. 243.

41 W. Richter, a. a. O., S. 244; er bezeichnet als Groß- und Mittelstädte Orte von mehr als 20 000 Einwohnern, ländliche Gemeinden Orte von weniger als 20 000 Einwohnern.

Auf den ersten Blick mag die von W. Richter[42] und von Dahrendorf[43] hervorgehobene Ortsgebundenheit[44] der an Oberlandesgerichten tätigen Richter erstaunlich erscheinen. Mehr als die Hälfte der Richter sind an Oberlandesgerichten tätig, die im Lande ihres Geburtsorts liegen; nur knapp $^2/_5$ der an Oberlandesgerichten tätigen Richter haben keine Beziehung zu dem Oberlandesgericht oder zu dem Bundesland, dem das Oberlandesgericht angehört. Die Ursache dieser Ortsgebundenheit der Richter liegt in erster Linie in der Organisation der Gerichtsbarkeit in der Bundesrepublik, wonach die Justiz Sache der Länder ist[45]. Diese Organisation bestand schon früher im Deutschen Reich und war nur während des Dritten Reichs kurz unterbrochen. Nach der von den Justizministerien geübten Praxis der Einstellung von Assessoren steht zu erwarten, daß sich die Ortsgebundenheit der Richter in den einzelnen Ländern noch klarer herausbilden wird. Seit einigen Jahren besteht ein Überangebot an Volljuristen, die wegen der verbesserten Besoldungsbedingungen[46] und der durch die Beamtenstellung verbürgten sozialen Sicherheit[47] mit Vorliebe in den Staatsdienst gehen. Gegenüber anderen Beamtenstellungen hat der als Richter fungierende Assessor von Anfang an den Vorteil einer gewissen Selbständigkeit des Arbeitens. Während noch vor einigen Jahren die Justizverwaltungen fast jeden Bewerber einstellten, um ihren Nachholbedarf zu decken, ist heute in den meisten Ländern eine bestimmte Qualifikationsnote im zweiten Staatsexamen erste Voraussetzung für eine Einstellung in den Justizdienst[48].

---

[42] W. Richter, a. a. O., Tabelle 3, S. 245.

[43] Dahrendorf, a. a. O., S. 269.

[44] W. Richter und Dahrendorf sprechen von „Immobilität". Dieser Begriff setzt nach Dahrendorf an sich einen Vergleich voraus, um den Grad der Mobilität zu bestimmen, durch den sich die Richter von andern sozialen Gruppen unterscheiden. „Ortsgebundenheit" soll demgegenüber ein wertneutrales örtliches Verhalten der Richter kennzeichnen.

[45] Vgl. hierzu W. Richter, a. a. O., S. 245 f.

[46] Der aus der zweiten Staatsprüfung kommende juristische Assessor erhält nur in Ausnahmefällen außerhalb des Staatsdienstes schon anfänglich ein Entgelt, das seiner Besoldung beim Staat gleichkommt, wenn man den Wert der Altersversorgung des Beamten berücksichtigt.

[47] Zwar sind durch die im Laufe der Jahre eingetretenen Verbesserungen der Sozialversicherung und durch betriebliche zusätzliche Sozialleistungen die finanziellen Vorteile des Beamten nicht mehr so hervorstechend. Sie bestehen aber immer noch, z. B. im Falle langjähriger Krankheit. Die praktische Unkündbarkeit gibt dem Beamten außerdem eine größere soziale Sicherheit als anderen Arbeitnehmern.

[48] Wagner, a. a. O., S. 143 f. In Hamburg wird als Richter nur eingestellt, wer zuvor einen Test bestanden hat. In eineinhalb Tagen sollen die Gesamtpersönlichkeit in charakterlicher Haltung, d. h. geistige Beweglichkeit, Initiative, Tatkraft, Leistungswille und menschliche Führungseigenschaften festge-

Der Referendar wird die zweite juristische Staatsprüfung regelmäßig in dem Land ablegen, in dessen Justizdienst er treten will[49]. Eine Übernahme in den Justizdienst eines anderen Landes ist nicht ohne weiteres möglich. Legt der Referendar in einem fremden Land die zweite juristische Staatsprüfung ab, so ist für ihn offen, inwieweit das Justizministerium, bei dem er sich bewirbt, das Examen anerkennt, und ob nicht bei starkem Andrang ein Bewerber vorgezogen wird, der das Examen im Lande abgelegt hat. In Bayern galt sogar bis zum Jahre 1958 eine gesetzliche Regelung, wonach Bewerber nicht in den juristischen Vorbereitungsdienst aufgenommen wurden, wenn sie die erste juristische Staatsprüfung nicht in Bayern abgelegt hatten. Diese Vorschriften wurden vom Bundesverwaltungsgericht als mit dem Grundrecht der freien Berufswahl unvereinbar erklärt[50].

Von besonderem Interesse ist die soziale Herkunft der Richter. Über die Berufe der Väter von Richter liegen mehrere Untersuchungen vor, deren Ergebnisse in der folgenden Tabelle zusammengefaßt sind:

Berufe der Väter von Richtern im Justizdienst des Landes Niedersachsen nach dem Stand vom 15.7.1959, der Väter von Assessoren in der Bundesrepublik, die in den Jahren 1956/57 in den Justizdienst getreten sind, sowie der Väter und Schwiegerväter von Richtern an Oberlandesgerichten im Jahr 1959[51].

stellt werden. Die Ergebnisse des Tests unterscheiden sich wesentlich von den Ergebnissen der großen Staatsprüfung, Nicken, Vorbereitungsdienst und Große Staatsprüfung, JZ 1958, 207.

49 Das BVerwG hat in seinem Urteil vom 21. 11. 1957 — II C 45/56, BayVBl 1958, 82 angedeutet, daß das Gesuch eines Bewerbers um Übernahme in den Staatsdienst den Zugang zu einem bestimmten öffentlichen Amt (Art. 33, Abs. 2 GG) zum Gegenstand habe. Für diesen Beruf, der dem Staat vorbehalten ist, gelte nach ständiger Rechtsprechung des BVerwG das Grundrecht der freien Berufswahl nicht. Dieser Rechtsprechung hat das BVerfG im „Apothekerurteil" vom 11. 6. 1958 — 1 BvR 596/56, BVerfGE 7, 377 = NJW 1958, 1035 widersprochen. Es hat aber Sonderregelungen auf der Grundlage des Art. 33 GG bejaht, so daß sich im Ergebnis wohl nichts geändert hat.

50 In dem in Anm. 49 zitierten Urteil des BVerwG. Der VGH München hatte im Gegensatz zum BVerwG die Klage abgewiesen, weil er die Vorschriften für anwendbar hielt.

51 Quellen: Richter in Niedersachsen nach Unterlagen, die mir freundlicherweise vom Justizministerium des Landes Niedersachsen zur Verfügung gestellt wurden; Assessoren nach Unterlagen, die mir zum Teil von den Justizministerien der Länder, zum Teil dankenswerterweise von Herrn Landesgerichtsrat Dr. A. Wagner überlassen wurden; die hier gegebene Aufstellung weicht geringfügig von der Wagners in: „Der Richter", S. 137 ab. Die Berufe der Väter und Schwiegerväter von Oberlandesgerichtsräten nach W. Richter, Tabelle 5, a. a. O., S. 248.

Berufsgruppen	Richter in Niedersachsen abs. (1131)	in %	Assessoren abs. (622)	in %	Richter an OLG Väter in % abs. (856)	Schwiegerväter in % abs. (552)
Richter und Staatsanwälte	84	7	31	5	7	5
Sonstige beamtete Juristen	—[52]	—	—	—	5	6
Nicht beamtete Juristen	28	2	22	4	3	1
Sonstige jurist. Berufe	10	1	7	1	10	6
Juristische Berufe insgesamt	122	10	60	10	25	18
einfacher Dienst	8	1	8	1	1	1
mittlerer Dienst	63	6	48	8	6	5
gehobener Dienst	192	17	138	22	20	14
höherer Dienst	253	23	68	11	24	22
nicht feststellbar welcher Dienst	52	5	5	1	—	—
Beamtenberufe ohne Volljuristen insgesamt	568	52	267	43	51	42
Unternehmer	28	2	—	—	3	4
Selbständige Gewerbetreibende	84	7	127	20	18	23
Landwirte	93	8	—	—	5	4
Leitende Angestellte } Sonstige Angestellte }	104	9	75	12	5	8
					5	8
Kaufleute	104	9	71	11	—	—
Arbeiter	22	2	22	4	3	3
Berufslose	6	1	—	—	—	—
Wirtschaftliche Berufe insgesamt	441	38	295	47	38	49
Insgesamt	1131	100	622	100	114	109

[52] — Bedeutet keine Angaben zu dieser Gruppe.

Die Angaben von W. Richter und Dahrendorf über die Berufe der Väter und Schwiegerväter von Oberlandesgerichtsräten sind insofern bemerkenswert, als ihre Prozentwerte insgesamt mehr als 100 % ergeben. Weder W. Richter noch Dahrendorf geben einen Hinweis, wie sie zu diesen Werten gelangt sind. Denkbar wäre, daß für die Väter und Schwiegerväter mehrere Berufe angegeben worden sind, oder daß selbständige juristische Berufe wie Rechtsanwälte oder Wirtschaftsberater sowohl unter den juristischen Berufen als auch unter den wirtschaftlichen Berufen erfaßt sind. Nach den von W. Richter und von Dahrendorf gemachten Ausführungen muß offen bleiben, ob die Zahlenwerte auf beabsichtigten Doppelkodungen oder auf Fehlern in der Auszählung beruhen.

Im Gegensatz zu den von W. Richter und Wagner[53] gegebenen Aufstellungen sind in der Tabelle oben alle Prozentwerte auf ganze Zahlen abgerundet. Die genaueren Berechnungen, die W. Richter und Wagner geben, können nur zu falschen Schlüssen verleiten. Berufsangaben sind in manchen Fällen ungenau, so daß eine eindeutige Klassifizierung der Berufe nicht möglich ist. Abgesehen von den Fehlern, die sich bei der Verschlüsselung oder der Handauszählung der Berufe ergeben, führen schon diese ungenauen Angaben zu einer Fehlertoleranz, die es jedenfalls nicht rechtfertigt, genauere Angaben als ganze Zahlen bei den vollen Prozentwerten zu geben.

Soweit W. Richter die Berufe der Väter und der Schwiegerväter von Oberlandesgerichtsräten aufgegliedert hat, gibt er einen vollständigen Überblick über die soziale Herkunft dieser Richter. Der Vergleich, den er mit der beruflichen Zugehörigkeit der Väter von Assessoren anstellt, die in den Jahren 1956/57 in den Justizdienst übernommen worden sind, ist mit Vorsicht aufzunehmen. Wagner stellte die Berufe der Väter der Assessoren in den meisten Fällen nach einem durch die Aufstellung der Justizministerien der Länder vorgegebenen Schlüssel zusammen. Da die Justizministerien der Länder zum größten Teil auf seine Anfrage nicht einzelne Berufsangaben, sondern fertige Aufstellungen schickten, war Wagner an diesen Schlüssel gebunden. Die bei Wagner nach diesem Schlüssel gegebene Aufgliederung deckt sich aber nicht mit derjenigen W. Richters, die mehr von soziologischen Gesichtspunkten ausgeht. W. Richter mußte deshalb Kategorien Wagners zusammenfassen, um vergleichbare Gruppen zu bilden. So hat er die bei Wagner aufgeführte Kategorie „Rechtsanwälte und Notare" seiner Gruppe der nichtbeamteten Juristen gleichgesetzt. In den meisten Fällen dürfte diese Gleichsetzung zutreffen. Die Berufsangabe „Notar" erlaubt jedoch keine eindeutige Eingliederung in die Gruppe der nichtbeamteten Juristen, wenn nicht

[53] Wagner, a. a. O., S. 19.

bekannt ist, in welchem Land der Notar tätig war[54]. Zwar ist in den meisten Ländern der Bundesrepublik der Notarberuf mit dem eines Rechtsanwalts gekoppelt. Im früheren Lande Baden aber sind alle Notare Landesbeamte mit einer akademischen juristischen Ausbildung[55]. Im Landesteil Württemberg gibt es neben freien Rechtsanwälten, die gleichzeitig Notare sind und eine akademische juristische Ausbildung haben, freiberufliche Nurnotare, die aus dem gehobenen Dienst hervorgehen, sowie die Bezirksnotare, die staatliche Beamte des gehobenen Dienstes sind[56]. Auch in andern Ländern der Bundesrepublik kennt man freie und beamtete Notare nebeneinander, z. B. in Bayern. Der Aufbau der Tabelle insgesamt, in der nur genaue Berufsangaben klassifiziert sind, legt den Schluß nahe, daß schon bei der Verschlüsselung der aus den Personalbögen der Oberlandesgerichtsräte erlangten Daten solche Unterschiede nicht beachtet worden sind.

Nach meinen eigenen Erfahrungen bei 1131 Berufsangaben niedersächsischer Richter war ein nicht unerheblicher Teil der Beamtenbezeichnungen (5 %) so ungenau, daß eine eindeutige Einordnung in die verschiedenen Laufbahnen nicht möglich war. Da W. Richter außer den Berufsangaben noch andere Daten zur Verfügung hatte, konnte er sicherlich in einigen Fällen eine eindeutige korrekte Eingliederung vornehmen. Es ist aber kaum vorstellbar, daß alle Zweifelsfälle auf diese Weise gelöst werden konnten. So dürften auch hier im Interesse der klaren Kategorien unklare Fälle nach gewissen — möglicherweise richtigen — Vermutungen in Gruppen eingereiht worden sein. Dies gilt für alle Aufgliederungen W. Richters, die in der Tabelle oben S. 14 ersichtlich sind. Bei einer streng korrekten Einordnung der Berufe hätte sich zu jeder dieser Gruppen eine Sammelkategorie ungenauer Berufsbezeichnungen ergeben müssen.

Von falschen tatsächlichen Voraussetzungen geht der Vergleich W. Richters zwischen den wirtschaftlichen Berufen von Vätern und Schwiegervätern von Oberlandesgerichtsräten mit den Berufen der Väter von Assessoren aus. W. Richter addiert einerseits seine Kategorien „Unter-

---

[54] Faßt man mit Wagner die Gruppe „Rechtsanwälte und Notare“ zusammen, so spielt die rechtliche Vorbildung der Notare nur unter dem Gesichtspunkt eine Rolle, ob die Notare Volljuristen sind. Da von den Vätern der in Baden-Württemberg 1956/57 eingetretenen Assessoren keiner Bezirksnotar war, wie aus den mitgeteilten Berufsangaben hervorging, konnte die rechtliche Stellung der Notare in den Bundesländern offen bleiben; denn Württemberg ist das einzige Land in der Bundesrepublik, in dem man nicht akademisch ausgebildete Notare kennt.

[55] Einige wenige Ausnahmen in Karlsruhe, wo durch besondere politische Umstände einige Rechtsanwälte unmittelbar nach 1945 das Recht erhielten, gleichzeitig als freie Notare tätig zu sein, können außer Betracht bleiben.

[56] Art. 12 Abs. 3 in V. m. Art. 95 WüAGBGB.

nehmer, selbständige Gewerbetreibende und Landwirte"; andererseits faßt er die bei Wagner gebildeten Kategorien „Kaufleute und Handwerker" in eine Gruppe zusammen. Aus dem Vergleich dieser beiden errechneten Gruppen will W. Richter soziologische Schlüsse ziehen. Tatsächlich entsprechen den drei zusammengefaßten Kategorien W. Richters bei Wagner die Berufsgruppen „Handwerker und Sonstige freie Berufe". In der Restgruppe der freien Berufe finden sich bei Wagner insbesondere die Landwirte, daneben auch Unternehmer und selbständige Gewerbetreibende, die nicht Handwerker sind. Dieser Fehler W. Richters wurde in der oben gegebenen Tabelle vermieden; die Tabelle S. 14 weicht also insofern von der von W. Richter gegebenen ab. Im Interesse einer soziologischen Auswertung wurden auch die Berufe der Väter der in Niedersachsen tätigen Richter dem Code W. Richters entsprechend gegliedert. In der Tabelle sollten die zahlenmäßig größeren Gruppen der selbständigen Gewerbetreibenden und der Landwirte miteinander verglichen werden. Deshalb wurde in Kauf genommen, daß der Berufsgruppe der Unternehmer bei W. Richter eine Gruppe der selbständigen Unternehmer und der freien Berufe gegenübersteht. Die juristischen freien Berufe konnten aus dieser Gruppe ausgesondert werden, womit die überwiegende Zahl der Nicht-Unternehmer aus der Vergleichsgruppe der Väter der niedersächsischen Richter ausgeschieden war. Soweit die Gruppen der selbständigen Gewerbetreibenden danach in ihrer Zusammensetzung nicht genau übereinstimmen, kann dies vernachlässigt werden. Der Anteil dieser Gruppe ist sowohl bei den Vätern und Schwiegervätern der Oberlandesgerichtsräte als auch bei den Vätern der niedersächsischen Richter sehr klein und hat etwa denselben prozentualen Anteil. Deshalb sind hier keine signifikanten Unterschiede zu erwarten.

Glücklicherweise wirkt sich die Gegenüberstellung zweier wesentlich verschiedener soziologischer Gruppen bei den Schlußfolgerungen W. Richters und Dahrendorfs nicht aus. Die prozentualen Anteile der Gruppen, die tatsächlich einander gegenüberzustellen sind, entsprechen etwa den Vergleichswerten von W. Richter und Dahrendorf. Der bei W. Richter unterteilten Gruppe der Angestellten lassen sich allerdings weder nach der von Wagner gegebenen Übersicht über die Berufe der Väter von Assessoren, noch nach meiner eigenen Untersuchung über die Vaterberufe der niedersächsischen Richter genaue Vergleichswerte gegenüberstellen; denn die Gruppe der „Kaufleute", die sowohl bei den Assessoren wie auch bei den niedersächsischen Richtern einen erheblichen Anteil ausmacht, ist weder eine homogene Gruppe kaufmännischer Angestellter noch eine selbständiger Kaufleute, sondern umfaßt Angehörige beider Berufsgruppen. Sie wurde deshalb in der Tabelle besonders erwähnt. Wie sich bei Interviews immer wieder zeigt, bezeichnen sich kaufmännische Angestellte mit Vorliebe als Kaufmann. Da „Kaufmann“ also eine doppeldeutige Berufsbezeichnung ist, wird man die Gruppe der Kaufleute entsprechend den Anteilen der selbständigen Gewerbetreibenden und der Angestellten unter diese Gruppen aufteilen können. Irgendwelche anderen Anhaltspunkte für eine Einordnung dieser Angaben in eine der beiden Gruppen lassen sich den bloßen Berufsangaben weder bei Wagner noch bei mir entnehmen. Auf die vorgeschlagene Weise dürfte man diese ungenauen Berufsangaben noch am besten soziologisch auswerten können.

Daß die von W. Richter für die Oberlandesgerichtsräte gefundenen Ergebnisse in mancher Hinsicht, namentlich in grundsätzlichen Fragen, repräsentativ für alle in der Bundesrepublik tätigen Richter angesehen werden können, zeigt die Übersicht über die Berufe der Väter verschiedener Gruppen von Richtern[57]. 6 von 10 Vätern von Richtern, die in Niedersachsen tätig sind, waren Volljuristen oder Beamte, während bei den Oberlandesgerichtsräten dieser Anteil geringfügig höher ist: 2 von 3 Oberlandesgerichtsräten stammen aus Familien, deren Väter Volljuristen oder Beamte waren. Folgt man der Schichteinteilung von Janowitz[58], so ergibt sich für die niedersächsischen Richter ebenso wie für die Oberlandesgerichtsräte, daß fast $^2/_3$ aller Richter der oberen Mittelschicht entstammen. Dahrendorf betont, daß er der Schichteinteilung von Janowitz folge und die Beamten des gehobenen Dienstes der oberen Mittelschicht zurechne[59]. Ob Janowitz wirklich die Schichteinteilung so vornimmt, geht aus dessen eigenen Ausführungen nicht klar hervor. Janowitz unterscheidet „untere“, „mittlere“ und „höhere“ Beamte. Ersichtlich legt er damit seiner Gliederung der Beamtenlaufbahnen nicht die gesetzliche Einstufung zugrunde, die zwischen einfachem, mittlerem, gehobenem und höherem Dienst unterscheidet[60]. Es läßt sich deshalb nicht mit Sicherheit sagen, ob die Schichteinteilung von Dahrendorf mit der von Janowitz übereinstimmt, da offen bleiben muß, ob die Beamten des gehobenen Dienstes zu den „mittleren“ oder zu den „höheren“ Beamten nach Janowitz zu rechnen sind.

Über die Richtigkeit der Schichteinteilung von Dahrendorf und Janowitz wird man streiten können, soweit diese die Beamten des gehobenen Dienstes mit den Beamten des höheren Dienstes, also auch den Richtern, in dieselbe Schicht einordnen. Man wird sich davor hüten müssen, die klangvolle Laufbahnbezeichnung zu überschätzen. Die Bezahlung der

---

[57] s. oben Tabelle S. 14.

[58] JANOWITZ, Soziale Schichtung und Mobilität in Westdeutschland, Kölner Zeitschrift für Soziologie 1958, Heft 1, S. 1 ff., 10.

[59] DAHRENDORF, a. a. O., S. 264, insbesondere Anm. 12.

[60] §§ 16—19 BBG.

Beamten des gehobenen Dienstes entspricht weitgehend der von Angestellten, die der unteren Mittelschicht zuzuordnen wären. Die Tätigkeit der gehobenen Beamten, die in ihrer überwiegenden Mehrzahl Inspektoren und Oberinspektoren sind, besteht in der Regel in der Erledigung weisungsgebundener Arbeiten, ferner sind ihnen Geschäfte zur selbständigen und eigenverantwortlichen Bearbeitung vorbehalten, die die Entscheidungen der höheren Beamten ergänzen, in der Justiz insbesondere Kostenentscheidungen, daneben auch ergänzende Entscheidungen zum richterlichen Spruch durch das Rechtspflegergesetz. In einem Anwaltsbüro versieht eine vergleichbare Tätigkeit ein Bürovorsteher in eigener Verantwortung. In der Innenverwaltung sind dem gehobenen Beamten die einfacheren Arbeiten des höheren Beamten zur Erledigung zugeteilt.[61] Ob das unwägbare allgemeine soziale Prestige der Beamtenstellung heute noch so groß ist, daß sich darauf in erster Linie die Einstufung in eine soziale Schicht gründen läßt, ist bei der zunehmenden „Verbeamtung" der Arbeiter- und Angestelltenberufe fraglich[62].

An dieser Stelle geht es in erster Linie um eine Gegenüberstellung verschiedener Gruppen und nicht so sehr um eine Kritik der Schichteinteilung von Dahrendorf und Janowitz. Deshalb mag die Frage auf sich beruhen bleiben.

Das wesentliche Ergebnis der oben gegebenen Übersicht sind die gleichartigen Daten für die verschiedenen Gruppen von Richtern. Dahrendorf, der diese Ergebnisse in Vergleich zu den entsprechenden Zahlen anderer

---

[61] In der Innenverwaltung läßt sich beobachten, daß die Funktion der gehobenen Beamten oftmals bedeutender ist als an sich vorgesehen. Die Funktion des gehobenen Beamten kann so weit gehen, daß praktisch er, nicht der ihm vorgesetzte höhere Beamte für bestimmte Entscheidungen maßgeblich ist. Da solche Verhältnisse auch außerhalb der Beamtenhierarchie, z. B. in der Wirtschaft vorkommen, scheinen sie keinen hinreichenden Anlaß zu bieten, die grundsätzliche Wertung der gehobenen Beamten zu beeinflussen. Im Verhältnis zwischen Richter und gehobenem Beamten ist es fast unmöglich, daß der gehobene Beamte die Funktion des Richters in der sozialen Wirklichkeit wahrnimmt.

[62] Bolte, a. a. O., S. 83 weist darauf hin, daß ein Beruf Prestigeakzente aus mehr oder weniger typischen Charaktereigenschaften von Personen beziehen kann, die diese Berufe ausfüllen und meint, daß die „Unbestechlichkeit" des Beamten sein Sozialprestige beeinflußt, wenn diese Eigenschaft als typisch für die Träger dieses Berufs bewußt wird. — Im Gegensatz zu Dahrendorf und Janowitz rechnet von Recum, Soziale Strukturwandlungen des Volksschullehrerberufs, Vom Aufstiegsberuf zum Mangelberuf, Kölner Zeitschrift für Soziologie 1955, 574, die Beamten des gehobenen Dienstes der unteren Mittelschicht zu; dementsprechend stuft er auch die Beamten des mittleren und des einfachen Dienstes jeweils eine Stufe tiefer ein als Janowitz.

sozialer Eliten setzt, weist mit Recht auf die außerordentlich geringe soziale horizontale und vertikale Mobilität der Richter hin[63]. Da sich die gefundenen Ergebnisse für die Oberlandesgerichtsräte weitgehend mit den Zahlen für die niedersächsischen Richter und die Assessoren decken, obwohl diese drei Vergleichsgruppen jeweils ganz verschiedene Gruppen von Richtern darstellen, können die in der Tabelle oben[64] gegebenen Werte als repräsentativ für alle Richter in der Bundesrepublik angesehen werden.

Die geringe Mobilität der Richter verglichen mit der anderer Eliten war vielleicht schon nach den Grundlagen der geltenden Gerichtsverfassung zu erwarten[65]. Weniger auf der Hand liegt das Ergebnis über die Schichtstabilität der Richter. Fast $^2/_3$ aller Richter entstammen einer Schicht, die insgesamt nur $^1/_{20}$ der Gesamtbevölkerung ausmacht. Der größte Teil der Bevölkerung, der sich aus Arbeitern, Facharbeitern und abhängigen Handwerkern zusammensetzt, stellt 24 von 856 Richtern an Oberlandesgerichten, 22 von 1131 Richtern in Niedersachsen und 22 von 622 Assessoren in der Bundesrepublik. Demgegenüber stammt jeder zweite Richter aus einer Beamtenfamilie, jeder siebte aus der Familie eines Richters oder eines Staatsanwalts und zumindest jeder zehnte, bei Oberlandesgerichtsräten sogar jeder vierte aus der Familie eines akademisch gebildeten Juristen; von den Einwohnern der Bundesrepublik stammt nur jeder sechzehnte aus einer Beamtenfamilie, und etwa jeder tausendste aus der Familie eines Richters oder Staatsanwalts[66]. Besonders deutlich treten die soziologischen Unterschiede bei einem Vergleich der Berufe von niedersächsischen Richtern mit den Berufen eines soziologischen Querschnitts der Bevölkerung der Bundesrepublik aus dem Jahre 1959 hervor.

Die Ehefrauen und Schwiegerväter der Richter kommen nach der von Richter für die Oberlandesgerichtsräte gegebenen Übersicht[70] aus derselben Schicht wie die Richter selbst. Dahrendorf weist auf die bemerkens-

---

[63] DAHRENDORF, a. a. O., S. 263.

[64] s. oben Tabelle S. 14.

[65] Die Gründe hierfür zeigt W. RICHTER, a. a. O., S. 245/6 auf.

[66] DAHRENDORF, a. a. O., S. 269.

[67] Nach einer Umfrage des Instituts DIVO, Frankfurt/Main, von dem auch der Schlüssel für die Aufgliederung der Berufe stammt, aus dem Jahr 1959.

[68] Die Berufsgruppe „Kaufleute" ist im Berufsschlüssel der DIVO nicht enthalten, da sie entweder zu den freien Berufen oder den Angestellten oder den selbständigen Geschäftsleuten zu rechnen ist.

[69] Bedeutet weniger als $^1/_2$ %.

[70] s. oben Tabelle S. 14.

[71] DAHRENDORF, a. a. O., S. 265.

[72] Begriff bei BOLTE, Sozialer Aufstieg und Abstieg, S. 171.

Berufliche Gliederung eines repräsentativen soziologischen Querschnitts der Bevölkerung der Bundesrepublik und der Väter der im Justizdienst des Landes Niedersachsen beschäftigten Richter

Berufsgruppen	Befragte des repräsentativen Querschnitts der Bevölkerung der Bundesrepublik[67]		Vätern von Richtern im Justizdienst des Landes Niedersachsen	
	abs.	in %	abs.	in %
Freie Berufe, selbständige Akademiker	35	2	57	5
Selbständige Geschäftsleute und Handwerker	196	11	84	7
Angestellte	261	15	104	9
Kaufleute[68]	—	—	104	9
Beamte	113	6	661	59
Facharbeiter	399	22	11	1
Arbeiter	283	16	11	1
Landwirtschaftl. Arbeiter	17	1	—	—
Selbständige Landwirte	150	8	93	8
Hausfrauen	2	0[69]	—	—
Berufslose	340	19	6	1
In Berufsausbildung	5	0	—	—
Keine Angaben	2	0	—	—
Insgesamt	1803	100	1131	100

werte „kompensatorische Verstellung" der wirtschaftlichen und der Beamtenberufe hin[71]. Man wird auch diese für die Oberlandesgerichtsräte ermittelten Zahlen als repräsentativ für die gesamte Richterschaft ansehen können, da die Richter in ihrer überwiegenden Mehrzahl schon vor ihrer Ernennung zum Oberlandesgerichtsrat heiraten und im Zeitpunkt ihrer Heirat ihre zukünftige Karriere im allgemeinen nicht übersehen können.

Die nur unerheblichen Differenzen, die sich bei einem Vergleich zwischen der sozialen Herkunft der in Niedersachsen tätigen Richter und der sozialen Herkunft der in den Jahren 1956/57 in den Justizdienst der Länder der Bundesrepublik eingetretenen Assessoren zeigen, legen den Schluß nahe, daß die ausscheidenden Richter auch heute noch aus denselben Bevölkerungsschichten ergänzt werden, die die Richter bisher gestellt haben. Ursache für diese „Berufsvererbung"[72] in der Gruppe der

Richter sind sicher zum Teil die sichtbaren und unsichtbaren Privilegien des deutschen Erziehungssystems. Mit der allgemeinen Umwertung der Berufe sind diese Privilegien jedoch mit der Zeit abgebaut, zumindest aber verschoben worden.

Die wirtschaftliche Belastung mit einem Studium mag für Arbeiterfamilien im Jahre 1929 noch größer gewesen sein als für Angestellte oder Beamte des einfachen oder mittleren Dienstes, obwohl auch schon damals die ursprünglich erheblichen Differenzen zwischen dem Einkommen der Arbeiter und dem mittlerer Angestellter oder einfacher oder mittlerer Beamter kaum noch bemerkbar gewesen sein dürften. Wirtschaftliche Gründe können aber jedenfalls zu dem Zeitpunkt, als die in den Jahren 1956/57 in den Staatsdienst getretenen Assessoren ihre Ausbildung durchliefen, nicht mehr entscheidend gewesen sein. Dahrendorfs Übersicht Nr. 1 über die soziale Herkunft der Studierenden an deutschen Hochschulen[73] beweist, daß sich die soziale Herkunft der Studierenden gegenüber früher nicht wesentlich geändert hat, obgleich inzwischen die Einkommensunterschiede zwischen Arbeitern, Angestellten und mittleren und unteren Beamten praktisch beseitigt sind. Nach alledem können die wirtschaftlichen Schwierigkeiten, die ein Studium für die Eltern mit sich bringt, nicht ausschlaggebend sein.

In gewissem Maße dürften auch die unsichtbaren Privilegien des Erziehungssystems abgebaut sein, die früher für bestimmte Schichten bestanden. So bietet sich als Erklärung für die geringe Mobilität der Richterschaft hinsichtlich des sozialen Auf- und Abstiegs an, daß trotz aller durch die politischen Ereignisse der letzten Jahrzehnte bedingten Umschichtungen der Gesellschaft gewisse Schichtordnungsprinzipien intakt geblieben sind. Diese Prinzipien sind im einzelnen noch weitgehend unerforscht. Auch das Buch Boltes bringt nur Ansätze zu einer Beantwortung dieser Frage. Bolte versucht in erster Linie, zunächst einmal den Grad der Mobilität bestimmter Berufe festzustellen. Die Faktoren, die für diese Mobilität ursächlich sind, klammert er bewußt aus seiner Untersuchung aus[74].

Die Untersuchungen Boltes zeigen, daß eine bloße Statistik der Berufsvererbung, wie sie hier nur gegeben werden kann, nicht ausreicht, um Aussagen über die Ursachen der geringen Schichtmobilität der Richter machen zu können. Es erscheint nicht zweckmäßig, die Vermutungen, die für die Ursachen der Mobilität vertreten werden, nach Bolte[75] hier noch einmal zusammenzustellen. Verbindliche Aussagen zu dieser Frage sind erst möglich, nachdem gezielte eingehende Untersuchungen hierüber durchgeführt worden sind.

---

[73] DAHRENDORF, a. a. O., S. 266.

[74] BOLTE, a. a. O., S. 228.

[75] BOLTE, a. a. O., S. 226/7.

Beim Vergleich der verschiedenen Gruppen von Richtern fällt zunächst auf, daß erheblich mehr Väter und Schwiegerväter von Oberlandesgerichtsräten juristische Berufe ausgeübt haben als Väter von Richtern in Niedersachsen und Väter von Assessoren. Dieser Unterschied erklärt sich möglicherweise daraus, daß die Berufsangaben, die W. Richter für seine Auszählung zur Verfügung gestellt erhielt, durch Angaben über die Schulbildung ergänzt werden konnten. Manche Väter von Assessoren und von Richtern in Niedersachsen, die unter der Kategorie der Angestellten aufgeführt sind, könnten möglicherweise bei Berücksichtigung der Angaben über die Schulbildung unter die sonstigen nicht beamteten Juristen eingereiht werden[76]. Bedauerlicherweise gibt W. Richter keine Beispiele dafür, welche Berufsarten er unter seine Sammelgruppe der sonstigen juristischen Berufe klassifiziert hat.

Im übrigen zeigt die Tabelle, daß sich innerhalb der oberen Mittelschicht eine gewisse Verschiebung bei den Richtern ihrer sozialen Herkunft nach ergibt. Während die Oberlandesgerichtsräte und die Richter in Niedersachsen mehr höhere als gehobene Beamte zum Vater haben, stammen die Assessoren mehr aus Familien gehobener Beamter.

Dahrendorf hat es unternommen, aufgrund dieser Daten typische Sozialcharaktere des Richters zu entwerfen. Man wird diesen Entwürfen grundsätzlich folgen können. Die Meinung Dahrendorfs, daß der Sohn des Richters oder des Geschäftsmannes aus einer Mittel- oder Großstadt ihr Studium jeweils in der nächstgelegenen Universität absolvieren, dürfte sich allerdings weder aus dem von W. Richter noch aus dem von Dahrendorf selbst vorgelegten Material begründen lassen. Wenn auch der zukünftige Richter sein Examen in vielen Fällen an der Universität seines Landes ablegen wird, nachdem er dort einige Semester studiert hat, so schließt dies nicht aus, daß er zeitweilig auch Universitäten anderer Bundesländer besucht. Im übrigen aber sind die Richter als seßhaft anzusehen: zeit ihres Lebens an einen begrenzten sozialen und regionalen Kreis gebunden, leben sie in geordneten Verhältnissen, ohne wirtschaftliches und soziales Risiko, aber auch ohne große wirtschaftliche und soziale Veränderungen[77].

Dieses aus soziologischen Daten gewonnene Bild bestätigt die Rechtsprechung in beamtenrechtlichen Fragen. Sie gibt darüberhinaus noch wesentliche Aufschlüsse über die Beziehungen zwischen dem Richter und

---

[76] Beim Vergleich der Prozentwerte für Angestellte bei den einzelnen Gruppen ist zu beachten, daß die Gruppe der Kaufleute entsprechend den Anteilen der Unternehmer, der selbständigen Gewerbetreibenden und der Angestellten auf diese Gruppen verteilt werden müßte. Bei dieser Aufteilung ergäbe sich ein gewisses Übergewicht dieser Berufsgruppen bei den Vätern der niedersächsischen Richter und den Vätern der Assessoren gegenüber den Vätern und Schwiegervätern der Oberlandesgerichtsräte.

[77] Dahrendorf, a. a. O., S. 265.

dem Staat. Die wirtschaftliche und die soziale Stabilität wird dem Beamten vom Staat oder seiner Anstellungskörperschaft gerantiert, was in der Rechtsprechung in Wendungen wie „hergebrachte Grundsätze des Berufsbeamtentums" oder „Besitzstand des Beamten" und „angemessene Besoldung" zum Ausdruck kommt[78].

Darüber hinaus zeigt aber die Rechtsprechung, daß der Beamte zum Staat in einem Verhältnis steht, wie es den sozialen Verhältnissen vor 90 oder 100 Jahren entspricht. Er steht nicht, wie ein beliebiger Arbeitnehmer, in einem Arbeitsverhältnis zum Staat, sondern in einem „besonderen Gewaltverhältnis". Er hat keinen Anspruch auf einen Lohn oder Gehalt, sondern erhält eine „Alimentierung", zu der der Staat aufgrund seiner „Fürsorgepflicht" für den Beamten verpflichtet ist. Im Gegensatz zu einem Arbeiter oder einem Angestellten, der auf die Bezahlung für seine geleistete Arbeit einen Rechtsanspruch hat, hat der Beamte keinen Rechtsanspruch auf seine Alimentierung. Während der Beamte in einem besonderen „Gewaltverhältnis" zu seinem „Dienstherrn" steht, ist derselbe Dienstherr im Verhältnis zu den bei ihm tätigen Arbeitern und Angestellten „Sozialpartner", der sich mit den andern „Sozialpartnern" an einen runden Tisch setzt und mit ihnen über Löhne und Arbeitszeit verhandelt[79].

Fischbach, selbst einst hoher Beamter und eine anerkannte Autorität auf dem Gebiet des Beamtenrechts, kommt nach der Rechtsprechung des Bundesverfassungsgerichts[80] unter Berufung auf Forsthoff[81] zu dem Ergebnis, daß der Beamte in seiner Rechtsposition zum Staat mit Fürsorgeempfängern, internierten Geisteskranken und Verbrechern verglichen werden könne[82].

Hier sind weniger die Konsequenzen dieser Rechtsprechung als die besondere Stellung von Interesse, die der Beamte und damit auch der Berufsrichter zum Staat hat. In Fragen der Besoldung und der Dienstaufsicht ist das Verhältnis zwischen Staat und Richter das zwischen dem Obrigkeitsstaat und dem nichtverantwortlichen Untertan. „Das öffentliche Leben ist auf den Staat hin konstruiert, der einen ethischen Eigenwert besitzt und alle Rechte verleihen oder nehmen kann[83]." Der Richter hat insoweit keine subjektiven öffentlichen Rechte gegen den Staat, sondern ist ihm unterworfen. In Wendungen wie „Fürsorgepflicht" klingt außerdem noch ein patriarchalisches Verhältnis zwischen Staat und Richter an.

---

[78] Vgl. hierzu BVerfG Beschluß vom 17. 10. 1957 — 1 BvL 1/57, NJW 1957, 1795 = BVerfGE 7, 155; BVerfG Beschluß vom 11. 6. 1958 — 1 BvR 1/52, 46/52, DÖV 1958, 620 = NJW 1958, 1228.

[79] FISCHBACH, Bundesbeamtengesetz, Einleitung S. VI.

[80] Beschluß des BVerfG vom 30. 4. 1952 — 1 BvR 14, 25, 167/52, NJW 1952, 865 = BVerfGE 1, 264.

[81] FORSTHOFF, Eigentumsschutz öffentlich rechtlicher Rechtsstellungen, NJW 1955, 1249.

Informelle Gruppenordnung der Richter

Die eben gegebene Übersicht über die soziale Herkunft verschiedener Gruppen von Richtern[84] erlaubt nicht nur Schlüsse auf die heutige soziologische Zusammensetzung der Richter in der Bundesrepublik; sie gibt auch Aufschluß über eine bestehende informelle Gruppenordnung der Richter. Die Tatsache, daß die Ehefrauen der Richter fast zu $^2/_3$ der oberen Mittelschicht entstammen[85], beweist, daß die Richter außerhalb ihres Dienstes vor allem zu Angehörigen der oberen Mittelschicht soziale Beziehungen haben. Demgemäß werden sie in dieser Schicht auch in erster Linie ihre Freunde und Bekannten haben.

Für die Tätigkeit der Richter kann die Bedeutung dieser informellen Gruppenordnung nicht hoch genug eingeschätzt werden. Üblicherweise erschöpft sich die Bedeutung der informellen Gruppenordnung darin, daß der einzelne bestimmte soziale Beziehungen herstellt, die sich auf seine berufliche Tätigkeit meist nur mittelbar auswirken, indem sie das Betriebsklima in bestimmter Weise beeinflussen. Auf die berufliche Arbeit selbst hat die informelle Gruppenordnung im allgemeinen keinen Einfluß; welche sozialen Beziehungen bestehen, beeinflußt nicht die Arbeit eines Buchhalters, eines Arbeiters an einer Maschine, eines Arztes, der einen Kranken behandelt. Anders beim Richter: die informelle Gruppenordnung bildet bestimmte Wertvorstellungen, die sich auf seine Arbeit unmittelbar auswirken können. Das Ziel richterlicher Arbeit ist die Entscheidung eines Streitfalls, d. h. die wertende Auswahl einer bestimmten Lösung unter mehreren denkbaren für einen sozialen Konflikt. Diese Entscheidung läßt sich nur zum Teil dadurch objektivieren, daß der Einzelfall als konkretes Beispiel einer bestimmten typischen, normativ geregelten Fallgruppe angesehen und entsprechend dieser abstrakten Regelung beurteilt wird.

Bedeutung sozialer Wertvorstellungen für die Rechtsanwendung

Bekanntermaßen beruht das Recht auf außerrechtlichen Normen[86]. Gesetzliche Vorschriften verweisen den Richter auf „Treu und Glauben",

---

[82] Fischbach, a. a. O., S. VIII.

[83] Ellwein, Zur Geschichte des deutschen Rechtspositivismus, Protokolldienst der Evangelischen Akademie Bad Boll, Nr. 25/1959, S. 9.

[84] s. oben Tabelle S. 14.

[85] Dahrendorf, a. a. O., S. 271.

[86] Gumplowicz, Grundriß der Soziologie; Ehrlich, Grundlegung einer Soziologie des Rechts, Vorrede; besonders klar König, a. a. O., S. 238; die vielleicht beste soziologische Formulierung dieses Tatbestands findet sich bei Th. Geiger, der in seinen Vorstudien zu einer Soziologie des Rechts, S. 13 von der sozialen Interdependenz als Grundlage ausgeht. Diese Interdependenz, die wenigstens teilweise in soziologischen Gesetzen beschrieben werden kann, ist Grundlage der Rechtsnormen.

„billiges Ermessen“ oder die „Billigkeit“ schlechthin[87]. Dies gilt für das Gebiet des Zivilrechts, aber auch für das des öffentlichen Rechts[88]. Eine Ausfüllung dieser rechtlichen Generalklauseln kann nur aus außerrechtlichen Vorstellungen über den konkreten Inhalt der Generalklausel im einzelnen Fall erfolgen.

Für das Strafrecht sind die außerrechtlichen Grundlagen der Rechtsnormen nicht so leicht zu sehen. Im materiellen Strafrecht sind sie in den Rechtsbegriffen selbst verborgen. Sie zeigen sich zum Beispiel in der praktisch äußerst wichtigen Abgrenzung zwischen Diebstahl (§ 242 ff. StGB) und Mundraub (§ 370 Abs. 1 Ziff. 5 StGB)[89]. Die Wegnahme von Kraftstoff für den Betrieb eines privaten Kleinwagens ist nach einer Entscheidung des OLG Köln nicht Diebstahl, sondern Mundraub[90]. Das OLG rechnete den Kraftstoff für den Wagen zu den „Gegenständen des hauswirtschaftlichen Verbrauchs“, nicht zu den andern beweglichen Sachen, deren Wegnahme als Diebstahl gewertet wird. Es geht davon aus, daß das RG die Wegnahme von Futter für Zugtiere als Mundraub, nicht als Diebstahl beurteilt hat. Da anstelle des Pferdewagens heute das Kraftfahrzeug getreten sei, müsse das Futter für die Pferde in der Rechtsprechung ebenso behandelt werden wie der Kraftstoff für den Kleinwagen. Mit dieser Begründung, die letzten Endes auf einem wertenden Vergleich einer früheren mit der gegenwärtigen Sozialordnung beruht, wird die Wegnahme des Kraftstoffs nicht dem Rechtsbegriff „fremde, bewegliche Sache“ und damit dem Diebstahl nach §§ 242, 243 StGB, sondern dem Rechtsbegriff „Gegenstand des hauswirtschaftlichen Verbrauchs“ und damit dem Mundraub nach § 370 Abs. 1 Ziff. 5 StGB zugeordnet. Strafurteile, die sich nicht mit Fragen der Abgrenzung eines Straftatbestandes von einem anderen befassen, verdecken die außerrechtlichen Grundlagen des rechtlichen Urteils noch mehr als das gegebene Beispiel. Erst die Analyse der

---

[87] „Treu und Glauben“: §§ 157, 162, 242, 320 BGB; „billig“ oder „billiges Ermessen“: §§ 315, 317, 319, 660, 745, 829, 847, 971, 1246, 2048, 2156 BGB. — Ihren negativen Ausdruck finden solche außerrechtlichen Grundlagen in den Vorschriften der §§ 138, 826 BGB, 320 ZPO, Art. 21 EGBGB.

[88] FORSTHOFF, Lehrbuch der Verwaltung, § 9, S. 155 ff.; VGH Stuttgart Urteil vom 31. 3. 1958 — 2 S 128/57 VerwRspr. 10, 662; BVerwG Urteil vom 25. 10. 1957 — III C 370/56, DÖV 1958, 178; Hessischer VGH Urteil vom 11. 9. 1958 — OS V 162/55, VerwRspr. 11, 803; BGH Urteil vom 25. 6. 1959 — III ZR 54/58, NJW 1959, 1637.

[89] Strafe bei Diebstahl: Gefängnis; bei schwerem Diebstahl und bei Rückfalldiebstahl Zuchthaus bis zu 10 Jahren (§§ 243, 244 StGB). Strafe bei Mundraub: Geldstrafe bis zu DM 150,— oder Haftstrafe bis zu höchstens 6 Wochen (§§ 370 Abs. 1, Ziff. 5, 18 Abs. 1 StGB); erschwerten Mundraub entsprechend den Qualifikationen nach § 243 StGB gibt es nicht, auch ist Mundraub niemals rückfallbegründend.

[90] OLG Köln Urteil vom 2. 6. 1959 — Ss 115/59, JR 1959, 431.

Rechtsbegriffe selbst würde zeigen, daß schon darin die außerrechtlichen Wertungen enthalten sind.

Praktisch wirkt sich die außerrechtliche Grundlage der Strafrechtsnormen vor allem bei der Anwendung der §§ 153, 153a, 154 StPO aus. Danach kann von einer Strafverfolgung des Täters abgesehen werden, wenn bei Übertretungen oder Vergehen die Schuld des Täters gering ist und die Folgen der Tat unbedeutend sind, oder wenn die Straftat sich neben anderen als unwesentliches Nebendelikt darstellt[91]. Dem Staatsanwalt und dem Richter gibt weder materielle noch das Prozeßrecht Hinweise dafür, wann die Schuld gering und die Folgen der Tat unbedeutend sind, oder sich die Straftat als unwesentliches Nebendelikt darstellt[92].

Alle diese rechtlichen Blankettbegriffe wie Treu und Glauben, Billigkeit, Schuld des Täters und Folgen der Tat gering, aber auch Begriffe wie fremde bewegliche Sache oder Gegenstand des hauswirtschaftlichen Verbrauchs müssen vom Richter im konkreten Fall erst mit einem Inhalt erfüllt werden. Der Richter kann diese Begriffe nur aus seinen eigenen Wertvorstellung ausfüllen. Diese Wertvorstellungen, die von seiner sozialen Stellung und insbesondere auch von seiner informellen Gruppenordnung bestimmt werden, können in unserer pluralistischen Gesellschaftsordnung Mitgliedern anderer Gruppen wegen des bestehenden „Schisma der Moralen"[93] durchaus als unrichtig, ja als amoralisch erscheinen[94]. Die vor dem Richter Stehenden werden um so weniger geneigt sein, die eigenen Wertvorstellungen des Richters als für sich verbindlich hinzunehmen, wenn der Richter über eine Gruppenordnung urteilt, der er selbst nicht angehört und die er aus eigener Erfahrung nicht kennt[95]. Deshalb ist es von Bedeutung zu wissen, welche Wertvorstellungen der Richter aus seiner informellen Gruppenordnung vermittelt erhält und welche Kennt-

---

[91] Unter diesen Voraussetzungen des § 154 StPO kann auch auf die Strafverfolgung von Verbrechen verzichtet werden (SCHWARZ, StPO, § 154, Anm. 1).

[92] Insofern ist es unrichtig, wenn KÖNIG, a. a. O., S. 238 meint, das Strafrecht kenne zwar mildernde Umstände, könne aber niemals entschuldigen. Ersichtlich meinte KÖNIG damit nicht, daß es im Strafrecht keine Entschuldigungsgründe im technischen Sinne gebe (§§ 51 Abs. 1, 52, 54, 55 Abs. 1 StGB). Vom soziologischen Standpunkt aus fehlt es in solchen Fällen schon an einer strafbaren Handlung. KÖNIG wollte wohl ausdrücken, daß beim Vorliegen einer strafbaren Handlung das Recht jedenfalls die Sanktion verhängen müsse. Dies ist gerade für die §§ 153, 153a, 154 StPO nicht der Fall. Der Staatsanwalt oder der Richter gehen ausdrücklich davon aus, daß eine strafbare Handlung, die eigentlich eine rechtliche Sanktion nach sich ziehen müßte, vorliegt. Sie „entschuldigen" sie aber im soziologischen Sinn, und zwar damit, daß sie als Bagatelle nicht bestraft werden müsse.

[93] Diesen Begriff hat TH. GEIGER, a. a. O., S. 250 geprägt.

[94] Etwa die Scheidung einer Ehe für einen gläubigen Katholiken.

[95] Deshalb ließ sich der Adelige im Mittelalter nur von Standesgleichen richten; vgl. hierzu REHFELDT, Einführung in die Rechtswissenschaft, S. 249.

nis er von den Wertvorstellungen anderer Schichten hat. Diese letztere Frage ist vor allem wichtig, wenn der Richter nach geltendem Recht Wertvorstellungen anderer Gruppen bei seiner Entscheidung berücksichtigen soll, etwa bei der Frage nach den Handelsgewohnheiten und -gebräuchen[96].

Kenntnis des Richters von Wertvorstellungen sozialer Gruppen

Dahrendorf folgert aus dem Ergebnis der Untersuchungen W. Richters, daß die Distanz zu den Unterschichten nicht bei allen funktionalen Eliten gleich ausgeprägt oder gleich folgenschwer sei. Dem Unternehmer, dem Arzt und in geringerem Umfang auch dem Lehrer seien Menschen aus allen Schichten mit ihren Stärken und Schwächen bekannt. Auch wenn für diese Eliten die Gesellschaft halbiert sei, so bleibe sie doch in allen ihren Teilen eine Realität. Demgegenüber kenne der Richter nur die straffällig gewordenen Mitglieder der Unterschicht[97].

Dahrendorf unterliegt damit dem auch bei anderen Rechtssoziologen anzutreffenden Irrtum, das Recht mit dem Strafrecht zu identifizieren oder zumindest die sozialen Beziehungen im Recht überwiegend unter dem Blickwinkel des Strafrechts zu sehen[98]. Tatsächlich ist das Strafrecht nur ein Teil der Rechtsordnung, und zwar gegenüber dem Zivilrecht der erheblich kleinere[99]. Im übrigen dürfte entgegen der Meinung Dahrendorfs ein Unterschied zwischen der Kenntnis des Lehrers, des Arztes und des Unternehmers und der Kenntnis des Richters von anderen sozialen Schichten nicht bestehen. Die Kenntnis anderer Schichten wird regelmäßig weder beim Arzt, noch beim Unternehmer, eher noch beim Lehrer, auf ihrer informellen Gruppenordnung beruhen. Ebenso wie der Richter erhalten auch diese funktionalen Eliten ihre Kenntnis von andern sozialen Schichten in erster Linie aus ihrer beruflichen Tätigkeit. Soweit

---

[96] § 347 HGB.

[97] Dahrendorf, a. a. O., S. 275.

[98] Etwa Th. Geiger, Vorstudien zu einer Soziologie des Rechts, der seine abstrakten Thesen fast nur mit Beispielen aus dem Strafrecht belegt; ebenso Olivecrona, Law as Fact; auch König geht a. a. O., Stichwort „Rechtssoziologie" einseitig nur von Strafrechtsfragen aus.

[99] Die Zahl der Zivilgerichte ist beträchtlich größer als die Zahl der Strafgerichte. So besteht das LG Stuttgart aus 15 Zivilkammern und 5 Kammern für Handelssachen. Dem stehen 7 Große Strafkammern und 7 kleine Strafkammern gegenüber. — Auch bei den Oberlandesgerichten und dem BGH ist die Zahl der Zivilsenate größer als die der Strafsenate. — Die Betrachtungsweise der Soziologen entspricht aber der allgemeinen Bewertung des Rechts. Das vor den Zivilgerichten umkämpfte Verhältnis der Volkswagensparer zum Volkswagenwerk ist für die Allgemeinheit von viel größerer Bedeutung als ein einzelner Strafrechtsfall. Dennoch findet etwa der Fall Nitribitt allgemein mehr Interesse.

Dahrendorf davon auszugehen scheint, daß der Richter nur die untere Unterschicht kenne, ist auch diese These unrichtig[100].

Nach dem heute üblichen Verfahren vor Gericht lernt der Richter soziale Beziehungen anderer Schichten zunächst aus Akten kennen. Eine persönliche Anschauung erhält der Strafrichter durch die Hauptverhandlung, in der der Angeklagte, Zeugen, Sachverständige diese Beziehungen von verschiedenen Seiten her darstellen. Die Hauptverhandlung dauert meist nur eine oder einige Stunden, selten länger als einen Tag[101]. Der Zivilrichter kann seine Aktenkenntnis durch persönliche Anhörung der Parteien, durch Parteivernehmung und durch Zeugenvernehmung anschaulich ergänzen. Da die Prozesse längere Zeit dauern, ist der Zivilrichter, im Gegensatz zum Strafrichter nicht auf einen, in seinem Wert oft fragwürdigen einmaligen Eindruck von den sozialen Umständen der am Prozeß beteiligten Personen angewiesen. Auch der Arbeitsrichter sieht die Parteien in der Regel mindestens zweimal: einmal in der gesetzlich vorgeschriebenen Güteverhandlung, dann in der Verhandlung vor der Kammer[102].

Am wenigsten erhalten wohl die Richter der öffentlichen Gerichtsbarkeit Einblick in die sozialen Beziehungen anderer Schichten. Im Verwaltungsverfahren wird der Prozeß schriftlich bis zur Hauptverhandlung gefördert, ohne daß der Richter die Parteien zu Gesicht bekommt. Ein Augenschein findet nur statt, wenn örtliche Gegebenheiten dies erforderlich machen, nicht aber, um den Kläger kennen zu lernen. Immerhin haben auch die Richter der öffentlichrechtlichen Gerichtsbarkeit mit Zeugen aus allen Schichten zu tun. Für die Richter der Verwaltungs- und der Sozialgerichtsbarkeit ist aber die Kenntnis anderer Schichten deshalb nicht von so entscheidender Bedeutung, weil sie über Akte des Staates urteilen, die den Klägern gegenüber rechtliche oder wirtschaftliche Folgen haben. Der Beurteilung dieser Gerichte unterliegen also nicht Verhaltensweisen von Mitgliedern bestimmter sozialer Schichten, sondern rechtliche

---

[100] Die Ausführungen DAHRENDORFS, a. a. O., S. 275, sind nicht ganz eindeutig. Vom Standpunkt des Richters, der der oberen Mittelschicht angehört, sind die Angehörigen aller andern Schichten „Unterschicht". Da DAHRENDORF aber auf die straffällig gewordenen Mitglieder der Unterschicht abhebt, wollte er wohl zum Ausdruck bringen, daß der Richter nur die Angehörigen der „unteren Unterschicht", und auch von diesen nur die untersten kennenlerne.

[101] Bei den Großen Strafkammern sind die Fälle regelmäßig umfangreicher. Hier kommen Verhandlungen, die länger als einen Tag dauern, eher vor. Der größte Teil der Strafsachen wird aber vor den Einzelrichtern beim Amtsgericht und vor den Schöffengerichten verhandelt.

[102] Für das Verfahren vor den Landesarbeitsgerichten ist keine Güteverhandlung vorgesehen. Zu einer mehrfachen Verhandlung mit den Parteien kann es aber hier deshalb kommen, weil nur Fälle von grundsätzlicher Bedeutung oder einem Streitwert von mehr als 300,— DM vor die Berufungsinstanz gebracht werden können (§ 64 Abs. 1 ArbGG).

Beziehungen zwischen Personen und einer eigenständigen Gruppengesamtheit, den öffentlichen Behörden.

Aus alledem ergibt sich, daß alle Richter, zumindest in dem Umfang Einblick in soziale Verhältnisse anderer Schichten haben wie der Strafrichter. Zwar kann die Kenntnis der sozialen Beziehungen im einzelnen Fall falsch sein, weil der Angeklagte oder die Parteien gewisse Beziehungen nicht erwähnen, um nachteilige Folgen für sich selbst von vorneherein abzuwenden, und ihre Darstellung von Zeugen aus demselben Grund nicht berichtigt wird. Die Kenntnis des Richters von anderen sozialen Schichten, die ihm aus seiner informellen Gruppenordnung nicht bekannt sind, beruht aber auf einer Vielzahl von Fällen, die sich in den unteren sozialen Schichten abgespielt haben. Aus dieser praktischen Erfahrung kann sich der Richter wenigstens ein Bild von den typischen sozialen Beziehungen in andern sozialen Schichten und den dort herrschenden Werturteilen machen[103]. Diese Kenntnis, die der Richter von den sozialen Beziehungen ihm aus seiner informellen Gruppenordnung unbekannter Gruppen erhält, reicht aus, um die von ihm zu beurteilenden Handlungen zu verstehen (im Sinne Max Webers).

Unhaltbar ist die These Dahrendorfs, der Richter kenne nur die untere Unterschicht[104]. Schon im Strafrecht kann keine Rede davon sein, daß der Richter nur über Angehörige der unteren Unterschicht zu urteilen hätte. Dies gilt nicht einmal für die sogenannten „kriminellen Straftaten“ da Betrügereien (§ 263 StGB) häufig im Zusammenhang mit Geschäftsschulden stehen und von Geschäftsleuten begangen werden, um vorübergehende oder dauernde Zahlungsschwierigkeiten zu beheben. Meineide, falsche uneidliche Aussagen und falsche eidesstattliche Versicherungen §§ 153, 154, 156 StGB) sind ebenfalls Delikte, die nicht auf die Unterschicht beschränkt sind. Die Vorstellung Dahrendorfs wird vollends hinfällig, wenn man bedenkt, daß heute rund ein Drittel aller Straftaten mit dem Straßenverkehr in Zusammenhang stehen. Da auch heute noch vor allem Angehörige der Mittelschicht Fahrer oder Halter von Kraftfahrzeugen sind, ist davon auszugehen, daß an Verkehrsdelikten mehr Angehörige der Mittelschicht als der Unterschicht beteiligt isnd.

Für die Zivilgerichtsbarkeit kann die These Dahrendorfs noch weniger gelten. Prozesse mit hohen Streitwerten werden in der Regel von Angehörigen der unteren oder der oberen Mittelschicht und von Angehörigen der Oberschicht ausgetragen. Aber auch vor den Amtsgerichten, deren Zuständigkeit grundsätzlich nur bis zu einem Streitwert von DM 1500,—

---

[103] Vom soziologischen Standpunkt aus bedenklich ist allerdings die gebräuchliche Übung der Landesjustizverwaltungen, frischgebackene Assessoren, die diese praktische Erfahrung nicht haben können, sofort als Einzelrichter fungieren zu lassen, wo ihre Vorstellungen über soziale Schichten nicht durch einen erfahrenen Richter berichtigt werden können.

[104] Dahrendorf, a. a. O., S. 275.

reicht[105], werden Rechtsstreitigkeiten ausgetragen, an denen Angehörige der Mittel- oder der Oberschicht beteiligt sind.

Nach der sachlichen Zuständigkeit kann man davon ausgehen, daß Angehörige der Mittel- und der Oberschicht eher Rechtsstreite vor dem Landgericht und den höheren Gerichten austragen, während die Angehörigen der Unterschicht eher mit dem Amtsgericht zu tun haben[106]. Für die Arbeitsgerichte kann die Annahme Dahrendorfs schon deshalb nicht richtig sein, weil hier in der weitaus überwiegenden Zahl einander Arbeitgeber und Arbeitnehmer gegenüberstehen[107]. Die Arbeitgeber gehören nach der Schichteinteilung von Janowitz der Mittelschicht oder der Oberschicht an, die Arbeitnehmer in der Mehrzahl der Unterschicht. Aufgrund seiner gesetzlich festgelegten Zuständigkeit ist das Arbeitsgericht das Gericht, bei dem typisch Streitigkeiten zwischen Angehörigen der Mittelschicht und Angehörigen der Unterschicht entschieden werden, also ein Gericht, dessen soziologische Funktion in einem Ausgleich zwischen Angehörigen verschiedener sozialer Gruppen besteht. Von den Gerichten, die für öffentlichrechtliche Streitigkeiten eingerichtet sind, haben die Verwaltungs- und Finanzgerichte aufgrund ihrer Zuständigkeit wohl mehr mit Angehörigen der Mittelschicht zu tun, während die Sozialgerichte, deren Hauptarbeitsgebiet die Entscheidung von Rentenstreitigkeiten ist, vorwiegend mit Mitgliedern der Unterschicht in Berührung kommen.

---

[105] § 23 GVG.

[106] Prozesse mit einem Streitwert von mehr als DM 1500,— führen Angehörige der Mittel- und der Oberschicht eher als der Unterschicht. Von den nichtvermögensrechtlichen Streitigkeiten, die in die Zuständigkeit des Landgerichts fallen, sind zahlenmäßig vor allem die Ehescheidungen von Bedeutung. Auch hier sind in vielen Fällen Angehörige der Mittel- und der Oberschicht beteiligt.

[107] Vgl. § 2 Nr. 2 ArbGG in Verbindung mit § 5 ArbGG, wonach Arbeitnehmer Arbeiter und Angestellte sind. Keine Arbeitnehmer sind Personen, die zur Vertretung einer juristischen Person berufen sind. Für Handelsvertreter gelten die Sonderregelungen des § 92 a HGB und Art. 3 des Gesetzes zur Änderung des HGB vom 6. 8. 1953 (BGBl I 771).

II. ABSCHNITT

Das soziale Prestige des Richters

Sozialprestige des Richters in früheren Gesellschaftsordnungen

Das Sozialprestige des heutigen Richters läßt sich nur bedingt historisch erklären. Was wir heute Recht nennen, hat mit dem, was noch im Mittelalter so genannt wurde, kaum mehr als den Namen gemein.

Das heutige Rechtsdenken ist an der Gegenwart orientiert oder gar schon in die Zukunft gerichtet[108]. Das zeitlich jüngste Recht ist maßgebend: lex posterior derogat legi priori. Der heutige Richter, ein juristischer Fachmann, ist unparteiisch und im Verhältnis zu den Prozeßbeteiligten unparteiischer Dritter. Erfüllt er diese persönlichen Voraussetzungen nicht, so ist er von der Ausübung des Richteramts ausgeschlossen[109].

Das alte Rechtsdenken war dagegen in die Vergangenheit gerichtet. Je älter ein Rechtssatz war, desto gültiger war er. „Alt "und gut" waren synonyme Begriffe, was so weit ging, daß man geneigt war, einen Rechtssatz für alt zu halten, wenn er als gut erschien[110]. Dieses Recht steht auf der Grenze zu dem, was heute in der Soziologie Sitte genannt wird[111]. Das „gute, alte Recht" wurde befolgt, weil es die Väter schon geübt hatten. Die Kraft des alten Rechts lag nicht in den äußerlichen Garantien, sondern im unreflektierten Verhalten der Gruppenmitglieder. Die Autorität der römischen Rechts beruhte nicht zuletzt darauf, daß es das älteste bekannte Recht war und deshalb das wahre und das beste Recht sein mußte.

Demgemäß unterschied sich auch der frühere Richter in seiner Stellung zu den Prozeßbeteiligten grundlegend vom heutigen. Nur weil er durch bestimmte nahe persönliche Beziehungen mit dem Rechtsprätendenten ver-

---

[108] Das OLG Frankfurt/Main hat in seinem Beschluß vom 2. 10. 1961 — 6 W 308/61, NJW 1961, 2314 wegen der Übertragung der Vormundschaft auf die uneheliche Mutter zur Auslegung des damals geltenden Rechts das erst am 1. 1. 1962 in Kraft tretende Familienrechtsänderungsgesetz herangezogen.

[109] Vgl. etwa §§ 41, 1025, 1032 ZPO; § 24 StPO; § 54 VwGO.

[110] Rehfeldt, Einführung in die Rechtswissenschaft, S. 24.

[111] M. Weber, Wirtschaft und Gesellschaft, 1. Halbband, S. 15.

knüpft war, hielten ihm dessen Genossen Zwangsmittel zur Durchsetzung des Richterspruchs zur Verfügung[112].

Der heutige rechtsgelehrte Richter ist eine Schöpfung der Rezeption und des absoluten Fürstenstaats. Dem rechtsgelehrten Richter wurde der persönliche Adel zugebilligt, damit man ihm nicht entgegenhalten konnte, er könne über die Prozeßbeteiligten nicht richten, weil er einem niedrigeren Stand angehöre. Der Richterberuf wurde also sozialer Aufstiegsberuf, der ermöglichte, die starre ständische Ordnung, die jedem seinen sozialen Standort innerhalb des ständischen Rahmens zuwies, zu durchbrechen[113].

Die entscheidenden Etappen der Entwicklung des richterlichen Sozialprestiges seit dem 18. Jahrhundert hat Schiffer beschrieben. Unter Friedrich II. von Preußen waren alle Richterstellen ausschließlich mit Adeligen besetzt. Der König bestand allerdings in seiner Geschäftsanweisung für das märkische Obergericht vom 4. August 1753 darauf, „daß die adeligen Subjekte auch die nötige Kapazität haben müßten", weil die „bloße Geburt zu der nötigen Wissenschaft in Rechtssachen nichts beitragen kann". Damals war selbstverständlich, daß unter den Beamten der Richter der erste Beruf im Staate war. Als der erste preußische Verwaltungsminister in Schlesien, ein Herr von Münchhoff, sich beim Großkanzler von Cocceji darum bemühte, den Verwaltungsbeamten bei den Kriegs- und Domänenkammern dieselben Rechte zu verschaffen wie den Justizbeamten, belehrte dieser ihn in scharfem Ton, daß in allen preußischen Provinzen die Justiz den Vorrang vor der Verwaltung zu beanspruchen habe[114].

Im 19. Jahrhundert verlor die Justiz erheblich an sozialer Wertschätzung. Schiffer führt diesen Prestigeverlust wohl zutreffend in erster Linie auf den durch die Erfolge der Freiheitskriege bedingten Prestigegewinn des Militärs zurück. Die napoleonischen und die Freiheitskriege machten die sozial gestaltende Kraft des Militärs, die anstelle der traditionalen Norm trat, offenkundig[115]. Die Uniform und die militärische Hierarchie erlangten im zivilen Leben entscheidende Bedeutung. Die zivilen Berufe wurden in militärische Grade „umgerechnet", um die gesellschaftliche Position zu bestimmen. So entsprach der Rat erster Klasse dem Generalmajor, der Rat zweiter Klasse dem Obersten, der Rat dritter Klasse dem Oberstleunant, der Rat vierter Klasse dem Major und der Rat fünfter Klasse dem Subalternoffizier[116].

---

[112] M. Weber, a. a. O., S. 186.

[113] Rehfeldt, a. a. O., S. 248 ff.

[114] Schiffer, Die deutsche Justiz, S. 86.

[115] M. Weber hat dargelegt, daß von den Mächten, welche die Säkularisierung des Denkens über das Geltensollende, speziell seine Emanzipation von der magisch garantierten Tradition befördern, eine der stärksten die kriegerische Umwälzung sei, a. a. O., S. 409.

[116] Schiffer, a. a. O., S. 89.

Die Neubewertung beruflicher Positionen nach dem Vorbild des Militärs führte innerhalb der Justiz zu bedeutsamen sozialen Rangverschiebungen. Während bisher der Richter eines höheren Gerichts gegenüber dem Richter eines niedrigeren Gerichts eine höhere gesellschaftliche Position innehatte, war nunmehr für die Bewertung einer Stellung maßgeblich, ob und inwieweit mit ihr eine Befehlsgewalt verbunden war. Deshalb galt nunmehr der Landgerichtsdirektor mehr als der Oberlandesgerichtsrat, der Landgerichtspräsident mehr als der Reichsgerichtsrat. Vor allem aber überflügelten die Beamten der Verwaltung bald die Richter an sozialem Prestige, da mit ihren Stellungen weit häufiger eine Kommandogewalt verknüpft war als mit einer Richterstellung. Seit dieser Zeit ist das soziale Prestige des Regierungspräsidenten höher als das des Oberverwaltungsgerichtsrats.

Hinzu kam, daß die Richter im 18. Jahrhundert sich mit ihren Entscheidungen gegen die absolutistischen Tendenzen der Fürsten stellten und im Sinne des aufstrebenden Bürgertums urteilten. Dieser Gegensatz zwischen Richtern und Regierung blieb im 19. Jahrhundert erhalten; andererseits galten aber die Richter nicht als Parteigänger der politisch vorwärts drängenden Arbeiter, ja nicht einmals als neutrale Instanz, sondern wurden von diesen als Sinnbilder der „Reaktion" angesehen[117]. Nach der Auffassung von Marx dreht sich die Ziviljustiz fast nur um Eigentumsfragen, berührt also fast nur die besitzenden Klassen, während die Strafjustiz ohnehin unentgeltlich ist[118].

Die Wertschätzung der Justiz bei der Regierung läßt sich am besten an der Einstellung Bismarcks dazu darlegen. Zwar betont Bismarck, daß die Justiz ein wichtiges Ressort sei; Bismarcks Karriere hatte bei der Justiz begonnen, die ihm freilich nur als Sprungbrett in den diplomatischen Dienst dienen sollte. Die Erinnerungen Bismarcks an die Justiz sind im wesentlichen ungünstig. Aus seiner Referendarzeit ist ihm vor allem der formalistische und lebensfremde Betrieb in Erinnerung geblieben[119]. Als Minister hatte er Veranlassung, sich über Urteile zu ärgern[120]. Die Justiz war ihm insgesamt von Bedeutung, weil sie für eine Ordnung verantwortlich war, an der er als Staatsmann interessiert war. Es wäre ihm jedoch nie in den Sinn gekommen, politische Entscheidungen etwa einer richterlichen Kontrolle zu unterwerfen oder auch nur an juristischen Maßstäben zu messen.

---

117 Döhring, a. a. O., S. 48 f.

118 Marx, Auswahl, S. 213.

119 Bismarck, Gedanken und Erinnerungen, Bd. 1, S. 7 ff.

120 Bismarck, a. a. O., Bd. 2, S. 177; ein preußisches Ortsgericht, wahrscheinlich in Stendal, hatte auf den Strafantrag Bismarcks den Beleidiger verurteilt. In den Gründen führte das Gericht aus, daß die öffentlich verbreiteten Beleidigungen schwer seien, die gesetzlich zulässige geringste Strafe sei aber angebracht, weil Bismarck wirklich ein übler Minister sei.

Im 20. Jahrhundert ist das soziale Prestige des Richters bis zum Jahr 1945 wegen der zahlreichen gegen die Richter erhobenen Angriffe eher noch weiter gesunken als wieder gestiegen. Zur Weimarer Republik haben die konservativ denkenden Richter kein bejahendes Verhältnis finden können[121]. Die neue Republik erschien ihnen illegal, was insbesondere in der Rechtsprechung in Landesverratssachen zum Ausdruck kam[122]. Dieser „zeitliche Rückhang" der richterlichen Denkweise gegenüber den neuen sozialen Verhältnissen führte zu einer scharfen Kritik am Rechtswesen und den Richtern[123].

Im Dritten Reich zeigte sich, daß die Justiz den politischen Zielen des neuen Regimes in vielen Fällen im Weg stand. Die politische Führung schlug gegenüber der Justiz und insbesondere gegenüber den Richtern eine immer schärfere Tonart an; Höhepunkt dieser Angriffe war die Reichstagsrede Hitlers vom 26. 4. 1942, in der er ausrief, er werde nicht ruhen, bis jeder Deutsche einsehe, daß es eine Schande sei, Jurist zu sein[124].

Sozialprestige des heutigen Richters

Über das soziale Prestige des Richters in der Bundesrepublik heute liegen empirische Untersuchungen bisher nicht vor. Über Untersuchungen des Sozialprestiges der Richter in andern Ländern ist nichts bekannt. Die Ergebnisse solcher Untersuchungen könnten aber auch auf deutsche Verhältnisse nicht einfach übertragen werden, da sie von anderen sozialen und rechtlichen Verhältnissen ausgehen.

Die statistischen Ergebnisse über die soziale Herkunft der Richter, die Bewertung der richterlichen Stellung von Richtern selbst und von anderen, in Verbindung mit allgemeinen soziologischen Erfahrungen, erlauben einige Aussagen über das Sozialprestige des heutigen Richters.

---

[121] So schon BERADT, Der deutsche Richter, S. 211; heute wird diese Feststellung BERADTS wohl allgemein anerkannt; vgl. WAGNER, a. a. O., S. 74 mit weiteren Nachweisen; MARX, Das Recht, die Politik und unsere Richter, Stuttgarter Zeitung vom 6. 8. 1960, Nr. 179, S. 33 f.

[122] Siehe die Beispiele bei BERADT, a. a. O., S. 213 ff.; das Ergebnis dieser Rechtsprechung faßt BERADT, a. a. O., S. 217 zusammen: „Liest man die Zusammenstellung dieser Rechtsprechung, so beschleicht einen Beklommenheit, und die Vorstellung entsteht, hier sei Diplomatie geübt worden, nicht Recht, Politik gemacht worden, nicht Justiz, mancher Richter habe jenen schmalen Weg gesucht, wo er nicht die Verfassung und den Wortlaut der Gesetze verletzt, aber soweit wie möglich den alten Staat verteidigt, oder zum wenigsten den Gedanken des neuen so wenig wie möglich gestattet, einzudringen."

[123] BERADT, a. a. O., S. 178, der schon 1930 von einer „Vertrauenskrise" der Justiz spricht.

[124] SCHORN, Der Richter im Dritten Reich, S. 11; weitere Nachweise für Angriffe auf die Richterschaft bei WAGNER, a. a. O., S. 74 ff.

Nach den Arbeiten von Janowitz[125] und Popitz[126] gliedert sich im Bewußtsein der gewöhnlichen Bürger die Gesellschaft immer noch in ein „Oben" und „Unten", soweit sich diese überhaupt eine Vorstellung von der gesellschaftlichen Ordnung bilden. Eine Untersuchung der Herkunft der Richter zeigt, daß der überwiegende Teil von ihnen der mittleren Oberschicht zuzuordnen ist[127].

Die Tatsache der Zugehörigkeit zu einer bestimmten sozialen Schicht begründet heute kein soziales Prestige mehr. Die Mitglieder dieser Schicht leiten selbst kein Sozialprestige aus ihrer Schichtzugehörigkeit her. Mit Recht hebt Dahrendorf hervor, daß das „schlechte soziologische Gewissen" heute zum Selbstverständnis moderner Oberschichten gehöre[128]. Für dieses schlechte Gewissen mag mitbestimmend sein, daß in der modernen pluralistischen Gesellschaft jedes Mitglied der Oberschicht noch jemanden weiß, der über ihm steht und ihm deshalb eine Rangordnung der verschiedenen Mitglieder einer Gesellschaft kaum erkennbar scheint. Diese von Dahrendorf allein herangezogene Tatsache macht zwar verständlich, weshalb sich die Mitglieder der Oberschicht ihrer Zugehörigkeit zu dieser Schicht nicht im klaren sind; sie vermag aber nicht das „schlechte" Gewissen der Oberschicht zu erklären. Dieses dürfte sich vor allem aus den zahllosen Angriffen gegen die Oberschicht erklären, die seit dem 19. Jahrhundert immer wieder erhoben werden. Diesen Angriffen wollten vor allem die Mitglieder der Oberschicht nicht ausgesetzt sein, denen ihre Zugehörigkeit zur Oberschicht nicht ohne weiteres gegeben scheint.

Aber auch die Mitglieder der Unterschichten sind im allgemeinen nicht mehr bereit, den Mitgliedern der Oberschicht wegen ihrer Zugehörigkeit zu dieser Schicht ein besonderes Sozialprestige zuzubilligen. Die oben angeführten Untersuchungen von Popitz und Janowitz zeigen, daß den Mitgliedern der Unterschichten in der pluralistischen Gesellschaftsordnung der Maßstab für eine Hierarchie der Gesellschaft verloren gegangen ist[129].

---

[125] JANOWITZ, Soziale Schichtung und Mobilität in Westdeutschland, Kölner Zeitschrift für Soziologie 1958, Heft 1, S. 1 ff.

[126] H. POPITZ und Mitarbeiter, Das Gesellschaftsbild des Arbeiters, S. 201.

[127] s. oben Tabelle S. 14.

[128] DAHRENDORF, a. a. O., S. 261.

[129] Ob man der Selbsteinschätzung der Befragten in eine soziale Schicht weitgehende Folgerungen entnehmen kann, erscheint immerhin fraglich. Vielfach werden gerade die Befragten, die an sich der Unterschicht zuzurechnen sind, den Sinn und die Bedeutung einer solchen Frage nicht verstehen. Man verlangt von ihnen eine eindeutige Antwort auf eine Frage, die der Soziologe selbst nicht recht beantworten kann. Der Wunsch, sich nicht vor dem Interviewer mit seiner Unkenntnis zu blamieren, gleichzeitig das Bestreben, die Bedeutung der eigenen Persönlichkeit hervorzuheben, mögen für manche übertriebene Schichteinschätzung verantwortlich sein.

Die Zugehörigkeit der Richter zur mittleren Oberschicht gibt ihnen also heute keine besondere Stellung innerhalb der Gesellschaft, die sich auf ihre Arbeit auswirken könnte.

a) Bedeutung der Arbeitsteilung

Vom soziologischen Standpunkt aus ist Richter ein Beruf, der eine bestimmte soziologische Funktion zu erfüllen hat. Mit allen anderen Berufen teilt er das Schicksal zunehmender Spezialisierung, was in der Vielfalt der Gerichtsarten und neuerdings in der Aufspaltung der Referendarausbildung — etwa in Nordrhein-Westfalen — je nach dem entsprechenden Berufsbild des künftigen Juristen zum Ausdruck kommt[130]. Diese Tatsache der weitgehenden Arbeitsteilung ist heute Bestandteil des allgemeinen sozialen Verständnisses. Der Richter ist demnach ein „Fachmann" auf dem Gebiet des Rechts. Seine Ansichten von Rechtsfragen entspringen dieser besonderen Sachkenntnis und werden von ihm teilweise in einer fachtechnischen, dem juristischen Laien nicht ohne weiteres verständlichen Sprache begründet. Im Gegensatz zu den Arbeiten anderer Fachleute soll dem juristischen Nichtfachmann aber nicht nur das Ergebnis juristischer Arbeit, sondern auch die Begründung verständlich sein. Insofern nimmt also der Richter eine besondere Stellung ein[131].

b) Bedeutung des „Untertanengeistes"

Nach einer weit verbreiteten Meinung soll Luther wesentlich dazu beigetragen haben, daß „der Deutsche" eine besondere Einstellung zum Staat und zur Obrigkeit habe. Im Unterschied zu anderen Völkern sei der Deutsche ein politisch unverantwortlicher Untertan, der im Staat ein höheres Wesen eigenen Werts sehe, das von den Untertanen alles verlangen könne. Der Staat könne aufgrund seines Eigenwerts den Untertanen Rechte gewähren oder nehmen und über die Rechtsordnung frei verfügen[132].

[130] Die Referendare in Nordrhein-Westfalen müssen sich entscheiden, ob sie ihre Ausbildung mehr auf die Belange der Justiz oder mehr auf die der Verwaltung ausrichten wollen (Ges. vom 9. 4. 1956, GVBl. S. 131 mit VO vom 2. 7. 1956, GVBl. S. 164); siehe hierzu Schmidt-Räntsch, Die Vorbereitung des Richters auf die Ausübung seines Amtes, DRiZ 1958, 274; gegen diese Aufgliederung Ruscheweyh, Zur Reform der juristischen Ausbildung, JZ 1957, 50.

[131] Den Juristen selbst ist durchaus geläufig, daß ihre Sprache den juristischen Laien oft unverständlich bleibt, und daß diese Kluft namentlich zwischen dem Richter und dem juristischen Laien nicht bestehen sollte. Der in Hamburg durchgeführte Test von Assessoren, die in den Justizdienst treten wollen, stellt dem Bewerber u. a. die Aufgabe, eine juristisch-technisch formulierte Begründung in „allgemeinverständliches Deutsch" zu übertragen, Nicken, Vorbereitungsdienst und Große Staatsprüfung, JZ 1958, 207.

[132] Ellwein, a. a. O., S. 9.

Der Soziologe steht solchen empirisch nicht überprüften geistesgeschichtlichen Deduktionen mit Vorsicht gegenüber. Die Überprüfung sozialer Tatsachen zeigt oft, daß aus rein geistesgeschichtlichen Ideen abgeleitete Theorien vielleicht die Auffassung einer Gruppe widerspiegeln, aber für das wirkliche soziale Leben keine oder eine erheblich geringere Bedeutung haben. Wäre jene These heute noch richtig, so käme dem Richter, der dem „Willen des Staates" auf dem Gebiete des Rechts im Einzelfall durch seinen Spruch Inhalt verleiht, ein sehr hohes soziales Prestige zu. Ob das soziale Prestige des Richters im 19. und am Anfang des 20. Jahrhunderts aus solchen geistesgeschichtlichen Ideen mitbeeinflußt war, soll hier offen bleiben. Nach dem heutigen Stand empirischer Forschungen ist jedenfalls soziologisch nicht nachweisbar, daß das soziale Prestige des Richters auf solchen ideologischen Erwägungen beruht.

Umfang richterlicher Entscheidungsbefugnis und Sozialprestige des Richters

Durch das Grundgesetz ist dem Richter eine Machtbefugnis eingeräumt worden, wie sie ihm bei uns noch niemals zugestanden hatte. Seiner Kontrolle unterliegen nicht mehr nur die herkömmlichen Zivil- und Strafsachen; darüber hinaus kann er zahlreiche Akte des Staates gegenüber dem einzelnen oder sozialen Verbänden nachprüfen. Selbst die Rechtsnormen unterliegen heute richterlicher Kontrolle. Vorkonstitutionelles Recht, d. h. Recht, das vor dem Inkrafttreten der Verfassungen verkündet worden ist, kann jedes Gericht auf seine Verfassungsmäßigkeit überprüfen. Nachkonstitutionelles Recht, das ein Gericht für verfassungswidrig hält, hat es den Verfassungsgerichten vorzulegen[133]. Darüber hinaus hat der Richter nicht mehr nur Recht zu sprechen, sondern soziale Verhältnisse selbst neu zu gestalten, wie später noch ausführlich dargelegt werden wird. Für das Sozialprestige des einzelnen Richters wirkt sich jedoch diese Erweiterung der richterlichen Zuständigkeit im allgemeinen nicht aus. Die Folge dieser Ausdehnung der soziologischen Funktion des Richters ist eine vielgliederige Aufspaltung der Gerichtsarten. Die Entscheidungsbefugnis des einzelnen Richters hat sich darum nicht erweitert. Insgesamt gesehen hat er heute eher eine kleinere soziale Funktion zu erfüllen als ein Richter in demselben Gerichtszweig früher, da die Begründung neuer Rechtswege für den einzelnen Richter eine verhältnismäßig geringere Stellung im gesamten Justizapparat mit sich gebracht hat.

Die Macht des Richters ist weiterhin erheblich durch vielfache Möglichkeiten, Rechtsmittel einzulegen, beschränkt. Kohlhaas hat zutreffend da-

---

[133] Art. 100 Abs. 1 GG; wegen der Rechtsprechung, BVerfG Beschluß vom 6. 10. 1959 — 1 BvL 25/59, NJW 1959, 2107; BVerfG Beschluß vom 6. 10. 1959 — 1 BvL 13/58, NJW 1959, 2108 mit Nachweisungen weiterer Entscheidungen zu Art. 100 Abs. 1 GG.

von gesprochen, „daß der Instanzenzug, förmlich gezüchtet, geil ins Kraut schießt“[134]. Für die Verwaltungsgerichtsbarkeit bestimmt Art. 67 Abs. 3 der Verfassung des Landes Baden-Württemberg ausdrücklich, daß ein Rechtsmittel gegeben sein müsse. Die mannigfachen Möglichkeiten, richterliche Entscheidungen nachprüfen zu lassen, nehmen dem Richterspruch weitgehend den Charakter der unumstößlichen und endgültigen Entscheidung.

Beanspruchtes Sozialprestige nach dem Auftreten des Richters

Das Auftreten des Richters gegenüber den Rechtssuchenden vollzieht sich in bestimmten Förmlichkeiten und Riten. In den entscheidenden mündlichen Verhandlungen trägt der Richter die schwarze oder rote Robe, vielfach dazu ein Barett, wodurch er sich schon äußerlich von den Parteien abhebt. Nach der bei Gerichten allgemein üblichen Sitzordnung sitzt der Richter über den Parteien und sonstigen am Prozeß Beteiligten hinter einem breiten Tisch und dokumentiert damit sichtbar, daß er über den andern Prozeßbeteiligten steht[135]. Gewisse Förmlichkeiten der Verhandlung, wie die Tatsache, daß der Richter während der Verhandlung immer sitzt, während die Parteien, Zeugen, Sachverständigen und Anwälte in der Regel stehen, während sie zum Gericht sprechen, unterstreichen die besondere Stellung des Richters.

Die Entscheidungen des Richters sind weitgehend formelhaft. Die Urteile ergehen „Im Namen des Volkes“[136]; während der Verkündung des Tenors stehen die Richter und die im Gerichtssaal Anwesenden.

Der Aufbau der Urteile ist je nach dem Gerichtszweig verschieden. So gibt es eine ausdrückliche Trennung in Tatbestand und Entscheidungsgründe nur in Zivilurteilen, in verwaltungsgerichtlichen Urteilen und in Strafurteilen findet sich diese Trennung nicht. Für die Abfassung der Entscheidungsgründe gibt es aber für alle Gerichtszweige einheitliche Regeln, nach denen verfahren wird. Die Entscheidungsgründe sollen so bestimmt sein wie die Sprache des Gesetzgebers. Zweifel an der eigenen Ansicht darf die Entscheidung nicht erkennen lassen. Die Sprache soll

---

[134] Kohlhaas, Übergesetzliches und positives Recht in der Sicht des Juristen, veröffentlicht als Nr. 25/1959 im Protokolldienst der Evangelischen Akademie Bad Boll, S. 20.

[135] Die Sitzordnung des Staatsanwalts auf derselben Höhe wie das Gericht beruht auf der besonderen Stellung des Staatsanwalts, der nicht nur Gegenspieler des Angeklagten oder des Verteidigers ist, sondern ebenso wie der Richter nach der Wahrheit objektiv zu suchen hat (vgl. im einzelnen Kern, Strafverfahrensrecht, § 18 B, S. 66).

[136] Gesetzliche Regelungen hierzu finden sich in § 311 Abs. 1 ZPO; § 268 Abs. 1 StPO; § 117 Abs. 1, S. 1 VwGO.

einfach und klar, würdig, streng und gemessen im Ausdruck und leidenschaftslos sein[137].

In seltsamem Kontrast zu diesem Anspruch der Richter auf soziales Prestige stehen an vielen Orten die materiellen Mittel, die zur Aufrechterhaltung und Durchführung der Justiz unerläßlich sind[138]. Soweit die Gerichtsgebäude nicht durch Kriegseinwirkungen zerstört oder beschädigt und deshalb neu aufgebaut worden sind, hat das Gericht vielfach seinen Sitz in dem häßlichsten und am wenigsten gepflegten Gebäude, das für diesen Zweck in Betracht kommen könnte. Diese Gebäude sind meist als Gerichtsgebäude unpraktisch, weil sie ursprünglich anderen Zwecken dienen sollten. Die Zahl der darin zur Verfügung stehenden Räume reicht vielfach nicht aus. Selbst im Jahre 1960 scheint es noch vorgekommen zu sein, daß sich mehrere Richter ein Arbeitszimmer teilen mußten, was abgesehen von der unvermeidlichen gegenseitigen Arbeitsbehinderung den Außenstehenden einen schlechten Eindruck von der Würde und Bedeutung eines Richters vermittelt[139]. An Schreibkräften, Büromitteln und Heizungsmaterial wird oft in einer unverständlichen Weise gespart[140]. Diese „Sparsamkeit" kann zur Folge haben, daß Entscheidungen des Gerichts den Prozeßbeteiligten in einer äußerlich schlampigen Form mitgeteilt werden[141].

Bei der heutigen Bedeutung der „Kaufkraftmerkmale" für das soziale Prestige einer Person wird man diese technischen Mängel der Justiz in ihrer Auswirkung auf die Allgemeinheit nicht unterschätzen dürfen[142].

Auffassungen von Juristen über das Sozialprestige des Richters

Zur Stellung und Funktion des Richters heute und zu seinem sozialen Prestige wird in Aufsätzen und Vorträgen von Richtern und Nichtrichtern immer wieder Stellung genommen. Man wird diese Äußerungen nicht als repräsentative Stellungnahmen der Richter oder anderer Gruppen werten können. Immerhin erlaubt eine Tendenz, die sich aus ver-

---

[137] So fast wörtlich übereinstimmend SATTELMACHER, Bericht, Gutachten und Urteil, S. 210; BERG, Gutachten und Urteil, S. 144; KROSCHEL-DOERNER, die Abfassung der Urteile in Strafsachen, S. 57.

[138] Die Gerichte, die nicht den Justizministerien unterstellt sind, haben vielfach eine bessere Ausrüstung, weil sie verhältnismäßig jung sind und ihre materielle Ausrüstung technisch nicht augenfällig überholt ist.

[139] VON RABENAU, Das Arbeitszimmer des Richters, DRiZ 1960, 249.

[140] Die Glosse „Die Würde des Urteils", NJW 1959, 1263 klagt darüber, daß Durchschläge von Entscheidungen auf schlechtem Papier oder mit verbrauchtem Kohlepapier geschrieben werden, so daß sie kaum lesbar sind.

[141] Versicherungspolicen und Diplome privater Schulen stellen äußerlich oft mehr vor als Urteile von Gerichten, deren Bedeutung wesentlich größer ist.

[142] Eingehend hierzu WAGNER, a. a. O., S. 163, 168.

schiedenen Stellungnahmen zu diesen Problemen ergibt, die Schlußfolgerung, daß die angedeuteten Bedenken Teile der Richterschaft bewegen.

Ein Überblick über die Stellungnahmen zeigt, daß sich darin überwiegend das „schlechte Gewissen der Oberschichten" manifestiert. In erster Linie befassen sich die Arbeiten mit der Frage, wie die Öffentlichkeit zur Rechtspflege steht. Wagner hat versucht, die Zahl der in der Öffentlichkeit umstrittenen Urteile zu berechnen und ist dabei auf eine Quote von 0,1 % gekommen[143]. Schmid ist nach seiner eigenen langjährigen Praxis in Gnadensachen und seinen Erfahrungen in der Dienstaufsicht der Ansicht, daß die von Wagner gegebenen Werte schon juristisch irreführend seien. Auch für juristisch unrichtige Urteile gebe es eine „Dunkelziffer", weil sich viele Betroffene ein unrichtiges Urteil gefallen ließen. Außerdem besage die Quote nichts darüber, wie gut oder wie schlecht die umstrittenen Urteile wirklich seien[144]. Es kann dahingestellt bleiben, ob die von Wagner errechnete Quote zu niedrig ist, und in Wirklichkeit zehn-, zwanzig- oder hundertmal größer ist als von ihm angenommen. Es kann hier auch offen bleiben, ob die Zahl der juristisch schlechten Urteile so ins Gewicht fällt, wie Schmid anzunehmen scheint. Auch juristisch schlechte Urteile können vom soziologischen Standpunkt aus im Einzelfall eine Lösung des rechtlichen Konflikts bewirken; sie brauchen sich auf andere Rechtsfälle nicht auswirken, weil sie über den Kreis der unmittelbar Beteiligten nicht hinausdringen[145]. Umgekehrt können umstrittene Entscheidungen, die juristisch korrekt sind, dem Prestige der Richter dennoch abträglich sein, wenn die Entscheidungen nicht richtig verstanden und aus diesem Grund angegriffen werden. Von seiten der Richter geschieht im allgemeinen nichts, um solchen Angriffen wirksam entgegenzutreten[146]. Der Ansatzpunkt Wagners ist für eine Aussage über das soziale Prestige des Richters und seiner Arbeit von

---

[143] WAGNER, a. a. O., S. 178.

[144] R. SCHMID in seiner Rezension des Buchs von WAGNER, Stuttgarter Zeitung vom 9. 1. 1960, Nr. 6, S. 47.

[145] So würden Verfahren und Entscheidungen im Stile des Richteroriginals DODEL kaum den Beifall des die Dienstaufsicht führenden Landgerichtspräsidenten finden. Das schließt die soziale Wirksamkeit solcher Art richterlicher Arbeit und der Entscheidungen nicht aus.

[146] In juristischen Fachzeitschriften wird mitunter zu Angriffen auf richterliche Entscheidungen Stellung genommen, z. B. NJW 1960, 712 „Falscher Alarm über die Einklagbarkeit von in der Sowjetzone entstandenen Forderungen gegen Zonenflüchtlinge". — In der Tagespresse war ein Urteil des BGH vom 17. 12. 1959 — VII ZR 198/58 falsch wiedergegeben worden und hatte Unruhe bei den Zonenflüchtlingen verursacht. Welcher der Betroffenen aber erfuhr durch diese Veröffentlichung in der Fachpresse, daß er durch die Tagespresse falsch informiert worden war? Es ist sehr selten, daß Richter oder die Justizministerien in Tageszeitungen selbst eine unrichtige Berichterstattung über Prozesse korrigieren.

Grund auf ungeeignet. Juristische Laien denken nicht in statistischen Quoten, wenn sie sich eine Meinung über die Richter und die Güte der Rechtsprechung bilden. Sie sind eher geneigt, negative Wertungen, die sie über die Arbeit der Richter hören, zu verallgemeinern, insbesondere deshalb, weil positive Wertungen der richterlichen Arbeit verhältnismäßig viel weniger oft verbreitet werden als negative. So erlaubt die Berechnung Wagners jedenfalls nicht, Rückschlüsse auf ein Vertrauen der Bürger in die Richter und die Rechtsprechung zu ziehen[147].

Justizkrise und Klassenjustiz

Im allgemeinen zeigen Äußerungen von Juristen und von den Richtern selbst zu ihrer Arbeit, daß die Beziehungen zwischen Richtern und denjenigen, die vor dem Richter stehen, eher skeptisch angesehen werden. Seit etwa 40 Jahren tauchen immer wieder Begriffe wie „Krise der Justiz" auf und offenbaren das Unbehagen, das Juristen und Nichtjuristen und namentlich die Richter selbst über die Stellung und Arbeit des Richters empfinden[148]. Ob schon die neuerdings immer mehr sich erhebende Forderung nach einer Justizreform schon ein „positiver" Ausdruck gegenüber der „negativen" Feststellung einer Justizkrise darstellt, wie Arndt[149] meint, erscheint fraglich.

Bei näherem Zusehen zeigt sich, daß das Unbehagen mit der richterlichen Arbeit heute auf andern Gründen beruht als noch vor 20 Jahren. Damals wurde dem Richter vorgeworfen, weltfremd und formalistisch zu sein, der Republik feindlich gegenüber zu stehen und eine „Klassenjustiz" zu üben[150]. Die beiden letzten Vorwürfe sind heute etwas in den Hintergrund getreten.

Dahrendorf nimmt zur Frage der Klassenjustiz aufgrund des von W. Richter gesammelten Materials sehr vorsichtig Stellung. Wenn auch nach dem Ergebnis soziologischer Untersuchungen die Gesellschaft im Bewußtsein des gewöhnlichen Bürgers sich in eine Unter- und eine Oberschicht gliedere, so verhindere das schlechte soziologische Gewissen, das heute zum Selbstverständnis moderner Oberschichten gehöre, eine Klas-

---

[147] Ob WAGNER einen solchen Schluß ziehen wollte, geht aus seinen Ausführungen nicht klar hervor. SCHMID, a. a. O., wehrt sich gegen eine derartige Schlußfolgerung.

[148] Vgl. hierzu die Literaturübersicht bei KERN, Geschichte des Gerichtsverfassungsrechts, § 44, S. 186.

[149] A. ARNDT, Grundfragen einer Reform der deutschen Justiz, DRiZ 1959, 199ff.; ARNDT weist in diesem Vortrag allerdings auch nachdrücklich darauf hin, daß es mit der bloßen Forderung nach einer Justizreform nicht getan sei. Vor allem müsse Klarheit darüber geschaffen werden, was und vor allem wie reformiert werden müsse.

[150] KERN, a. a. O., S. 186.

senjustiz im marxistischen Sinne[151]. Nach den Ergebnissen der Untersuchung von Janowitz fühlen sich die Richter ebensowenig der Oberschicht zugehörig wie andere Mitglieder dieser Schicht[152]. Dahrendorf möchte deshalb verneinen, daß die Richter eine Klassenjustiz ausüben oder auch nur anstreben würden.

Diese These läßt sich mit diesen Erwägungen allein nicht halten. Für die Auslegung von Gesetzen ist nach der „subjektiven Theorie" ausdrücklich auf die Werturteile und Zielsetzungen der Kulturschicht abzustellen, die im Zeitpunkt der Gesetzgebung dem Willen der Gesamtheit auf dem Gebiet des Rechts Inhalt verlieh. Diese Auffassung wird auch heute noch in maßgebenden Lehrbüchern vertreten[153]. Eine Anwendung dieses Grundsatzes müßte bei Gesetzen, die noch aus den Jahren vor 1900 stammen, zwangsläufig zu einer echten Klassenjustiz führen, da damals die Arbeiter jedenfalls nicht zu dieser maßgebenden Kulturschicht zu rechnen waren.

Eine Klassenjustiz kann aber nur ausgeübt werden, wenn die Richter ihre Rechtsprechung nach bestimmten Werten orientieren. Daran fehlt es heute. Die moderne pluralistische und antagonistische Gesellschaft kennt kein einheitliches Wertsystem, in das die verschiedenen Wertauffassungen unter einen obersten Wert eingeordnet werden können. Die obere Mittelschicht, der die Richter angehören, ist soziologisch nicht eine Gruppe mit einheitlichen Wertvorstellungen, sondern enthält eine Vielzahl soziologischer Gruppen, die die verschiedensten, einander widersprechenden Wertsysteme vertreten. Wie die Voraussetzungen einer Klassenjustiz zu schaffen sind, zeigt beispielhaft das sowjetzonale Gesetz über die Wahl der Richter der Kreis- und Bezirksgerichte durch die örtlichen Volksvertretungen vom 1. 10. 1959[154]. Nach § 2 dieses Gesetzes soll sich der Richter vorbehaltlos für den Sieg des Sozialismus in der Deutschen Demokratischen Republik einsetzen und der Arbeiter- und Bauernmacht treu ergeben sein. Aufgabe der Rechtsprechung ist der Sieg des Sozialismus, die Einheit Deutschlands und der Frieden. Nach § 18 hat der Richter „vorbildlich beim sozialistischen Aufbau mitzuwirken", die „sozialistische Gesetzlichkeit durchzusetzen" und sich „aktiv an der politischen Arbeit unter den Werktätigen zu beteiligen"[155].

Da die Gesetze der Bundesrepublik dem Richter solche oder ähnliche Wertmaßstäbe für die Rechtsfindung nicht in die Hand geben, bleibt der

---

[151] W. Richter, a. a. O., S. 241; Dahrendorf, a. a. O., S. 261.

[152] Janowitz, a. a. O., Kölner Zeitschrift für Soziologie 1958, Heft 1, S. 1 ff.

[153] Bartholomeyczik, Die Kunst der Gesetzesauslegung, S. 43; Lehmann, Allgemeiner Teil des Bürgerlichen Gesetzbuchs, § 8 III, S. 54.

[154] GBl. I, S. 751.

[155] Weitere eindrucksvolle Beispiele für die Gängelung der Wertvorstellungen der Richter in der sowjetischen Besatzungszone bei Wagner, Die Rechtsstellung des Richters in der DDR nach Erlaß des Richterwahlgesetzes, JZ 1960, 270 ff. mit eingehenden Literaturnachweisen.

Richter für die Ziele der Rechtsfindung auf seine eigenen Vorstellungen angewiesen. W. Richter betont mit Recht, daß „zumindest in der vorhergehenden Generation der Beamte noch in einem Staatsethos seinen Dienst leistete und auch die Söhne in diesem Ethos noch aufwuchsen“[156]. Bei dem beträchtlichen Anteil von Beamtensöhnen bei den Richtern dürfte dieses Ethos auch heute noch weitgehende Wirkungen haben. Danach sind für den Beamten allgemein und für den Richter im besonderen Disziplin, sachliche Korrektheit und Pflichtbewußtsein die vornehmsten Aufgaben[157]. Diese Korrektheit der Amtsführung verbietet es dem Richter, seine Entscheidung bewußt in Ansehung der Person oder gar in Ansehung einer Gruppe mit dem Ziele einer Klassenherrschaft auszuüben. Von einer unbewußten Ausübung einer Klassenjustiz durch die Richter als Mittelsmänner kann keine Rede sein, da es heute nicht mehr in der Hand einer bestimmten Klasse oder einer soziologischen Gruppe liegt, Gesetze zu erlassen, die die Herrschaft dieser Klasse oder Gruppe sichern. Gesetze sind in der parlamentarischen Demokratie ein Kompromiß zwischen verschiedenen Interessentengruppen. Die Herrschaft einer bestimmten Gruppe oder Schicht kann der Richter bei der Anwendung der Gesetze nicht ermitteln und deshalb nicht bewußt bei der Auslegung berücksichtigen. Die Materialien der Gesetze spiegeln diesen Interessenwiderstreit nur unvollkommen wider.

Eine andere Frage ist, ob und inwieweit die soziale Herkunft der Richter aus den sozial führenden Schichten zu bestimmten Einstellungen und Haltungen führt, die dem einzelnen Richter unbewußt sind, und bei seiner Entscheidung als selbstverständliche Grundlagen stillschweigend vorausgesetzt werden. Brusiin meint, daß die Richter kraft ihrer Herkunft und durch die erhaltene Erziehung für den Druck sozialer Machtfaktoren empfänglich sind[158]. Er weist darauf hin, daß in der Rechtsprechung des Obersten Amerikanischen Gerichtshofs eine bestimmte privatkapitalistische Tendenz festgestellt worden sei[159]. Die Recht-

---

[156] Ein Leitbild richterlicher Berufsauffassung, das dem Beamtenethos der vorhergehenden Generation entspricht, entwickelt DAHRENDORF aus den soziologischen Daten W. RICHTERS, a. a. O., S. 272/3.

[157] So meint GEIGER in seinem 1959 vor dem deutschen Richterbund gehaltenen Vortrag, Die Bedrängnis der Richter, der Richter habe sich seit 1945 als Stand wie der alte preußische oder bayerische Richter das Prädikat sauber, rechtschaffen, redlich, pflichttreu verdient, Frankfurter Allgemeine Zeitung (vom 9. 12. 1959, Nr. 285, S. 13).

[158] BRUSIIN, Über die Objektivität der Rechtsprechung, S. 34.

[159] BRUSIIN, a. a. O., S. 34, Anm. 2 beruft sich auf EDOUARD LAMBERT, Le gouvernement des juges et la lutte contre la législation sociale aux États-Unis; R. PINTO, Des juges qui ne gouverne pas, Opinions dissidentes à la cour suprême des États-Unis 1900—1903; H. ARTHUR STEIBER, Problemi attuali del diritto constituzionale americano (Rivista internazionale di filosofia del diritto, 1937).

sprechung des Reichsgerichts und des Bundesgerichtshofs ist in dieser Hinsicht bisher nicht überprüft worden. Immerhin läßt sich für die Rechtsprechung des Reichsgerichts in Hochverratssachen nachweisen, daß die Mitglieder des höchsten deutschen Gerichts der Weimarer Republik ablehnend gegenüber standen[160].

Richter und Staat, insbesondere Richter und Nationalsozialismus

Das Unbehagen der Richter wegen ihrer Tätigkeit bezieht sich heute vor allem auf die Tätigkeit der Justiz im Dritten Reich. „Im Namen des deutschen Volkes" sind damals durch Richter Dinge geschehen, die mit Rechtsprechung nichts zu tun haben. Da unbestritten ein erheblicher Teil der Richter, die heute Recht sprechen schon zwischen 1933 und 1945 als Richter oder wenigstens sonst als Juristen tätig war, liegt der Vorwurf nahe, daß die Richter nicht das besondere Vertrauen beanspruchen können, das sie fordern, indem sie „Recht" sprechen[161]. Noch schwerwiegender ist vielleicht der Vorwurf, die Rechtsprechung sei auch heute noch von nationalsozialistischem Gedankengut beeinflußt[162]. Bisher ist noch nicht einmal klar festgestellt, in welchem Ausmaß die Rechtsprechung im Dritten Reich von der nationalsozialistischen Idealogie beeinflußt war. In einer umfangreichen Arbeit hat Schorn dargelegt, daß zahlreiche Gerichte in ihren Entscheidungen gerade die typisch nationalsozialistischen Gedankengänge verurteilt haben[163]. Zum Teil wurden auch Gedankengänge der nationalsozialistischen Ideologie vorgeschoben, um Entschei-

---

[160] Schmid, Stuttgarter Zeitung vom 10. 1. 1959, Nr. 7, S. 43.

[161] Dieser Vorwurf aus der Vergangenheit der Richter wird auch heute noch erhoben. So schreibt ein auf Rückzahlung eines Darlehens verklagter Jude am 25. 7. 1960 an das Amtsgericht Stuttgart, nachdem er zunächst auf die im Dezember 1959 und Januar 1960 vorgekommenen antisemitischen Ausschreitungen hingewiesen hat, wörtlich: „Unter den gegebenen Verhältnissen kann ich die Rechtsprechung eines deutschen Gerichts nicht als objektiv betrachten und muß ein Urteil ‚Im Namen des Volkes', das 6 Millionen meiner Glaubensgenossen auf dem Gewissen hat und dessen Bundeskanzler es nicht nötig hält, zu einem schicksalsschweren Problem Stellung zu nehmen, ablehnen." — Eine andere Frage ist, ob solche Vorwürfe begründeten Zweifeln an der deutschen Gerichtsbarkeit oder an der Berechtigung einer Klage Ausdruck geben, oder ob sie lediglich dazu dienen sollen, die Schwäche der eigenen Rechtsposition zu überdecken.

[162] S. hierzu MARX, Die unbewältigte Vergangenheit, DRiZ 1960, 98 und grob vereinfachend NEIDHARD, Vorwürfe gegen sogenannte „Nazi-Blutrichter", DRiZ 1960, 150, der den Kritikern einfach vorwirft, daß die Kritik den Kommunisten erwünscht sei.

[163] SCHORN, Der Richter im Dritten Reich, S. 52; ebenso WAGNER, a. a. O., S. 11, 74 ff. mit weiteren Nachweisen.

dungen zu begründen, die mit den politischen Zielen des Nationalsozialismus in krassem Widerspruch standen[164].

Eine repräsentative Untersuchung der Richter und ihrer Rechtsprechung während des Dritten Reichs konnte und wollte Schorn jedoch nicht geben. Man wird mit ihm davon ausgehen können, daß die überwiegende Mehrzahl der Richter ihr Amt nach den überkommenen Grundsätzen des Rechts weitergeführt haben. Für manchen Richter dürfte sich kein Anlaß geboten haben, bisherige rechtsstaatliche Prinzipien gegen die nationalsozialistische Lehre abzuwägen, da die politische Ideologie vielen Rechtsgebieten gegenüber wertfrei war[165]. Im übrigen gibt Schorn selbst Beispiele dafür, daß politische Ziele, die sich auf rechtlichem Wege nicht erreichen ließen, auf außerrechtlichem Wege herbeigeführt wurden[166]. So zeigt die Entwicklung der Rechtsprechung im Dritten Reich, daß die bisher bestehenden Rechtsgrundsätze im wesentlichen aufrechterhalten werden konnten. Zur Durchsetzung der politischen Ziele auf rechtlichem Gebiet genügten einige wenige der Ideologie des Nationalsozialismus ergebene Richter und die faktische Außerkraftsetzung richterlicher Entscheidungen durch besondere Eingriffe, sofern nur die übrigen Richter ihre Arbeit wie bisher weiter verrichteten und damit die Kontinuität der Rechtsordnung aufrechterhielten.

Aber auch wenn der Beitrag der Richter zum nationalsozialistischen Regime geringer war als allgemein angenommen wird, so lastet doch auf den Richtern heute die Hypothek, diesen Staat gestützt zu haben.

Der Richter will mit seiner Entscheidung einen rechtlichen Konflikt lösen. Er beansprucht damit, daß sein Spruch ein besonderes Gewicht insbesondere bei den Streitenden hat. Ein solches Gewicht kann der richterliche Spruch nur haben, wenn der Richter innerhalb der Gesellschaft eine Sonderstellung genießt. Auf diese Sonderschätzung ist er um so mehr angewiesen, als seine Entscheidung wissenschaftlich rational nicht berechenbar ist.

---

[164] SCHORN, a. a. O., S. 504 ff.

[165] WAGNER, a. a. O., S. 80, meint, daß sich die Lenkungsmaßnahmen während des Dritten Reichs auf den verhältnismäßig kleinen Kreis der Strafrichter beschränkten, die mit Sachen von politischer Bedeutung befaßt waren. Der weitaus größere Teil der Richter, vor allem die Zivilrichter, aber auch die Strafrichter in Bagatellsachen seien kaum behelligt worden. Demgegenüber weist SCHORN, a. a. O., S. 504 ff. anhand von Beispielen nach, daß auch Zivilprozesse während des Dritten Reiches von politischem Interesse sein konnten, und daß in solchen Fällen Versuche gemacht worden sind, die Richter zu einer bestimmten erwarteten Entscheidung zu veranlassen.

[166] So wurden Personen, die von Gerichten freigesprochen waren, in Konzentrationslager gebracht, wenn es den Machthabern aus politischen Gründen erforderlich erschien (vgl. hierzu auch SCHORN, a. a. O., S. 102 ff.; besonders klar WAGNER, a. a. O., S. 11 und S. 76 f.).

So meint W. Geiger, daß die Fortentwicklung des Rechts sich in der Brust des Richters vollziehe und rational nicht kontrolliert werden könne[167]. Derselbe Gedanke kommt bei R. Schmid zum Ausdruck, wenn er davon spricht, daß das Herz den Richter mache[168], und sich darüber besorgt zeigt, daß der Richter aus irrationalen Neigungen oder Gefühlen urteilen könne[169]. Güde begnügt sich nicht mit dieser Feststellung, sondern stellt die Frage, welche Sonderschätzung der Jurist — und damit auch der Richter — heute beanspruchen könne. Für seine Auffassung, daß die Qualität eines Standes, der erfolgreich eine Sonderschätzung in der Gesellschaft beanspruche, nach allen soziologischen Erfahrungen ein moralisches Faktum, nämlich das bewährte Risiko, voraussetze, beruft er sich auf Arnold Gehlen. Güde fügt hinzu, daß von einem bewährten Risiko der Juristen nicht gesprochen werden könne[170].

Dieser Mangel an einem bewährten Risiko dürfte letztlich der entscheidende Grund für das allgemeine richterliche Unbehagen sein. Deshalb wird immer wieder untersucht, ob die Rechtsprechung einen ähnlichen Weg geht wie in der Weimarer Republik, in der sie in offenem Gegensatz zum neuen Staat stand. H. Marx glaubt dies verneinen zu können und sieht die Ursache der Mängel richterlicher Funktionserfüllung heute vor allem in einem Versagen der Gesetzgebung[171].

Für die Rechtsprechung ist von Bedeutung, ob Richter auch heute noch ihren Entscheidungen bewußt oder unbewußt nationalsozialistische Gedankengänge zugrunde legen und inwieweit die nationalsozialistische Vergangenheit von den Richtern bewältigt wird. Dahrendorf entnimmt den von W. Richter für die Oberlandesgerichtsräte der Bundesrepublik gegebenen Zahlen[172], daß der Anteil der nach 1945 ernannten Richter erheblich höher ist als der Teil der Richter, die schon vorher im Amt

---

[167] W. Geiger, Die Bedrängnis der Richter, Vortrag vor dem deutschen Richterbund 1959, Frankfurter Allgemeine Zeitung vom 9. 12. 1959, Nr. 285, S. 13.

[168] Schmid, Der Richter, Stuttgarter Zeitung vom 10. 1. 1959, Nr. 7, S. 43.

[169] Als Beispiel für ein aus gefühlsmäßiger Befangenheit gefälltes Urteil führt Schmid, a. a. O., eine Entscheidung des RG aus dem Jahre 1929 an. Darin befaßte sich das RG mit der Frage, ob die Bezeichnung „schwarzrothühnereigelb" oder „schwarzrotsenf" eine beschimpfende Bezeichnung der Farben der Weimarer Republik sei. Auf dem Wege einer „juristischen" Deduktion kam das RG zum Ergebnis, daß das Wort hühnereigelb an sich offenbar bedenkenfrei sei. Schmid zieht aus diesen Darlegungen den Schluß, daß die Richter dieses Senats kein Verhältnis zum Staat gehabt, sondern ihn gefühlsmäßig scharf abgelehnt hätten.

[170] Güde, Wie wirkt sich die totalitäre Vergangenheit auf die heutige Rechtsprechung aus? Vortrag vor der Evangelischen Akademie Bad Boll, Die Justiz 1958, 373.

[171] H. Marx, Das Recht, die Politik und unsere Richter, Stuttgarter Zeitung vom 6. 8. 1960, Nr. 179, S. 33, 34.

waren[173]. Aus der Tatsache, daß ein auffälliges Übergewicht der nach 1945 ernannten Richter vorliegt, glaubt er den Schluß ziehen zu können, daß der Zusammenbruch von 1945 für die Besetzung hoher Ämter in der Gerichtsbarkeit nicht ohne erhebliche Folgen geblieben ist.

Die von W. Richter zusammengestellten Zahlen über die Ernennung der Oberlandesgerichtsräte lassen einen solchen Schluß nicht zu. Man kann nicht, wie Dahrendorf[174], argumentieren, bei ungebrochener politischer Entwicklung würden jährlich etwa 5 % der amtierenden Richter neu ernannt, da die Zahl der zwischen 1945 und 1958 ernannten Oberlandesgerichtsräte beträchtlich höher als 65 % sei, müsse dies auf den Zusammenbruch von 1945 zurückgeführt werden. Schon der Ausgangspunkt Dahrendorfs ist verfehlt: die Besetzung von Richterstellen hängt nicht in erster Linie von der politischen Entwicklung, sondern vom Geschäftsanfall der Gerichte ab. Ein vermehrter Geschäftsanfall zwingt die Justizbehörden, die Zahl der Richter zu erhöhen, um die Gerichtsbarkeit aufrechtzuerhalten, wie umgekehrt eine Verringerung des Geschäftsanfalls erlaubt, eine bestimmte Anzahl von Richterstellen nicht mehr zu besetzen. Die Gründe für eine Erhöhung oder eine Verringerung des Geschäftsanfalls können auch in der politischen Entwicklung liegen, sie müssen es aber nicht.

So ist die Tatsache, daß in den letzten 13 Jahren mehr Oberlandesgerichtsräte ernannt wurden, als nach dem Durchschnitt der Ernennungen in den letzten 20 Jahren zu erwarten war, in erster Linie auf eine Intensivierung derjenigen sozialen Beziehungen in der Bundesrepublik seit 1948 zurückzuführen, die einer rechtlichen Kontrolle unterliegen. Während des Krieges war die Zahl der Rechtsstreitigkeiten, die sich aus dem wirtschaftlichen Leben ergeben, wesentlich geringer als heute, da zahlreiche nicht kriegswichtige Wirtschaftsbetriebe eingestellt wurden. Zivil- und Strafprozesse in Verkehrssachen, die heute einen erheblichen, immer mehr zunehmenden Teil der richterlichen Arbeit darstellen, gab es während des Krieges praktisch nicht. Über Verstöße gegen das Kriegsrecht entschieden in vielen Fällen besondere Spruchkörper, die von den staatlichen Gerichten getrennt waren.

Hinzu kommt, daß während des Krieges die Rechtspflege erheblich abgebaut wurde. Die ersten Einschränkungen erfolgten schon im Jahre 1939, die einschneidendsten im Jahre 1944[175]. Die Einsparung von Rich-

---

[172] W. Richter, a. a. O., Tabelle 7, S. 254.

[173] Dahrendorf, a. a. O., S. 272.

[174] Dahrendorf, a. a. O., S. 271/2.

[175] Die Verordnung über Maßnahmen auf dem Gebiet der Gerichtsverfassung und der Rechtspflege (Vereinfachungsverordnung) vom 1. 9. 1939, RGBl. 1939, I, S. 1658, mag zum Teil Änderungen eingeführt haben, die ohnehin geplant waren. Kriegsbedingt war die Verordnung über außerordentliche Maßnahmen auf dem Gebiete des bürgerlichen Rechts, der bürgerlichen Rechts-

terstellen ermöglichte man durch Änderungen der Gerichtsverfassung, durch die die Besetzung der Spruchkörper der Gerichte verringert wurde, durch Vereinfachung der Verfahrensvorschriften und durch Verkürzung der Rechtsmittel.

Wichtige Änderungen der Gerichtsverfassung stellten die Besetzung des Landgerichts mit einem anstatt wie bisher mit drei Richtern[176] und die Besetzung eines Senats des Reichsgerichts mit drei anstatt wie bisher mit fünf Richtern dar[177]; die Laienbeisitzer der Arbeitsgerichte wurden abgeschafft[178].

Von den Vereinfachungen der Verfahrensvorschriften seien hier nur diejenigen hervorgehoben, die nach dem Krieg wieder gestrichen wurden. So war den Amtsgerichten und den Arbeitsgerichten gestattet, das Gerichtsverfahren nach eigenem Ermessen zu gestalten[179]. Wenn die Beteiligten damit einverstanden waren, konnten Entscheidungen ohne Gründe ergehen[180]. Streitigkeiten, die nach Auffassung des Richters als nicht „kriegswichtig" erschienen, konnten bis nach Kriegsende zurückgestellt werden[181].

Besonders bedeutsam war die Verkürzung der Rechtsmittel. Die Berufung wurde abgeschafft[182], also das Rechtsmittel, das die meiste Arbeit für das Instanzgericht mit sich bringt, weil der Rechtsstreit in tatsächlicher und in rechtlicher Hinsicht nachzuprüfen ist. Auch die Möglichkeiten der Beschwerde wurden stark beschnitten[183]. Anstelle des drei-

---

pflege und des Prozeßrechts aus Anlaß des totalen Krieges (2. Kriegsmaßnahmenverordnung) vom 27. 9. 1944, RGBl. 1944/45, I, S. 299.

176 § 5 der Vereinfachungsverordnung vom 1. 9. 1939; in der 2. Vereinfachungsverordnung vom 18. 9. 1940, RGBl. 1940, I, S. 1235, wurde das Landgericht wieder mit 3 Richtern besetzt, durch die 2. Kriegsmaßnahmenverordnung vom 27. 9. 1944 wieder mit einem Richter.

177 § 16 der 2. Kriegsmaßnahmenverordnung vom 27. 9. 1944.

178 § 12 der Vereinfachungsverordnung vom 1. 9. 1939.

179 § 10 der Vereinfachungsverordnung vom 1. 9. 1939, RGBl. 1939, I, 1658.

180 § 2 der Verordnung zur weiteren Vereinfachung der bürgerlichen Rechtspflege und des Kostenrechts (3. Vereinfachungsverordnung) vom 16. 5. 1942, RGBl. 1942, I, S. 333.

181 Durchführungsverordnung zur Kriegsmaßnahmenverordnung und zur Kriegsbeschwerdeverordnung vom 12. 5. 1943, RGBl. 1943, I, S. 290.

182 § 1 der 2. Kriegsmaßnahmenverordnung vom 27. 9. 1944, RGBl. 1944 bis 1945, I, S. 229.

183 §§ 2, 4, 5, 9 der 2. Kriegsmaßnahmenverordnung vom 27. 9. 1944, RGBl. 1944—45, I, S. 229, sowie § 7 der 2. Verordnung zur Durchführung der Verordnung über Maßnahmen auf dem Gebiete der Gerichtsverfassung und der Rechtspflege vom 4. 10. 1939, RGBl. 1939, I, S. 1994; vgl. ferner die Verordnung über das Beschwerdeverfahren in Angelegenheiten der freiwilligen Gerichtsbarkeit (Kriegsbeschwerdeverordnung) vom 12. 5. 1943, RGBl. 1943, I, S. 290, und die Durchführungsverordnung zur Kriegsmaßnahmenverordnung und zur Kriegsbeschwerdeverordnung vom 12. 5. 1943, RGBl. 1943, I, S. 292.

stufigen Rechtszuges trat ein zweistufiger. Die Möglichkeiten, Revision einzulegen, wurden durch Erhöhung der Streitwertgrenze von 6000,— R-Mark auf 10 000,— RM eingeschränkt. Streitigkeiten, die einen Streitwert zwischen 1000,— und 5999,— RM hatten, waren nur unter ganz besonderen Voraussetzungen revisibel[184]. Die noch bestehenden Oberlandesgerichte wurden praktisch abgeschafft, da sie nur noch in einigen Beschwerdesachen anstelle des Reichsgerichts zuständig waren[185].

Diese außerordentlich eingeschränkte Gerichtsbarkeit war nach dem Zusammenbruch von 1945 zum Teil noch dadurch begrenzt, daß an ihrer Stelle die Gerichtsbarkeit der Alliierten ihre Funktionen wahrnahm. Die schrittweise Rückübertragung dieser Funktionen auf die deutsche Gerichtsbarkeit, die Wiedereinführung rechtsstaatlicher Garantien und vor allem der seit dem Jahre 1948 einsetzende wirtschaftliche Aufschwung zwang zu einer fühlbaren Vermehrung der Richterstellen.

Aus diesen tatsächlichen Gegebenheiten folgt, daß die Annahme Dahrendorfs nicht zutrifft, wonach in den letzten 15 bis 20 Jahren eine kontinuierliche politische Entwicklung stattgefunden habe, die als repräsentativ für die Entwicklung der Justiz gelten könne. Über die Konformität der heute tätigen Oberlandesgerichtsräte mit den Grundprinzipien des Dritten Reichs vermögen die Tabellen W. Richters über die soziale Herkunft der Oberlandesgerichtsräte und den Zeitpunkt ihrer Ernennung[186] ebenfalls nichts auszusagen. Zwar ist richtig, daß nach der von Wagner gegebenen Altersübersicht[187] drei Viertel aller Richter nach 1945 ernannt worden sind. Von Bedeutung ist dies jedoch in erster Linie für die Richter der Amts- und Landgerichte. Für die Richter der Oberlandes- und der Bundesgerichte gilt dies nicht. Der Ernennung zum Richter an einem Oberlandesgericht geht in der Regel eine langjährige Praxis an einem unteren Gericht und eine Probezeit beim Oberlandesgericht als Hilfsrichter voraus, die scherzhaft als „Drittes juristisches Staatsexamen" bezeichnet wird. Demgemäß sind 9 von 10 Oberlandesgerichtsräten zwischen 46 und 66 Jahren, während bei den Richtern insgesamt mehr als die Hälfte zwischen 26 und 46 Jahre alt sind[188]. Der Anteil der Oberlandesgerichtsräte, die schon während des Dritten Reiches als Richter fungiert haben, ist daher größer als bei den Richtern insgesamt. Es ist eine offene Frage, ob die ersten Jahre der richterlichen Tätigkeit einen bestimmenden

---

[184] §§ 1, 2 der 2. Kriegsmaßnahmenverordnung vom 27. 9. 1944, RGBl. 1944—45, I, S. 229.

[185] §§ 2, 7 der 2. Kriegsmaßnahmenverordnung vom 27. 9. 1944, RGBl. 1944—45, I, S. 229.

[186] S. hierzu die Tabelle oben S. 14, sowie die Tabelle Nr. 7 bei W. Richter, a. a. O., S. 254, und Dahrendorf, a. a. O., S. 271/2.

[187] Wagner, a. a. O., S. 134.

[188] vgl. Tabelle 2 bei W. Richter, a. a. O., S. 244.

Einfluß auf die Auffassung von der Tätigkeit und Bedeutung des Richters insgesamt haben[189]. Inwieweit Erwägungen über die Tätigkeit eines Richters in der Zeit des Dritten Reiches bei seiner Ernennung zum Oberlandesgerichtsrat eine Rolle gespielt haben, kann der Altersübersicht und dem Zeitpunkt der Ernennung nicht entnommen werden. So ist es eine noch zu klärende Frage, ob der Zusammenbruch von 1945 für die Besetzung hoher Richterstellen eine Bedeutung gehabt hat.

Die Frage, inwieweit nationalsozialistische Gedanken in der Rechtsprechung nach 1945 fortgewirkt haben, kann nur durch eine Analyse dieser Rechtsprechung und einen Vergleich mit der Rechtsprechung zwischen 1933 und 1945 geklärt werden. Hier kann das Problem nur angedeutet, aber nicht weiter ausgeführt werden, da eine solche Untersuchung weit über den Rahmen der vorliegenden Arbeit hinausginge.

Kriegserfahrung und Militarismus der Richter

In den Tabellen Nr. 8 und 9 hat W. Richter eine Aufstellung über die Kriegsteilnahme und Gefangenschaft sowie die Dienstgrade der Oberlandesgerichtsräte gegeben, die als Kriegsteilnehmer den ersten und zweiten Weltkrieg mitgemacht haben[190]. Danach unterscheidet sich die Kriegserfahrung der Richter an Oberlandesgerichten nicht wesentlich von der Kriegserfahrung anderer Gruppen[191]. Nur jeder fünfzehnte aller Richter an Oberlandesgerichten war als Wehrmachtrichter tätig. Über militaristische Tendenzen unter den Richtern an Oberlandesgerichten besagt die Aufstellung W. Richters nichts, da Militarismus und Kriegserfahrung nicht gleichgesetzt werden können; es ist durchaus möglich, daß weniger kriegserfahrene Personen, gerade weil ihnen die Erfahrung fehlt, erheblich militaristischer denken als kriegserfahrenere. Nähere Aufschlüsse könnte erst eine Übersicht geben, die die Zahl der Wehrmachtsrichter insgesamt der Zahl der juristisch vorgebildeten Wehrmachtsrichter, insbesondere der Richter unter den Wehrmachtsrichtern gegenüberstellt. Erst solche weitergehenden Untersuchungen könnten erweisen, welche der von Dahrendorf angedeuteten Interpretationsmöglichkeiten der von W. Richter gegebenen Zahlen richtig ist. Immerhin stimmt es bedenklich, daß

---

[189] Ohne nähere Begründung für seine Ansicht geht W. Richter davon aus, daß die für die Bildung des Menschen entscheidenden Jahre das Studium und die Referendarausbildung seien. In dieser Zeit erhält der künftige Richter jedoch nur eine theoretische und oberflächliche Vorstellung von der praktischen Tätigkeit des Richters. Es erscheint wahrscheinlich, daß erst die praktische eigenverantwortliche Tätigkeit geeignet ist, Vorstellungen von der Aufgabe und sozialen Funktion zu entwickeln oder ungefähre Vorstellungen hiervon zu berichtigen und zu präzisieren.

[190] W. Richter, a. a. O., S. 258.

[191] Dahrendorf, a. a. O., S. 272.

während des ersten Weltkriegs die Zahl der innerhalb des Landheers verhängten Todesurteile 150 betrug, während im zweiten Weltkrieg im Bereich des Feld- und des Ersatzheeres 10 000 Todesurteile ausgesprochen wurden[192]. Sicher wird man berücksichtigen können, daß die Desorganisation im zweiten Weltkrieg erheblich mehr um sich griff als im ersten, und daß viele Todesurteile in der Zeit dieser Desorganisation ausgesprochen und vollstreckt wurden. Güde gibt an, daß die Zahl der Todesurteile in den Jahren 1942 bis 1944 sprunghaft angestiegen sei. Dies legt die Erklärung nahe, daß ein erheblicher Teil der in dieser Zeit verhängten Todesurteile nicht mehr vor Kriegsgerichten in einem justizmäßigen Verfahren zustande kam[193]. Wie weit die heute amtierenden Richter an solchen Verfahren mitgewirkt haben, läßt sich den angeführten Statistiken nicht entnehmen. Keine von ihnen gibt Aufschluß darüber, ob und inwieweit Kriegsrichter, die im zweiten Weltkrieg Todesurteile ausgesprochen haben, noch heute als Richter im Amt sind. So kann die Aufstellung W. Richters über die Kriegserfahrung der Oberlandesgerichtsräte gerade für die Auswirkung dieser Kriegserfahrung auf ihre heutige richterliche Tätigkeit nichts aussagen. Sie läßt weder Rückschlüsse auf eine besonders militaristische Gesinnung der Oberlandesgerichtsräte zu, noch gibt sie einen Anhaltspunkt dafür, daß diese unter dem Einfluß nationalsozialistischen Gedankenguts Todesurteile ausgesprochen hätten.

Anforderungen an das Recht und das Sozialprestige des Richters

Juristische Laien sehen die Tätigkeit des Richters in erster Linie unter ideologischen Gesichtspunkten. Sie erwarten von ihm eine „gerechte Entscheidung“, wobei weithin die Auffassung verbreitet ist, es gebe in jedem Falle nur eine einzige „gerechte“ Entscheidung; jede andere Entscheidung müsse mehr oder weniger „ungerecht“ sein. So wird vom Richter erwartet,

---

[192] Diese Zahlen gibt Güde nach Duesing, Abschaffung der Todesstrafe, in seinem Vortrag, Wie wirkt sich die totalitäre Vergangenheit auf die heutige Rechtsprechung aus?, Die Justiz 1958, 373. Von den 150 Todesurteilen des ersten Weltkrieges wurden 48 vollstreckt, während von den 10 000 des zweiten Weltkrieges etwa 6000 vollstreckt wurden (Güde, a. a. O.). Nach A. Leber, Das Gewissen entscheidet, zitiert bei Schorn, a. a. O., S. 63, soll die Zahl der während des zweiten Weltkriegs verhängten Todesurteile sogar bei 20 740 liegen.

[193] Schwinge, Die deutsche Militärgerichtsbarkeit im zweiten Weltkrieg, DRiZ 1958, 350, stellt die deutsche Militärgerichtsbarkeit als Vorbild für die englische und französische hin. Es bedarf einer gewissen Kühnheit zu behaupten, die deutsche Militärgerichtsbarkeit habe vieles für sich zu verbuchen: „das Vertrauen der Truppe und weitester Teile der Bevölkerung bis in die letzte Phase des Krieges hinein (!), schließlich viele, viele Urteile, durch die schweres Unheil von Soldaten und Zivilpersonen abgewendet worden ist“. Die Zahl der Todesurteile erwähnt Schwinge nicht.

daß er einem Gott gleich durch die Aussagen der Beteiligten hindurch den objektiv wahren Sachverhalt erkenne, wobei allerdings die Prozeßbeteiligten vielfach diesen objektiv richtigen Sachverhalt mit ihrer subjektiven Anschauung davon gleichsetzen. Die Beteiligten verstehen oft nur schwer oder gar nicht, daß der Richter sich nicht einfach über prozessuale Grundsätze der Darlegungs- und Beweislast hinwegsetzen kann, und daß auch er nur ein Mensch ist, der sein Wissen von einem Sachverhalt von den Prozeßbeteiligten erhält und sich daraus eine Vorstellung über einen Geschehensablauf bilden muß. Dieses Bild wird mit dem objektiv geschehenen Sachverhalt nie genau übereinstimmen, weil schon die Sachschilderungen der Beteiligten mit Fehlern behaftet sind. Es kann zu Lasten einer Partei ausfallen, wenn diese ihre Behauptung nicht beweisen kann.

Der Richter wird die Beteiligten auch oft über die „richtige" rechtliche Beurteilung des Streitfalls enttäuschen. Da es in der pluralistischen Gesellschaft an einer allgemein verbindlichen Wertordnung fehlt, gehen Richter und Laien oftmals von verschiedenen Wertvorstellungen aus, nach denen sie ein soziales Geschehen beurteilen[194]. In solchen Fällen wird es dem Richter kaum gelingen, den unterliegenden Teil mit Deduktionen zu überzeugen, die auf einer Wertordnung beruhen, welche der unterliegende Teil von Grund auf nicht als für sich verbindlich anerkennt. Diese Enttäuschung des Laien über den Richterspruch ist eine Folge davon, daß das Gesetz, das dem Richter Grundlage seiner Entscheidung ist, in der sozialen Wirklichkeit nicht mehr als „Verkörperung der Rechtsidee" oder der „Gerechtigkeit" gilt. Gesetze sind heute zu einem großen Teil zwischen verschiedenen Interessentengruppen ausgehandelt und gehen zu Lasten desjenigen, der sich am wenigsten in die Vorbereitung der Gesetze einschalten kann[195]. Die Aussicht auf Neuwahlen führt zu einer Flut von Gesetzen, die als Wahlgeschenke Propagandamittel im Wahlkampf sein sollen, aber nicht in erster Linie an der Wertidee irgendeiner Gerechtigkeit

---

[194] Das Schisma der Moralen tritt besonders kraß in Fällen zutage, in denen das Gericht seine Entscheidung überwiegend oder gar ausschließlich auf einen allgemeinen Wertbegriff wie etwa „das Anstandsgefühl aller billig und gerecht Denkenden" stützt. WUNSCHEL, Globalzession und verlängerter Eigentumsvorbehalt, NJW 1959, 1953, behauptet, der BGH habe eine Abtretung für sittenwidrig erklärt und auf diesen Gesichtspunkt sein Urteil gegründet, obgleich beide Parteien und das Berufungsgericht die Frage einer Sittenwidrigkeit der Abtretung nicht einmal in Erwägung gezogen hätten. Diese Kritik soll nach NEUBECK, a. a. O., S. 1954, für den entschiedenen Fall unzutreffend sein. NEUBECKS Überblick über die Rechtsprechung zeigt aber, daß solche gegensätzlichen Urteile jedenfalls möglich sind.

[195] Etwa das Ladenschlußgesetz, das auf dem Rücken der Verbraucher ausgehandelt wurde (wobei eine andere Frage ist, wieweit sich die Verbraucher mit der Zeit an die Neuregelung der Verkaufszeiten gewöhnt haben).

orientiert sind[196]. Der ständige Kampf der verschiedenen Interessentengruppen miteinander und der beträchtliche Einfluß, den die verschiedenen Gruppen auf die Gesetzgebung haben, hat dazu geführt, daß Gesetze leicht geändert werden. Dadurch haben die Rechtsnormen weitgehend ihre Unbedingtheit und Entschiedenheit eingebüßt. Zu diesen Fragen, mit denen das Verhältnis zwischen Richter und Bürgern von vornherein belastet ist, kommt die vielerörterte Rechtsfremdheit, ja Rechtsfeindlichkeit des gewöhnlichen Bürgers. Abgesehen von einigen kärglichen und in ihrer juristischen Qualität oft zweifelhaften Ausführungen über Verfassungs- und Staatslehre lernt der Nichtjurist in der Schule nichts von rechtlichen Dingen. Während in Natur- und Geisteswissenschaften vielfach Spezialkenntnisse vermittelt werden, die der Schüler in seinem späteren praktischen Leben zum größten Teil nicht mehr braucht, erfuhr er von Grundlagen der sozialen Ordnung, in der er lebte, bis vor kurzem praktisch nichts, sondern war insoweit auf die Lebenserfahrung angewiesen[197]. In neuerer Zeit versucht man diesem Mangel durch einen Rechtsunterricht an Schulen abzuhelfen, dessen Nützlichkeit zum Teil begrüßt, zum Teil aber auch skeptisch betrachtet wird[198]. Welche Auswirkungen sich aus diesem Unterricht für ein Verständnis des Rechts und rechtlicher Fragen ergeben, muß die Zukunft erst noch zeigen.

Der Bürger erfährt heute von Rechtsfragen und von der Arbeit des Richters durch die Informationsmedien Presse, Rundfunk und Fernsehen sowie aus praktischen Erfahrungen, die andere oder er selbst mit den Gerichten machen. Private Erfahrungen wie auch Berichte über Erfah-

---

[196] SCHEUNER hat in seinem Vortrag „Die Aufgabe der Gesetzgebung in unserer Zeit", in Mitteilungen der kommunalen Gemeinschaftsstelle für Verwaltungsvereinfachung, Juni 1960, die Frage aufgeworfen, wie der Bürger in einem Gesetz noch ein Recht sehen soll, das die gesellschaftlichen Kräfte unter höheren Gesichtspunkten regelt, wenn er in ihnen nur eine Art Abkommen zwischen mächtigen Gruppen zu sehen vermag. Selbst die Regierung sehe er vor wohlorganisierten Einflüssen zurückweichen (Sonderdruck S. 4).

[197] Mit Recht weist WAGNER, a. a. O., S. 195, auf diese Diskrepanz hin: Es ist schwer zu begreifen, weshalb zur allgemeinen Bildung die Kenntnis von Daten irgendwelcher Schlachten, nicht aber eine ungefähre Vorstellung gehört, wie man einen Vertrag abschließt, was ein Zivil- oder Strafprozeß ist.

[198] WAGNER, a. a. O., S. 195 f., begrüßt diese Anfänge; R. SCHMID ist der Meinung, der Rechtsunterricht an Schulen und der Besuch von Gerichtsverhandlungen vermittle nur ein theoretisches Bild (in seiner Rezension des Buchs von WAGNER, Stuttgarter Zeitung vom 9. 1. 1960). Zunächst wird man allerdings jede theoretische Vorstellung vom Recht gegenüber den bisherigen Vorstellungen darüber als Verbesserung ansehen können. Die Abhilfe durch einen Ausbau der Laiengerichtsbarkeit, wie sie SCHMID vorschwebt, erfordert neue Gesetze und würde nur einem verhältnismäßig kleinen Teil der Bürger tatsächliche Kenntnisse vom Recht und der Arbeit des Richters vermitteln.

rungen Dritter mit dem Recht sind selten geeignet, eine sachlich zutreffende Vorstellung von Rechtsfragen und der Arbeit des Richters zu vermitteln; ihnen fehlt die persönliche Distanz, die für eine sachliche Unterrichtung gerade auf dem Gebiet des Rechts wesentlich ist. Wer in rechtliche Konflikte verwickelt ist, wird selten in der Lage und meist nicht daran interessiert sein, dem unbeteiligten Dritten Rechtsprobleme auseinanderzusetzen. Er will vielmehr von seinem Standpunkt aus einen Teil seines Schicksals schildern, der ihm allein als wichtig erscheint.

Aber auch die Berichte der Informationsmedien über Rechtsfragen sind nicht geeignet, eine sachliche Vorstellung von der Arbeit des Richters zu geben. Im allgemeinen berichten sie über Rechtsfragen nur, soweit diese umstritten sind und eine Kritik herausfordern. Zudem sollen die Rechtsfragen von allgemeinem Interesse sein. Über den Inhalt und Stand eines Zivilprozesses kann man aus den öffentlichen Verhandlungen meist kein Bild gewinnen. So beschränkt sich die Gerichtsberichterstattung im wesentlichen auf die für den Außenstehenden leichter erfaßbaren Strafsachen, die für die Gerichtsbarkeit der Zahl und der Arbeit nach weniger ins Gewicht fallen als Zivilsachen. Aber auch Strafsachen werden in erster Linie aus dem Blickwinkel der interessanten Besonderheit, nicht aus dem des Juristen geschildert. Dadurch gelangen juristisch unwesentliche Details in den Vordergrund der Berichte, etwa daß der Bestohlene den auf frischer Tat betroffenen Dieb mit einer Bierflasche niedergeschlagen habe, was für die Frage, wie der Täter und seine Tat zu beurteilen sei, juristisch völlig unerheblich sein kann. Demgegenüber treten juristisch erhebliche Gesichtspunkte im Zeitungsbericht zurück[199]. Um interessante Fälle nicht zu versäumen, verfolgen die Gerichtsreporter oft mehrere Strafsachen gleichzeitig und hören dadurch keine Verhandlung vollständig. Die mündliche Urteilsbegründung ist selten so ausführlich und verständlich, daß auf sie allein ein zutreffender Bericht von einer Gerichtsverhandlung gestützt werden kann. Hinzu kommt, daß die Gerichtsberichterstatter der Zeitungen vielfach zu wenig juristisches Verständnis haben, um rechtliche Vorgänge in einem Prozeß juristisch zu verstehen[200].

Das Recht und die Rechtsberufe sind dem juristischen Laien heute unbekannt. Die Flut rechtlicher Normierungen, die täglich neue Komplikationen in das Rechtsleben bringt, macht es ihm immer schwerer, die

[199] Als ich während meiner Referendarzeit einer Stuttgarter Großen Strafkammer zugewiesen war, verfolgte ich die Zeitungsberichte über die in meiner Anwesenheit verhandelten Strafsachen. Soweit ich diese Berichte zu lesen bekam, brachte nicht einer von ihnen eine vollständige Wiedergabe des wesentlichen Sachverhalts, der für das Urteil ausschlaggebend war; s. auch WAGNER, a. a. O., S. 179.

[200] Der Unterschied zwischen Berufung und Revision, die Unterschiede zwischen Einstellung nach §§ 153, 153 a StPO und Freisprechung durch Urteil sind vielen Gerichtsberichterstattern unklar.

Grundlinien des Rechts zu erkennen. Er fühlt sich dem Juristen ausgeliefert, der auf Grund seines Fachwissens alles „drehen" und nach seinem Belieben zurechtrücken kann. So kommt es zu einer Enttäuschung des Laien über das Recht[201]. Die Entfremdung zwischen Laien und Juristen bietet außerdem eine weitere Erklärung für die Berufsstabilität der Richter. Die Berufsgruppen, die den weitaus überwiegenden Teil der Väter von Richtern stellen, haben im Gegensatz zu den Berufsgruppen der unteren Mittelschicht und der Unterschicht eine Vorstellung von Rechtsberufen und insbesondere auch vom Richterberuf. Für die Berufe der Volljuristen ergibt sich das von selbst; für die Beamten ist die Tätigkeit des Juristen zum Teil in der Rechtsabteilung der eigenen Behörde ersichtlich, zum Teil haben sie auch dienstlich unmittelbar mit Juristen zu tun; im übrigen fühlen sie sich als Beamte dem Richter verbunden. Die Angehörigen der freien Berufe haben aufgrund ihres Betriebs eher etwas mit Juristen zu tun als Angestellte, da sie geschäftlich in Rechtsstreitigkeiten verwickelt werden können, aber auch sonst den Rat des Juristen öfter brauchen. Demgegenüber kommen Angestellte und vor allem Arbeiter verhältnismäßig weniger mit Juristen und mit Richtern in Berührung, so daß sie sich eine Vorstellung von diesem Beruf schwerer bilden können.

Andererseits ist die Gerichtsbarkeit heute mehr als früher auf ein Verständnis der Nichtjuristen für die Arbeit des Richters angewiesen. In immer stärkerem Umfang übernimmt der Staat Aufgaben, die der Wohlfahrt des einzelnen dienen. So hat sich das Verhältnis des einzelnen zum Staat gegenüber früher erheblich gewandelt. Nach der durch die Verfassung garantierten Generalklausel[202] kann der einzelne praktisch die Nachprüfung jedes staatlichen Aktes durch die Gerichte erreichen. Dadurch ist, wie Werner hervorhebt[203], eine grundsätzliche Wandlung des Rechtsgefühls des einzelnen Bürgers herbeigeführt worden. Der Staat ist in der Vorstellung des einzelnen Bürgers zum allumfassenden Fürsorger geworden. Von ihm wird erwartet, daß er alle unerfreulichen Schicksalsschläge wieder ausgleicht. Der einzelne ergibt sich nicht mehr in sein Schicksal wie früher, sondern ist der Auffassung, daß, wie Werner formuliert, „Schicksal ein einklagbarer Rechtsverlust" sei. Erfüllt der Staat

---

[201] Wengler, Über die Unbeliebtheit der Juristen, NJW 1959, 1705 ff.; ähnliche Probleme stellen sich offenbar auch Richtern in Rechtsordnungen, die auf ganz anderen sozialen Voraussetzungen aufbauen, vgl. Cardozo, Lebendiges Recht, S. 66.

[202] Art. 19 Abs. 4 GG: „Wird jemand durch die öffentliche Gewalt in seinen Rechten verletzt, so steht ihm der Rechtsweg offen. Soweit eine andere Zuständigkeit nicht begründet ist, ist der ordentliche Rechtsweg gegeben."

[203] Werner, Zur Kritik an der Verwaltungsgerichtsbarkeit, DVBl. 1957, 221 (223).

nicht die von ihm erwartete allumfassende Fürsorge für den einzelnen, so klagt der Bürger gegen ihn und verlangt die Reparatur seines Schicksals durch einen Richterspruch. Werner sieht diese Tendenz des neuen Rechtsgefühls besonders in den Lastenausgleichssachen, den Wiedergutmachungssachen und den Klagen wegen Nichtbestehens einer Prüfung ausgedrückt[204].

Einen extremen Ausdruck findet diese neue Einstellung der Bürger zum Recht und zu den Gerichten in einem Rechtsstreit, der den Bayerischen Verwaltungsgerichtshof beschäftigt hat[205]. Einem Fürsorgeempfänger war die Fürsorge gestrichen worden, da er es abgelehnt hatte, eine ihm zugewiesene Arbeit anzunehmen. Gegen diesen Entzug der Fürsorgeleistungen erhob er Klage, der der Bayrische Verwaltungsgerichtshof stattgab.

Die Ausführungen Werners sind symptomatisch für das Verhältnis des einzelnen zu den Gerichten aller Gerichtszweige. Wenn die Gerichte nicht imstande sind, dem unterliegenden Bürger zu erklären, weshalb sie ihm Unrecht geben und in seinem Fall „Schicksal nicht erfolgreich eingeklagt werden kann“, so hat die dann eintretende Enttäuschung der Betroffenen nicht nur gegenüber den Gerichten, sondern gegenüber dem Staat überhaupt weitreichende Folgen. Auch Cardozo weiß aus seiner langen Erfahrung nur den Ausweg zu weisen, daß das Gericht versuchen muß, den Rechtsuchenden zu verstehen[206].

Betriebssoziologie der Richter

Die Tätigkeit des Richters erschöpft sich nicht darin, Entscheidungen zu fällen. Da das Gericht nur funktionieren kann, wenn mehrere Personen zusammenarbeiten, entstehen soziale Beziehungen zwischen dem Richter und anderen beim Gericht Tätigen.

Die Formen dieser sozialen Beziehungen zwischen dem Richter und den bei Gericht Beschäftigten sind so mannigfach wie die sozialen Beziehungen, die sich bei einer Soziologie von wirtschaftlichen Unternehmen ergeben. Eine einheitliche Betriebssoziologie des Richters, die von bestimm-

---

[204] Allein in den Jahren 1957 und 1958 ist eine beachtliche Zahl von Entscheidungen veröffentlicht worden, die sich mit der Anfechtung von Prüfungsentscheidungen befassen: vgl. etwa BVerwG Urteil vom 29. 6. 1957 — II C 105/56 in DVBl. 1958, 99; BVerwG Urteil vom 11. 7. 1958 — VII CB 132/57 in BayVBl. 1958, 350; BVerwG Urteil vom 24. 4. 1959 — VII C 104/58, NJW 1959, 1842; VGH Stuttgart Urteil vom 26. 6. 1958 — 1 S 94/57, DÖV 1958, 713; VGH Bebenhausen Urteil vom 19. 7. 1958 — 112/58, JZ 1959, 67; OVG Münster Urteil vom 22. 9. 1958 — V A 1568/57, DVBl. 1959, 72.

[205] Bayrischer VGH Urteil vom 11. 3. 1958 — Nr. 468 I 56, BayVBl. 1958, 154.

[206] Cardozo, a. a. O., S. 77.

ten Grundtypen ausgeht, gibt es nicht. Ebenso wie es große und kleine Unternehmen gibt, in denen die sozialen Beziehungen eines bestimmten Berufstypus sehr verschiedenartig sein können, hängen die sozialen Beziehungen des Richters wesentlich davon ab, wie groß das Gericht ist, an dem er tätig ist.

Bei kleinen Amtsgerichten, die nur mit einem Richter besetzt sind, welcher gleichzeitig Zivil- und Strafsachen erledigt, ist der Richter auch noch Dienstvorstand des Gerichts. Seiner Aufsicht unterstehen die Beamten des gehobenen und des einfachen Dienstes sowie die Angestellten des Gerichts. Der Richter untersteht der Dienstaufsicht des Landgerichtspräsidenten, dessen Dienstsitz mehrere Kilometer vom Sitz des Gerichts entfernt ist. Üblicherweise kommt der Landgerichtspräsident nur einige Male im Jahr, so daß der Richter praktisch selbständig ist. Allerdings obliegt die „Geschäftsleitung" nicht dem Richter, sondern dem obersten Beamten des gehobenen Dienstes an diesem Gericht, in der Regel einem Inspektor oder einem Oberinspektor. Von der Persönlichkeit des Richters und des Geschäftsleiters hängt es im Einzelfall ab, welche persönlichen Beziehungen der Richter zu seinen Mitarbeitern und welches persönliche Prestige er hat.

Ganz anders ist die soziale Stellung eines Richters an einem mittleren Gericht, wie es größere Amtsgerichte, kleinere Landgerichte und die meisten Verwaltungs- und Sozialgerichte darstellen. Hier ist der einzelne Richter nur eine von vielen Personen, die in der Justiz tätig sind. Der einzelne Richter hat unter Umständen nur soziale Beziehungen zu einem Bruchteil der am Gericht Tätigen.

Die Betriebssoziologie des Richters weist gegenüber der Betriebssoziologie von Behörden oder wirtschaftlichen Unternehmen keine Besonderheiten auf. Das nach außen hervortretende „Amt" des Richters spielt für seine Stellung im Justizbetrieb keine entscheidende Rolle. Die verschiedenen möglichen sozialen Beziehungen des Richters in seinem Gericht sollen deshalb hier nicht weiter ausgeführt werden. Insoweit kann auf Untersuchungen zur Betriebssoziologie wirtschaftlicher Unternehmen verwiesen werden.

Die sozialen Beziehungen, die sich aus der betrieblichen Einordnung des Richters in einen Apparat ergeben, sind in der Regel nur für das Prestige einer bestimmten Richterpersönlichkeit innerhalb der Gruppe der bei Gericht Beschäftigten von Bedeutung. Im allgemeinen werden weder das Sozialprestige der Person des Richters noch das Sozialprestige des Richteramts von der Stellung des Richters im Justizbetrieb betroffen. Nur in kleinen Orten, wo der Richter und die bei Gericht Tätigen persönlich allgemein bekannt sind, kann sich die betriebliche Stellung des Richters auf das soziale Prestige der Person des Richters und auf das des Richteramts auswirken.

Richterbesoldung und Richterprestige

Ein Hinweis für die Bewertung der Funktionen des Richters im Vergleich zur Funktion anderer Beamten ergibt sich aus den Besoldungsordnungen. Die Besoldungsordnungen stellen jedenfalls klar, welche Bedeutung der richterlichen Tätigkeit im Vergleich zu anderen Funktionen des Staates beigemessen wird. Diesen Gesetzen liegt der Gedanke zugrunde, „die Einheitlichkeit der Staatsdienerbesoldung"[207] sicherzustellen. Nach bestimmten Bewertungsgrundsätzen sind in diesem Gesetz die Berufe aller Beamten in bestimmte Besoldungsgruppen eingeordnet. Für die Bewertung einer Stelle sind die hierfür nötige Vorbildung, die Art der Tätigkeit und die Verantwortlichkeit maßgebend. Die Besoldungsordnung stellt ein Besoldungsgefüge auf, dem sich entnehmen läßt, welcher Wert einem Beamtenberuf im Verhältnis zu andern Beamtenberufen beigelegt wird. Die Grundlage dieser Einstufung bildet die Reichsbesoldungsordnung von 1943, deren grundsätzliche Bewertung der Beamtenberufe durch die Besoldungsreformen der Länder im wesentlichen nicht geändert worden ist.

Das Grundgesetz hat die Machtbefugnisse und die Funktionen des Richters beträchtlich erweitert. Die außerrechtlichen Sanktionsmechanismen des Dritten Reiches, die Entscheidungen der Gerichte durchbrachen, wenn es im politischen Interesse geboten schien, fielen weg. Der Rechtsschutzbereich wurde wesentlich erweitert. Die Rechtsprechung wurde als dritte Gewalt in der Verfassung ausdrücklich anerkannt[208]. Man hätte daher erwarten können, daß die Richter in das Besoldungsgefüge neu eingestuft würden. Dies ist jedoch nicht erfolgt. Zeitweilig gelang es zwar den Richtern, eine Richterzulage zu erhalten und sich damit finanziell von andern Beamtenberufen herauszuheben. Diese Vergünstigung fiel aber wieder weg, als die Beamtengehälter allgemein angehoben wurden. Die Stellung der Richter im Besoldungsgefüge ist in den einzelnen Ländern etwa gleich. Deshalb kann am Beispiel des Landesbesoldungsgesetzes für Baden-Württemberg die Bewertung der richterlichen Tätigkeit in allen Ländern der Bundesrepublik gezeigt werden. Danach ist die überwiegende Zahl der Richter — die Amts- und Landgerichtsräte — in die Besoldungsgruppe 13 oder 14 eingestuft[209]. Nach denselben Besoldungsgruppen beziehen die Richter anderer erstinstanzlicher Gerichte, die Arbeitsgerichtsräte, Finanzgerichtsräte, Sozialgerichtsräte und Verwaltungsgerichtsräte ihr Gehalt. Der Besoldung nach steht die Arbeit eines Richters der Tätigkeit eines Bibliothekars, eines Schulrats, eines Studienrats, eines Forstmeisters oder eines Dozenten oder Lektors an einer wissenschaftlichen Hochschule gleich. Juristische Berufe, die dieselbe Aus-

[207] Anz, Bundesbesoldungsgesetze mit Wehrbesoldungsgesetz, S. 2.

[208] Art. 20, 92 GG.

[209] Landesbesoldungsgesetz vom 27. 1. 1958 (GBl. S. 17) geändert durch Gesetz vom 22. 5. 1960 (GBl. S. 97).

bildung wie ein Richter haben, sind ebenfalls in diese Besoldungsgruppen eingestuft; so der Staatsanwalt, der Justizrat oder der Regierungsrat. Dementsprechend sind auch die höheren Richterstellen qualifiziert. Oberlandesgerichtsräte, Landesarbeitsgerichtsdirektoren und Obersozialgerichtsräte, Amtsgerichtsdirektoren und Sozialgerichtsdirektoren entsprechen in ihrer Besoldung Regierungsdirektoren, Landesforstmeistern und Oberstudiendirektoren als Leiter höherer Fachschulen[210]. Amtsgerichtspräsidenten, Landgerichtspräsidenten und Senatspräsidenten stehen ihrer Besoldung nach einem Ministerialrat gleich[211], die Präsidenten der höchsten Gerichte des Landes einem Ministerialdirektor[212] [213].

Ein Vergleich der Besoldung der Richter mit der anderer Juristenberufe zeigt, daß die Richter eher schlechter bezahlt werden als etwa die Verwaltungsbeamten[214]. Besonders deutlich tritt dies in der für die Richter allerdings besonders ungünstigen Besoldungsordnung von Baden-Württemberg hervor. Die Laufbahn eines Verwaltungsbeamten endet in den seltensten Fällen mit dem Rang eines Regierungsrats. Als Oberregierungsrat erhält er sein Gehalt in jedem Fall nach der Besoldungsgruppe 14. Demgegenüber sind die Beförderungschancen der Richter viel geringer. Der größte Teil von ihnen beendet seine Laufbahn als Rat eines Amts- oder eines Landgerichts. Zwar können auch in Baden-Württemberg Richter beim Amts- oder Landgericht in die günstigere Besoldungsgruppe 14 einrücken, während sie im allgemeinen nach der Besoldungsgruppe 13 bezahlt werden. Die Einstufung in die Besoldungsgruppe 14 ist aber nur in den vom Finanzministerium und dem beteiligten Fachministerium bestimmten Stellen möglich[215] [216].

Die Einstufung des Richters in die Besoldungsgruppen läßt in keinem Land der Bundesrepublik den Schluß auf eine Aufwertung des Richter-

---

[210] Besoldungsgruppe 15.

[211] Besoldungsgruppe 16.

[212] Besoldungsgruppe 7.

[213] Nur am Rande sei darauf hingewiesen, daß die in der Bundesrepublik geltenden Besoldungsordnungen durchaus nicht mit den Regelungen anderer Länder übereinstimmen müssen. BRUSIIN, Über die Objektivität der Rechtsprechung, legt S. 37 ff. die Besoldungsordnung finnischer Richter dar. Dort sind die Einkünfte der Landbezirksrichter — die den Amtsrichtern in Deutschland entsprechen — beträchtlich höher als die der Richter in zweiter oder sogar in dritter Instanz. Deshalb streben viele Richter einen Posten beim obersten Gericht nur als Durchgangsstation zum Amt eines Landbezirksrichters. Dadurch sind die Richter erster Instanz juristisch meist hochqualifiziert. Nach BRUSIIN soll dieses System dazu führen, daß die Neigung, Rechtsmittel zu ergreifen, von vorneherein verringert werde.

[214] WAGNER, a. a. O., S. 158/9, spricht davon, daß die Abwertung der Justiz gegenüber der Verwaltung noch immer nicht ganz überwunden sei.

[215] Amtliche Anmerkung 1 zu Besoldungsgruppe 14.

[216] Die Verfassungsmäßigkeit dieser Regelung war umstritten, vgl. SCHUMACHER, Contra legem! Contra rechtsprechende Gewalt, DRiZ 1958, 46. Das

berufs zu. Die Gleichstellung seiner Arbeit mit der eines Regierungsrats, eines Studienrats beweist, daß innerhalb des Beamtengefüges die richterliche Arbeit nicht als besonders schwer, bedeutsam und verantwortungsvoll angesehen wird. Aus der Einstufung in die Besoldungsgruppen geht ferner das Sozialprestige der verschiedenen Gerichtszweige hervor. In Baden-Württemberg sind die Oberlandesgerichtspräsidenten in derselben Besoldungsgruppe wie der Präsident des Verwaltungsgerichtshofs und der Präsident des Rechnungshofs, obgleich es im Lande zwei Oberlandesgerichte, aber nur einen Rechnungshof und nur einen Verwaltungsgerichtshof gibt. Diese Gleichstellung ist deshalb bemerkenswert, weil früher, als es in Baden-Württemberg noch drei Verwaltungsgerichtshöfe gab, die Präsidenten der Verwaltungsgerichtshöfe nicht mit dem Oberlandesgerichtspräsidenten, sondern mit den Vizepräsidenten der Oberlandesgerichte in einer Besoldungsgruppe waren[217].

Dieser unterschiedlichen Wertschätzung der Gerichtszweige in den Besoldungsordnungen entspricht ein unterschiedliches Prestige der verschiedenen Gerichtszweige bei den Richtern. Wenn es auch heute nicht mehr auffallend oder gar ungewöhnlich ist, daß der Präsident eines oberen ordentlichen Gerichts den Vorsitz eines Strafsenats übernimmt[218], so ist unter den Richtern immer noch die Meinung vorherrschend, die Tätigkeit in der Zivilgerichtsbarkeit könne ein höheres Prestige beanspruchen als die in der Strafgerichtsbarkeit. Wenn Fallada berichtet, in den Augen der Strafjuristen hätten die Zivilrechtler als etwas weltfremde Konstrukteure gegolten[219], so kennzeichnet er damit die verschiedenen Arbeitsmethoden der Gerichtszweige. Das ändert aber nichts daran, daß vom juristischen Standpunkt aus die Arbeit des Zivilrichters als die klassische Tätigkeit des Juristen gilt[220].

BVerfG hat inzwischen diese Regelung für verfassungswidrig erklärt, BVerfG Beschluß vom 24. 1. 1961 — 2 BvR 74/60, NJW 1961, 915. Schon sind neue Bestrebungen im Gange, die Besoldung der Regierungsräte zu verbessern, um eine Besserstellung gegenüber dem Richter zu erreichen.

[217] Besoldungsgruppe 3, nach der der Präsident des Verwaltungsgerichtshofs monatlich rund DM 500,— weniger erhielt als der Präsident des Oberlandesgerichts. Andererseits erhalten Oberlandes- und Landessozialgerichtsräte in Nordrhein-Westfalen ein erheblich geringeres Gehalt als Oberverwaltungsgerichtsräte, vgl. DRiZ 1958, 345.

[218] Als Sensation wurde es noch beim ersten Präsidenten des Reichsgerichts Simons empfunden, Schiffer, Die deutsche Justiz, S. 13.

[219] Fallada, Damals bei uns daheim, S. 23.

[220] Dies zeigt sich auch an den Prüfungsordnungen für das erste und das zweite juristische Staatsexamen. Nach § 10 Abs. 3 JAO von Baden-Württemberg vom 12. 9. 1955 (GBl. S. 187) sind für die erste juristische Staatsprüfung drei Arbeiten aus dem Zivilrecht, drei Arbeiten aus dem Strafrecht und zwei aus dem öffentlichen Recht zu schreiben; in der zweiten juristischen Staatsprüfung sind es vier Arbeiten aus dem Zivilrecht, drei aus dem Strafrecht und zwei aus dem öffentlichen Recht (§ 39 Abs. 2 JAO).

Auch heute noch läßt sich beobachten, daß die Zivilrichter den Strafrichtern sich überlegen fühlen und daß beide auf die Richter der Verwaltungs- und Sozialgerichtsbarkeit oder gar der Finanzgerichtsbarkeit herabsehen. Ihren wissenschaftlichen Ausdruck findet diese Vorstellung bei Kern, der die Zersplitterung der Gerichtsbarkeit darauf zurückführt, daß jedes Ministerium die sein Ressort betreffende Gerichtsbarkeit beeinflussen möchte[221]. Kern meint zwar zunächst grundsätzlich, daß die verschiedenen Gerichtszweige einander gleichwertig seien[222]. Bald darauf behauptet er aber, die verschiedenen Zweige der rechtsprechenden Gewalt würden vom Grundgesetz nicht als gleichwertig angesehen[223]. Die Beispiele, die Kern für diese scheinbar wissenschaftlich begründete Ansicht gibt, können juristisch diese These nicht stützen, wie Tietgen in seiner Rezension des Buchs überzeugend nachweist[224]. Der Grund für diese abwertende Einschätzung der Gerichte außerhalb der ordentlichen Gerichtsbarkeit dürfte darin liegen, daß Kern die andern Gerichtsbarkeiten „nicht recht lieb gewinnen kann“, wie Tietgen es formuliert. Das Prestige der verschiedenen Gerichtszweige, wie Kern es sich vorstellt, verbirgt sich hinter seinen wissenschaftlichen Ausführungen über die Unabhängigkeit der Gerichte.

In der Rezension Tietgens kommt zum Ausdruck, daß er die Finanzgerichtsbarkeit nicht als vollwertige Gerichtsbarkeit anerkennen will. Ein sachlicher Unterschied zur Verwaltungsgerichtsbarkeit läßt sich allerdings begründen, da die Unabhängigkeit der Finanzgerichte vom Standpunkt der andern Gerichtszweige aus jedenfalls noch vor wenigen Jahren nicht gewährleistet war. So war das oberste Finanzgericht, der Bundesfinanzhof, bis zum Jahr 1959 durch einen Erlaß des Bundesministers der Finanzen einer Zensur unterworfen, welche Urteile veröffentlicht werden dürften[225]. In den Ländern der Bundesrepublik galten für die Finanzgerichte entsprechende ministerielle Vorschriften. Erst am 14. 10. 1959 wurde der Erlaß des Bundesfinanzministeriums im Bundestag behandelt und aufgehoben[226].

Aus der Rechtsprechung des Bundesfinanzhofs ist vor allem ein Fall kritisch besprochen worden, in dem der Bundesfinanzhof ein Finanzgericht, das mit einem Ministerialrat als Vorsitzendem, einem Finanzamtsvorstand und drei ehrenamtlichen Beisitzern besetzt war, für ordnungsgemäß besetzt hielt, obgleich die Bedenken gegen die richterliche Unabhängigkeit der hauptberuflichen Richter auf der Hand liegen[227].

[221] KERN, Gerichtsverfassungsrecht, S. 35.

[222] KERN, a. a. O., S. 46.

[223] KERN, a. a. O., S. 55.

[224] TIETGEN in seiner Besprechung des Buches von KERN, DVBl. 1960, 257.

[225] Erlaß des Bundesfinanzministeriums vom 28. 2. 1952.

[226] Nachweis in Juristische Praxis 1960, Heft 9, S. 20.

[227] Nachweis bei KERN, Gerichtsverfassungsrecht, § 5 II, S. 36. Das Mißtrauen gegen die Unabhängigkeit der Rechtsprechung der Finanzgerichte wird

Läßt sich für die Finanzgerichte nachweisen, daß bei ihnen die Unabhängigkeit der Richter mindestens zeitweilig in geringerem Maß als bei den ordentlichen Gerichten gegeben war, so gilt dies nicht für die Verwaltungs- und Sozialgerichte. Das geringere Ansehen der Verwaltungsgerichte gegenüber den ordentlichen Gerichten unter Juristen läßt sich nicht damit begründen, daß die Funktion dieser Gerichte für den Staat geringerwertig sei als die der ordentlichen Gerichte[228]. Die Ursache des geringeren Prestiges dürfte vielmehr in der mangelnden Tradition der Verwaltungs- und der Sozialgerichte liegen. Viele grundsätzliche Fragen sind hier noch ungeklärt, die bei den ordentlichen Gerichten seit Jahrzehnten oder seit dem römischen Recht als ausgetragen gelten[229].

---

durch Entscheidungen wie die des BFH Urteils vom 9. 7. 1958 — VI 144/55 U, NJW 1958, 1800, verstärkt. Die Entscheidung, die insgesamt kaum 8 Seiten umfaßt, bringt auf etwa fünfeinhalb Seiten wörtlich die Ausführungen eines Gutachtens des Bundesfinanzministeriums (vgl. GLOSSE „Hausgerichtsbarkeit", NJW 1958, 1815).

[228] Man denke an Entscheidungen über die Rechtswirksamkeit von Bebauungsplänen oder die Gültigkeit von Wahlen.

[229] Deshalb ist die „Krise der Verwaltungsgerichtsbarkeit" nicht, wie H. ARNDT in DRiZ 1959, 85, meint, einfach dadurch zu beseitigen, daß man die Verwaltungsgerichtsbarkeit in eine Einheitsgerichtsbarkeit überführt. Der Mangel richterlicher Erfahrung ist nicht Merkmal des einzelnen Verwaltungsrichters, der heute in der Regel eine ebensogroße richterliche Erfahrung hat wie der Richter der ordentlichen Gerichtsbarkeit. Der Mangel rechtlicher Erfahrung liegt allein beim Verwaltungsrecht, das wie die andern Gebiete des öffentlichen Rechts auf eine relativ kurze Tradition, verglichen mit dem Zivilrecht, zurückblicken kann. — Ob das von H. ARNDT propagierte Rechtsprechungsministerium dem gegenwärtigen Zustand aus anderen Gründen vorzuziehen ist, braucht hier nicht erörtert zu werden.

III. ABSCHNITT:

Die amtliche Stellung des Richters und der Einfluß politischer Kräfte

Die Stellung des Richters im Amt

Der Richter ist heute Bestandteil eines hierarchisch organisierten Apparats. Von anderen Beamten unterscheidet er sich vor allem durch die richterliche Unabhängigkeit, die sogar zum Verfassungsgrundsatz erhoben ist[230]. Sie bedeutet freilich nicht, daß der Richter völlige Freiheit genießt, sondern wird allgemein dahin verstanden, daß er in richterlichen Entscheidungen von „Einflüssen und Betätigungen anderer Organe losgelöst sein soll“[231]. Deshalb verhindert Art. 97 Abs. 2 GG die Abberufung eines Richters von seinem Amt gegen seinen Willen und läßt die Entfernung aus dem Richteramt nur in besonderen Fällen nach einem besonderen Verfahren zu.

Manche Richter meinten, die Rechtsprechung stehe als wertfreie Kontrolle über der sozialen Ordnung, weil die sachliche Unabhängigkeit des Richters verfassungsmäßig garantiert ist. Sie erhoben die Forderung, die Ernennung der Richter einem Richtergremium zu überlassen. Arndt hat dem widersprochen, da die Ernennung des Richters eine politische Entscheidung sei. Es sei ein sachliches politisches Anliegen, nur Richter zu ernennen, die eine grundsätzlich bejahende Einstellung zur bestehenden sozialen und rechtlichen Ordnung hätten, da sie im Sinne der Verfassung Recht zu sprechen hätten[232].

Politische Einflüsse bei der Ernennung von Richtern

Tatsächlich gehen die politischen Einflüsse bei der Ernennung von Richtern weiter und begnügen sich nicht mit einer Wahrung des „berechtigten politischen Anliegens“. Kern hat darauf hingewiesen, daß die Zersplitterung der Gerichtsbarkeit und die Schaffung einer Hausgerichts-

---

[230] Art. 97 Abs. 1 GG.

[231] BAUMBACH-LAUTERBACH, § 1 Anmerkung 1 A zu § 1 GVG.

[232] A. ARNDT, Grundfragen einer Reform der deutschen Justiz, DRiZ 1959, 199.

barkeit bei den verschiedenen Ministerien[233] darauf zurückzuführen sei, daß das Bundesjustizministerium bei den entscheidenden Beratungen nicht genügend Gewicht gegenüber den Interesseneinflüssen der andern Ministerien gehabt habe. Jedes Ministerium kämpfe um seine eigene Gerichtsbarkeit, einmal aus Gründen der Personalpolitik, zum andern zur Beeinflussung der Rechtsprechung[234]. Tietgen, der den Ausführungen Kerns sehr kritisch gegenübersteht, hat eingeräumt, daß die Personalpolitik der Ministerien bei der Besetzung von Richterstellen eine wichtige Rolle spiele[235]. Als Senatspräsident eines Oberverwaltungsgerichts verfügt Tietgen über die erforderlichen praktischen Erfahrungen, um eine solche Behauptung aufstellen zu können.

Die Hausgerichtsbarkeit ermöglicht die Unterbringung von Beamten des eigenen Ministeriums, die aus irgendeinem Grunde entweder aus einem andern Posten abgeschoben oder gefördert werden sollen. Diese Personalpolitik scheint bei allen Ministerien, auch beim Justizministerium, eine erhebliche Rolle zu spielen. Auch in der Justiz können Direktorenstellen über das Ministerium leichter zu erreichen sein als über den Richterdienst. Im Unterschied zur Justiz werden aber bei den „Hausgerichtsbarkeiten" namentlich hohe und höchste Stellen mit Personen besetzt, die nicht aus der Gerichtsbarkeit, sondern aus dem Ministerium kommen. Diese bei den Richtern kritisierte Personalpolitik ist vor allem durch die Ereignisse bekannt geworden, die sich bei der Einführung eines neuen Präsidenten des Bayrischen VGH im Jahre 1958 abgespielt haben. Bei diesem Anlaß hielt der dienstälteste Senatspräsident eine Rede, in der er es als Niederlage nicht nur der Verwaltungsgerichtsbarkeit, sondern der Richterschaft insgesamt bezeichnete, daß zum neuen Präsidenten des Verwaltungsgerichtshofs nicht ein Richter, sondern ein Verwaltungsbeamter ernannt worden sei. Wörtlich führte er aus[236]:

> „Sie (die Richterkollegen) müssen den Schluß ziehen, daß man bei allen sonstigen Qualitäten doch einige Eigenschaften bei ihnen vermißt hat, die man mit vollem Recht bei der Übertragung eines solchen Amtes voraussetzen muß. Damit müssen sie sich abfinden; niemand kann sich selbst qualifizieren, auch die Kollegen können es nicht, qualifizieren kann nur die vorgesetzte Dienstbehörde;" ...

Dieser Hinweis auf die Praxis der Stellenbesetzung veranlaßte den damaligen bayerischen Ministerpräsidenten zu einem erregten Zwischenruf, wodurch die Angelegenheit in die Presse kam und in weiteren Kreisen

233 Dem Justizministerium untersteht nur die ordentliche Gerichtsbarkeit, also die Zivil- und Strafgerichte; die Verwaltungsgerichte unterstehen dem Innenministerium, die Arbeits- und Sozialgerichte dem Arbeitsministerium, die Finanzgerichte dem Finanzministerium.

234 Kern, Gerichtsverfassungsrecht, § 5 II S. 36.

235 Tietgen in seiner Besprechung des Buches von Kern, DVBl. 1960, 257.

236 Zitiert nach „Der Spiegel", 12. Jahrgang 1958, Nr. 7, S. 25.

bekannt wurde. Ähnliche Differenzen zwischen Gericht und Ministerium werden aber auch in andern Ländern und bei andern Gerichten ausgetragen, ohne daß sie an die Öffentlichkeit dringen.

Zwischen dem deutschen Anwaltsverein und dem Bundesfinanzministerium herrscht seit langem Streit über die Besetzung freiwerdender Richterstellen beim Bundesfinanzhof. Während der Anwaltsverein darauf drängt, daß unabhängige und erfahrene Richter zum Bundesfinanzhof berufen werden, ist es ständige Praxis des Bundesfinanzministeriums, Verwaltungsbeamte der Finanzbehörden zu Bundesrichtern zu ernennen. Von 33 Richtern, die im Jahre 1956 beim Bundesfinanzhof tätig waren, hatten nur 7 bei ihrer Ernennung richterliche Praxis. Von 5 Senatspräsidenten kamen vier aus der Verwaltung; auch der damalige Präsident des Bundesfinanzhofs war bis zu seiner Berufung Ministerialdirektor gewesen[237]. In Berlin sollte als Nachfolger des Präsidenten des Oberverwaltungsgerichts ein Senator berufen werden, wogegen sich der Deutsche Richterbund wandte[238]. Allgemein kritisiert der Deutsche Richterbund in seinem Schreiben vom 27. 4. 1960 an den Bundesinnenminister die Praxis der Besetzung von Richterstellen. Er rügt die Ernennung von Verwaltungsbeamten zu Richtern, die vorher keine ausreichende richterliche Erfahrung sammeln konnten. Der Deutsche Richterbund verlangt eine Vorbereitungszeit von mindestens zwei Jahren. Ferner meldet er Bedenken gegen die Ernennung von Ministerialdirektoren zu hohen Richtern an, da diese zunächst maßgebenden Einfluß auf das Zustandekommen von Gesetzen hätten und als Richter ihrer früheren Behörde kaum unabhängig gegenübertreten könnten[239].

Um außerrichterlichen Einflüssen vorzubeugen, fordern die Richter die Einführung einer „Prominentenklausel", wonach niemand zum Vorsitzenden eines oberen Gerichts ernannt werden darf, der nicht eine bestimmte Zeit als Richter tätig war[240].

Kern meint sogar, die Personalpolitik der Ministerien ziele darauf ab, die Rechtsprechung der Gerichte mittelbar zu beeinflussen. Diesen Vorwurf weist Tietgen für die Verwaltungsgerichtsbarkeit zurück[241]. Aber auch Tiedau behauptet[242], es würden öfter Bundesrichter aus dem Kreise

---

[237] „Der Spiegel", 12. Jahrgang 1958, Nr. 40, S. 23; die im Spiegel geäußerte Kritik an der Praxis der Stellenbesetzung ist allerdings nicht schlüssig. Die Darstellung schließt nicht aus, daß die aus der Finanzverwaltung kommenden Richter des Bundesfinanzhofs vor ihrer Tätigkeit in der Verwaltung als Richter tätig waren und so richterliche Erfahrungen sammeln konnten.

[238] DRiZ 1958, 58.

[239] DRiZ 1960, 263.

[240] Wagner, Die Regierungsvorlage zum Richtergesetz, JZ 1957, 531.

[241] Tietgen, Rezension, DVBl. 1960, 257.

[242] Tiedau, Zum neuen ehelichen Güterrecht, insbesondere zu den Beschränkungen des § 1365 BGB n. F., MDR 1959, 79.

der Gesetzesreferenten und Verwaltungsbeamten ernannt, um die Rechtsprechung zu steuern und erwähnt in diesem Zusammenhang, daß einer der Referenten des Gleichberechtigungsgesetzes zum Bundesrichter ernannt worden sei.

Tietgen hat gezeigt, daß die von Kern und Tiedau gegebenen Beispiele ihre These nicht stützen können[243]. Die bloße Tatsache, daß eine Rechtsprechung für die Verwaltung oder für die Justiz günstig ist, reicht nicht aus, um einen rechtsfremden Einfluß auf die Rechtsprechung zu beweisen.

In den meisten Fällen dürfte es kaum möglich sein, am Einzelfall die Auswirkungen der Personalpolitik nachzuweisen. In Fällen, in denen der aus der Verwaltung oder aus dem Ministerium kommende Richter befangen sein könnte, wird er regelmäßig an der Entscheidung des Falles nicht mitwirken. Zudem ist das Urteil höherer Gerichte immer der Spruch eines Kollegiums; dieses wird zwar in der Regel dem Votum des Berichterstatters folgen, aber es braucht nicht so zu sein. So kann der aus dem Ministerium kommende Richter als Berichterstatter gezwungen sein, das Urteil entgegen seiner Auffassung zu begründen, die er im Einzelfall nicht durchsetzen konnte. Umgekehrt kann er in einem Fall, in dem er nicht Berichterstatter ist, das Kollegium mit seinen Deduktionen überzeugt haben, so daß ein dem Ministerium an sich fernstehender Richter eine Entscheidung im Sinne der Exekutive begründet. Im übrigen müßte in jedem Einzelfall geklärt sein, welche Rechtsprechung die Behörde wünscht, die einen Beamten in eine Richterstellung gebracht hat.

Eine sachliche Abhängigkeit der Finanzgerichte ist nur in einem Fall nachgewiesen, in dem der Bundesfinanzhof ein Finanzgericht mit einem Ministerialrat, einem Finanzvorstand und drei ehrenamtlichen Beisitzern für ordnungsmäßig besetzt hielt. Diese Rechtsprechung steht in schroffem Gegensatz zu den sonst von allen Gerichten vertretenen rechtsstaatlichen Grundsätzen. Es ist nicht vorstellbar, daß ein anderes oberes Bundesgericht in einem vergleichbaren Fall die ordnungsmäßige Besetzung des Gerichts bejaht hätte. Das zweite von Kern[244] gegebene Beispiel kann seine These nicht stützen. Wenn die Finanzgerichte zeitweilig ihre Zuständigkeit nicht nur für Abgabenangelegenheiten, sondern auch für Steuerstrafsachen für gegeben hielten, so besagt dies nicht, daß die Finanzgerichte Steuerstrafsachen in Sinne der Finanzverwaltung erledigt haben. Bedenklicher ist ein Urteil des Bundesfinanzhofs[245], das knapp acht Seiten umfaßt und nach kurzer Darstellung des Sachverhalts 5 1/2 Seiten eines Gutachtens des Bundesfinanzministeriums wörtlich abschreibt und dazu auf knapp zwei Seiten eigene Hinweise gibt[246].

---

243 TIETGEN, Rezension, DVBl. 1960, 257.

244 KERN, a. a. O., § 5 II, S. 36.

245 BFH Urteil vom 9. 7. 1958 — VI 144/55 U, NJW 1958, 1800.

246 Siehe dazu GLOSSE „Hausgerichtsbarkeit", NJW 1958, 1815.

Bei dem Urteil des Bundesfinanzhofs über die ordnungsmäßige Besetzung des Gerichts ist zu beachten, daß es vom 7. 12. 1952 stammt[247]. Kern bemerkt selbst, daß nach dem heutigen Stand der Gesetzgebung die Entscheidung des Bundesfinanzhofs nicht mehr möglich wäre[248]. Es ist fraglich, ob seit 1960 noch von einer sachlichen Abhängigkeit der Finanzgerichte gesprochen werden kann, insbesondere, nachdem durch Aufhebung der Erlasse, die die Finanzgerichte zu Instrumenten der Regierung machten, eine Trennung zwischen Rechtsprechung und Exekutive eingetreten ist.

Bei der Wahl von Richtern der oberen Bundesgerichte spielen außerrechtliche Einflüsse eine erhebliche Rolle. Nach Art. 96 Abs. 2 GG in Verbindung mit Art. 95 Abs. 3 GG entscheiden über die Berufung von Richtern oberer Bundesgerichte der für das Sachgebiet zuständige Minister gemeinsam mit einem Richterwahlausschuß. Der Richterwahlausschuß besteht aus den Landesjustizministern und Mitgliedern, die vom Bundestag nach den Regeln der Verhältniswahl berufen werden[249]. Da sowohl die Justizminister der Länder wie die vom Bundestag berufenen Vertreter Repräsentanten politischer Parteien sind, können bei der Wahl von Bundesrichtern außer den durch die Ressortminister vertretenen personalpolitischen und verwaltungstechnischen Interessen parteipolitische Erwägungen von Bedeutung werden.

Noch ausgeprägter sind die politischen Einflüsse auf die Zusammensetzung des Bundesverfassungsgerichts. Die Richter jedes der beiden Senate werden je zur Hälfte vom Bundestag und vom Bundesrat gewählt[250]. Für die Berufung der einen Hälfte der Richter durch Wahlmänner des Bundestags werden parteipolitische Erwägungen eine beträchtliche Rolle spielen. Die vom Bundesrat zu berufenen Richter werden nicht nur nach parteipolitischen Gesichtspunkten, sondern auch nach besonderen partikularen Interessen der Länder gewählt.

Verhältnismäßig seltener sind Versuche, unmittelbar in die Gerichtsbarkeit durch politischen Druck einzugreifen. Bisher haben solche Versuche jeweils eine heftige Reaktion zur Folge gehabt. Der bekannteste und wohl auch schwerste Angriff gegen die Unabhängigkeit der Justiz wurde ausgerechnet vom damaligen Justizminister der Bundesrepublik, Dr. Dehler, gegen das höchste Gericht, das Bundesverfassungsgericht, im Jahre 1952 geführt. Damals sollte das Bundesverfassungsgericht auf Ersuchen des Bundespräsidenten ein Gutachten über die Verfassungsmäßigkeit des EVG-Vertragswerks erstellen. Der damalige Präsident des Bundesver-

---

[247] BStBl. 1952 III, 1629.

[248] Kern a. a. O., § 37 III 3, S. 273.

[249] §§ 3, 7 des Richterwahlgesetzes vom 25. 8. 1950 (BGBl. 1950, S. 368).

[250] § 5 des Gesetzes über das Bundesverfassungsgericht vom 12. 3. 1951 (BGBl. I 1951, S. 243, in der Fassung des Gesetzes vom 21. 7. 1956 BGBl. I, 1956, S. 662).

fassungsgerichts erklärte, daß ein solches Gutachten beide Senate des Bundesverfassungsgerichts für ihre Entscheidung in dieser Sache rechtskräftig binden würde. Daraufhin erklärte der Justizminister Dehler, das Bundesverfassungsgericht sei in einer erschütternden Weise von dem Weg des Rechts abgewichen und habe dadurch eine ernste Krise geschaffen. Diese Äußerung stieß auf heftige Kritik und führte zur Einrichtung eines eigenen Etats für das Bundesverfassungsgericht, da es nicht Männern unterstellt bleiben sollte, die sich in Erklärungen über dieses Gericht stellen[251].

Im Jahre 1954 stellte Bundesfamilienminister Würmeling öffentlich die Frage, es wäre interessant, wenn die Landesjustizverwaltungen einmal Zahlen darüber bekannt gäben, wie viele ihrer Richter bei der Ablegung des Richtereides die religiöse Eidesformel verweigert hätten, also ihr Richteramt nicht *auch* von einem göttlichen Auftrag herleiteten, sondern *nur* auf die staatliche Ernennungsurkunde stützten[252]. Diese Anfrage, die mit der Forderung der Konsequenzen für solche Richter begleitet war, weil diese Richter nach Ansicht des Bundesfamilienministers zu leicht zur Scheidung von Ehen neigten, wurde allgemein als Angriff auf die Unabhängigkeit der Richter empfunden und als Versuch, unmittelbar in eine dem Minister mißliebige Rechtsprechung einzugreifen[253]. Von der Regierung wurde der Minister in dieser Frage desavouiert[254].

Dienstaufsicht über die Richter

Die richterliche Unabhängigkeit dokumentiert sich in der Praxis nicht so augenfällig, wie es nach den gesetzlichen Vorschriften erscheinen könnte. Der Richter ist einem System verschiedener Kontrollen unterworfen. Die geschäftsmäßige Erledigung seiner Dienstgeschäfte unterliegt der Dienstaufsicht. Mit ihr darf ein Eingriff in die materiellen Entscheidungen der Gerichte nicht verbunden sein[255]. Eine scharfe Trennung

---

251 Vgl. hierzu „Der Spiegel", Scherbengericht, 15. Jahrgang 1961, Nr. 11, S. 18 ff., S. 23.

252 „Demontage in der Familie weitgehend gefördert", DRiZ, 1954, 33.

253 Siehe hierzu DRiZ 1954, 77.

254 „Der Spiegel", Scherbengericht, 15. Jahrgang 1961, Nr. 11, S. 18 ff.

255 So allgemein für das Land Baden-Württemberg § 1 Abs. 4 der Verordnung des Justizministeriums betreffend die Dienstaufsicht über die Gerichte vom 12. 4. 1951 (RegBl. S. 43). Sachlich gleichlautende Vorschriften gelten auch in anderen Ländern der Bundesrepublik. Die Dienstaufsicht der Arbeits-, Verwaltungs-, Finanz- und Sozialgerichte der Länder ist unvollkommen geregelt. Meist ist nur bestimmt, welche Organe die Dienstaufsicht führen, vgl. BAUR, Justizaufsicht und richterliche Unabhängigkeit, S. 64. Hier könnte sich also eine Praxis ohne gesetzliche Bindungen entwickeln, wonach durch Dienstaufsichtsmaßnahmen in die sachliche Arbeit des Richters eingegriffen wird.

zwischen rein äußerlicher Erledigung der Dienstgeschäfte und sachlicher Arbeit des Richters ist aber nicht möglich. Schon die Prüfung, ob eine Sache rechtzeitig und formell sachgemäß bearbeitet worden ist, kann in die Entscheidungstätigkeit des Richters eingreifen. Baur meint, daß die Justizaufsicht zur Einbruchsstelle in die richterliche Unabhängigkeit werden kann, der Anreiz zu solchen Einbruchsversuchen um so größer sei, je mehr der Gedanke des Rechtswegstaates verwirklicht werde[256]. Die Vorschriften über die Dienstaufsicht regeln nicht, wie die richterliche Unabhängigkeit zu respektieren ist. Entscheidend ist, wie im Einzelfall die Dienstaufsicht geführt wird. Im allgemeinen suchen die Dienstvorgesetzten auch nur den Anschein zu vermeiden, als wollten sie über die Dienstaufsicht in die sachliche Unabhängigkeit der Richter eingreifen[257]. Demgegenüber berichtet Kohlhaas, daß kurz nach 1945 der Senat eines Oberlandesgerichts, dessen Vorsitzender der Oberlandesgerichtspräsident war, ohne diesen einen Angeklagten freisprach, der wegen Verleumdung des Oberlandesgerichtspräsidenten angeklagt war. Einige Jahre später hätten sich die Richter des Amtsgerichts, des Landgerichts und des Oberlandesgerichts ohne Antrag in einem Beleidigungsverfahren gegen den dienstvorgesetzten Oberlandesgerichtspräsidenten für befangen erklärt. Das Oberlandesgericht habe die Befangenheit auf alle Richter des Oberlandesgerichtsbezirks ausgedehnt. In einem Scheidungsprozeß hätten sich alle Richter eines Landgerichts an der Ausübung des Richteramts verhindert gesehen, weil der Bruder des Landgerichtspräsidenten Beklagter war[258].

Diese Vorfälle erwecken den Anschein, als ob sich Richter aus Furcht vor der Dienstaufsicht heute mehr als früher in ihrer sachlichen Arbeit beeinflussen lassen. Noch wichtiger ist vielleicht, daß die Richter ihre berufliche Karriere nicht durch Entscheidungen beeinträchtigen wollen, die bei Dienstvorgesetzten ungünstig vermerkt werden könnten. Nur der Richter, der von vornherein auf Beförderung verzichtet hat, ist innerlich unabhängig und damit wirklich „unbefangen".

Ein abschließendes Urteil über den Einfluß der Dienstaufsicht auf die Rechtsprechung ist nicht möglich. Die gegebenen Beispiele sind Einzelfälle, die nur zeigen, welchen Einfluß die Dienstaufsicht haben kann. Wie sie sich tatsächlich auswirkt, kann von Gerichtsbezirk zu Gerichtsbezirk verschieden sein. Ein Urteil über die Verhältnisse in einem bestimmten Gerichtsbezirk kann nur aufgrund eingehender Kenntnisse und Erfahrungen in diesem Bezirk gefällt werden.

---

[256] Baur, a. a. O., S. 21.

[257] Schorn, Zur Dienstaufsicht über Richter, DRiZ 1954, S. 2.

[258] Alle Beispiele bei Kohlhaas, Äußere und innere Unabhängigkeit der Richter, DRiZ 1956, 82.

Der Richter im Instanzenzug

a) Stellung zur übergeordneten Instanz

Die Entscheidungsfreiheit des Richters ist durch seine Stellung im Instanzenzug erheblich beschränkt. Fast jedes Gericht muß damit rechnen, daß seine Entscheidung einer höheren Instanz zur Nachprüfung vorgelegt werden kann[259]. Eine ungenügende Beachtung der Rechtsprechung des übergeordneten Gerichts kann zur Aufhebung des Urteils und des Verfahrens und zur Zurückverweisung führen, weil das Gericht die für die Entscheidung des Falles wesentlichen tatsächlichen oder rechtlichen Gesichtspunkte außer acht gelassen habe[260]. Deshalb machen die Untergerichte von der ihnen zustehenden Möglichkeit, von der Rechtsprechung der Obergerichte abzuweichen, nur Gebrauch, wenn sie glauben, für ihre Ansicht triftige Gründe zu haben. Andernfalls laufen sie Gefahr, daß ihre Entscheidung aufgehoben und die Sache an sie zurückverwiesen wird, was sie gegenüber den Prozeßbeteiligten in eine peinliche Lage bringen kann[261].

In Zweifelsfällen wird der Richter deshalb seine Entscheidung durch Zitate anderer Entscheidungen, möglichst von Obergerichten, zu stützen versuchen. Will er der Rechtsprechung der Obergerichte nicht folgen, so legt er seine Gründe gegen die bestehende Rechtsprechung so dar, daß das übergeordnete Instanzgericht sich sachlich angesprochen fühlt und sich mit den abweichenden Erwägungen befaßt. Eine überscharfe Kritik der Rechtsprechung des übergeordneten Gerichts kann für das nachgeordnete Gericht Folgen haben, die letztlich seinem Ansehen bei den Rechtsuchenden und damit dem Ansehen der Gerichte insgesamt schaden. Wie das nachgeordnete Gericht die aufhebende Entscheidung des Instanzgerichts geradezu provozieren kann, zeigt die Auseinandersetzung zwischen dem Bundesverwaltungsgericht und dem Verwaltungsgerichtshof Stuttgart über die Rechtsnatur des Bebauungsplans nach württembergischem Recht:

Das Bundesverwaltungsgericht hatte für das Baurecht verschiedener Länder, auch für Württemberg, entschieden, daß der Bebauungsplan als Rechtsnorm anzusehen sei. Diese Rechtsprechung war in der Rechtslehre

---

[259] Dies gilt auch für die oberen Bundesgerichte und die in letzter Instanz entscheidenden Senate der Oberlandesgerichte, seitdem sich die Verfassungsbeschwerde zu einem Rechtsmittel an das als vierte Instanz angesehene Bundesverfassungsgericht entwickelt hat. In der weitaus größten Zahl der Fälle bleibt allerdings dieser letzte Angriff auf die Entscheidung erfolglos.

[260] Gesetzliche Regelungen für die Zurückverweisung finden sich in §§ 565 Abs. 2 ZPO, 358 Abs. 1 StPO; 130 Abs. 2, 144 Abs. 6 VwGO.

[261] Deshalb sollte das zurückverweisende Gericht die Sache möglichst an ein anderes Gericht zur neuen Verhandlung und Entscheidung verweisen, vgl. Bettermann, Bei Zurückverweisung — andere Richter, JZ 1959, 17.

auf heftige Kritik gestoßen[262]. Der Württemberg-Badische VGH wollte dieser Rechtsprechung nicht folgen. Da das Bundesverwaltungsgericht eine Entscheidung aufhob, in der der VGH Stuttgart den Bebauungsplan als Verwaltungsakt erklärt hatte[263], führte der VGH eine Entscheidung der Vollversammlung des Württemberg-Badischen VGH herbei, der die bisherige Rechtsprechung des VGH bestätigte und die des Bundesverwaltungsgerichts verwarf. Damit sollte erreicht werden, daß nicht, wie gewöhnlich, der erste Senat des Bundesverwaltungsgerichts über die Revision entschied, sondern die Vollversammlung des Bundesverwaltungsgerichts, die die Meinung des ersten Senats nicht unbedingt zu teilen brauchte. Die Begründung des Beschlusses der Vollversammlung wandte sich gegen die Rechtsprechung des Bundesverwaltungsgerichts in Wendungen wie: „Die Ansicht ... ist in dieser Verallgemeinerung und jedenfalls für das württembergische Baurecht eindeutig unrichtig[264]; diese Argumentation geht am Wesen der Normenprüfung vorbei[265]“; „Sie (die Vollversammlung) wäre geneigt gewesen, ihre eigene Rechtsauffassung zurückzustellen, wenn sie die dieser entgegenstehende Auffassung des Bundesverwaltungsgerichts wenigstens für vertretbar und hinsichtlich der praktischen Auswirkungen für annehmbar hätte ansehen können. Sie hat nicht die Überzeugung gewinnen können, daß diese Voraussetzungen vorliegen.“[266]; „Schließlich geht das Bundesverwaltungsgericht überhaupt von einer rechtsirrigen Ansicht aus, wenn es unterstellt ...“[267].

Zu einer sachlichen Auseinandersetzung des Bundesverwaltungsgerichts mit den von der Vollversammlung angeschnittenen Fragen ist es in erster Linie deshalb nicht gekommen, weil der Beschluß der Vollversammlung mit den oben wiedergegebenen Wendungen die Grenzen sachlicher Kritik überschritten hatte.

Die Antwort des I. Senats des Bundesverwaltungsgerichts fiel entsprechend aus. Zunächst hob er das Urteil des 1. Senats des VGH Stuttgart auf, das auf dem Beschluß der Vollversammlung aufbaute. In diesem Urteil legte das Bundesverwaltungsgericht auf zwei Maschinenseiten dar, welche prozessualen und materiellrechtlichen Gründe dem Beschluß der

---

[262] Insbesondere FORSTHOFF, Norm und Verwaltungsakt im geltenden und künftigen Baurecht, DVBl. 1957, 113 (117).

[263] VGH Stuttgart Urteil vom 1. 4. 1954 — 1 S 218/53, nicht veröffentlicht; die für die Verwaltungspraxis äußerst wichtigen Unterschiede zwischen Rechtsnorm und Verwaltungsakt brauchen hier nicht näher dargestellt zu werden.

[264] Beschluß der Vollversammlung des Württemberg-Badischen VGH vom 8. 5. 1957 — V. Vers. 1—303/56, BaWüVBl. 1957, 112 (115).

[265] a. a. O., S. 117.

[266] a. a. O., S. 118.

[267] a. a. O., S. 115.

[268] BVerwG Urteil vom 21. 1. 1958 — I C 154/57, — BVerwGE, 6, 149.

Vollversammlung entgegenstanden[268]. Dieser selbst wurde in einem späteren Urteil des Senats mit zwei lapidaren Sätzen abgetan[269]:

> „Eine Zuständigkeit der Vollversammlung gemäß § 8 VGG war im vorliegenden Falle nicht gegeben, wie der Senat bereits in seinem Urteil vom 21. 1. 1958 BVerwG — I C 154/57 — (BVerwGE 6, 149) ausgeführt hat. An dieser Ansicht hält der Senat fest."

b) Stellung zur untergeordneten Instanz

Das Instanzgericht hat eine doppelte Funktion zu erfüllen: Einmal hat es in einem bestimmten Rechtsfall Recht zu sprechen; insofern ist es für die Rechtsuchenden da. Zum andern hat es sich mit der Entscheidung des Untergerichts kritisch auseinanderzusetzen. Sattelmacher warnt den Richter höherer Instanz davor, sich als Dienstvorgesetzter des erstinstanzlichen Richters zu fühlen, der er in Wirklichkeit nicht ist. Es sei nicht Sache des Berufungsrichters, dem Richter erster Instanz Rechtsbelehrungen oder gar Rügen zu erteilen. Schon bloße Belehrungen, die in schroffer Form ausgesprochen würden, seien geeignet, das Ansehen der Vorinstanz zu erschüttern[270].

In der Praxis werden diese Regeln im allgemeinen beachtet. Die veröffentlichten Gründe von Entscheidungen enthalten nur selten Wendungen, die über die sachliche Kritik des erstinstanzlichen Urteils hinausgehen[271]. Diese Kritik drückt sich in gewissen ständigen Redewendungen aus, die dem unbefangenen Laien vielleicht etwas lehrhaft anmuten, wie: „Das Berufungsurteil beruht jedoch auf einem grundlegenden Rechtsirrtum", ohne Rechtsirrtum hat das Berufungsgericht angenommen", „zutreffend ist dagegen die Auffassung des Berufungsgerichts"[272].

Bei näherem Zusehen zeigt sich, daß insbesondere die Revisionsgerichte bestrebt sind, die angefochtenen Urteile nach Möglichkeit zu halten, auch

---

[269] BVerwG Urteil vom 19. 6. 1958 — I CB 149/57, soweit ersichtlich nicht veröffentlicht.

[270] SATTELMACHER — LÜTTIG — BEYER, a. a. O., S. 209; ähnlich KROSCHEL-DOERNER, a. a. O., S. 156.

[271] Eine Ausnahme hiervon stellt z. B. das Urteil des BGH vom 21. 5. 1959 — III ZR 7/58, NJW 1959, 1629 dar, der eine Entscheidung des OLG Koblenz mit den Worten kritisiert: „So einfach liegen die Dinge nicht." Noch peinlicher für die Vorinstanz ist die juristisch an sich sachliche Kritik des VGH Stuttgart in seinem Urteil vom 10. 7. 1958 — 1 S 273/57, BaWüVBl 1958, 169, 171: „Der Senat, der sich durch Augenschein über die örtlichen Verhältnisse unterrichtet hat, ist im Gegensatz zu der Vorinstanz zu der Überzeugung gelangt, daß ein solcher urteilsfähiger Betrachter (sc. für den Landschafts- und Naturschutz) die Überbauung des in Aussicht genommenen Geländes als eine Schädigung der Natur empfinden würde."

[272] Weitere Beispiele für Redewendungen bei SATTELMACHER — LÜTTIG — BEYER, a. a. O., S. 208.

wenn sie in manchen Punkten fehlerhaft sind. Dies gilt insbesondere dann, wenn die Revision Verfahrensverstöße rügt, die nach einer Zurückverweisung beseitigt werden und sachlich zu keiner anderen Entscheidung führen würden. Aber auch die erfolgreiche Revision gegen die materielle rechtliche Würdigung eines Sachverhalts muß sich nicht im Ergebnis zugunsten des Angeklagten auswirken[273]. Deshalb berufen sich Revisionsurteile häufig auf ein für das Revisionsgericht nicht nachprüfbares Ermessen des Tatrichters[274].

Im Gegensatz zum Revisionsgericht kann das Berufungsgericht den Rechtsfall tatsächlich und rechtlich vollständig überprüfen und abschließend entscheiden[275]. Es kann sein eigenes Ermessen anstelle des Ermessens des Richters erster Instanz setzen. Es ist daher grundsätzlich eher geneigt als das Revisionsgericht, die Entscheidung des erstinstanzlichen Richters abzuändern. Soweit gegen die Urteile des Berufungsrichters ein Rechtsmittel möglich ist, wird es allerdings die Rechtsprechung des ihm übergeordneten Revisionsgerichts beachten müssen. Aber auch dann, wenn das Berufungsgericht in letzter Instanz entscheidet, wird es vorsichtig sein, allzu viele Urteile aufzuheben. Eine solche Rechtsprechung würde zu einer Unsicherheit beim Gericht erster Instanz führen, das nicht mehr wüßte, mit welchen Rechtsauffassungen es beim Berufungsgericht zu rechnen hat. Damit würde die Berechenbarkeit der gerichtlichen Entscheidungen, also die Rechtssicherheit, bedeutend verringert. Außerdem würde das Berufungsgericht damit einen Anreiz schaffen, gegen Entscheidungen des Untergerichts ein Rechtsmittel einzulegen. Das Ansehen des Untergerichts würde sinken, wenn in einer verhältnismäßig größeren Zahl von Rechtsstreitigkeiten die „richtige" Entscheidung erst beim Berufungsgericht fallen würde. Die Prozesse würden erheblich länger dauern

---

[273] Dem Urteil des BGH vom 7. 1. 1955 — 5 StR 638/54, BGHSt 7, 86 liegt folgender Sachverhalt zugrunde: Ein Angeklagter war wegen mehreren Straftaten zu einer Gesamtstrafe von 8 Jahren Zuchthaus verurteilt worden. Auf seine Revision hatte der BGH das Urteil aufgehoben, weil er einen Betrug nicht für erwiesen hielt. In dem darauf ergehenden Urteil fiel der Betrug für die Strafzumessung weg, da das Verfahren insoweit wegen Geringfügigkeit eingestellt wurde. Dennoch wurde der Angeklagte wie zuvor zu einer Zuchthausstrafe von 8 Jahren verurteilt. Seine Revision gegen das zweite Urteil blieb erfolglos, da der Strafrichter sein Ermessen bei der Strafzumessung nicht überschritten habe. Auch in Zivilsachen braucht eine erfolgreiche Revision im Ergebnis sich nicht zugunsten des obsiegenden Teils auszuwirken, wenn das Revisionsgericht aufhebt und weitere tatsächliche Ermittlungen anordnet. Aufgrund des Ergebnisses dieser tatsächlichen Ermittlungen kann das aufgehobene Urteil erneut bestätigt werden.

[274] Ein besonders eindrucksvolles Beispiel ist das Urteil des BGH vom 17. 2. 1960 — V ZR 144/58, MDR 1960, 484.

[275] Das Revisionsgericht kann nur in Ausnahmefällen selbst entscheiden; vgl. z. B. § 354 StPO, § 565 Abs. 3 ZPO, § 144, Abs. 3 VwGO.

und damit auch die sozialen Konflikte, was einer Wiederherstellung normgerechter Verhältnisse hinderlich wäre; denn eine lange Prozeßdauer gibt erfahrungsgemäß immer neuen Stoff für Streitigkeiten. Außerdem würde sich für das Berufungsgericht eine erhebliche Mehrarbeit ergeben.

Neben diesen Gründen dürfte eine gewisse „Kollegialität der Richter" für eine Bestätigung der Entscheidung der Vorinstanz keine Rolle spielen. Die Schärfe, mit der Richter die Entscheidungen von Gerichten öffentlich kritisieren[276], beweist, daß ein Korpsgeist der Richter jedenfalls nicht dazu führt, daß als unrichtig empfundene Entscheidungen um jeden Preis nach außen verteidigt werden.

---

[276] Vgl. etwa die Anmerkungen von DÜRIG und BAUR, JZ 1959, 441, und Hildegard KRÜGER, DÖV 1959, 494 zum Beschluß des BGH vom 5. 5. 1959 — V BLw 47/58, NJW 1959, 1173.

IV. ABSCHNITT:

Die Arbeit des Richters und seine soziale Funktion

Arbeitsweise des Richters in früheren Gesellschaftsordnungen

Mit Brusiin kann man Rechtsprechung als eine von Organen der Rechtsgemeinschaft in besonderen (prozessualen) Formen und unter besonderer Wirkung (Rechtskraft) ausgeübte Entscheidungstätigkeit verstehen, deren Zweck es ist, abstrakte Rechtsnormen zur Bewertung konkreter Lebenssituationen anzuwenden. Diese Tätigkeit wird meist durch besondere Organe (Gerichte) ausgeübt und wird in den modernen Staaten gewöhnlich nicht durch eigene Initiative dieser Organe in Gang gesetzt, sondern nur unter der Voraussetzung einer von außen kommenden „Klage“[277].

Die Arbeitsweise des Richters hängt davon ab, welches Ansehen seine Tätigkeit innerhalb einer sozialen Gruppe hat und welche Beziehung die Mitglieder dieser Gruppe zur richterlichen Tätigkeit haben. Sowohl der Umfang der richterlichen Tätigkeit wie die soziale Bedeutung des Rechts und des Richters haben sich im Laufe der Geschichte wiederholt geändert.

In allen Gesellschaftsordnungen steht der Richter vor der Aufgabe, sich aus widersprüchlichen Sachdarstellungen ein eigenes Bild vom Geschehen zu verschaffen und diesen Sachverhalt in einer alle Beteiligten überzeugenden Weise zu beurteilen[278]. In vergangenen Zeiten standen dem Richter nicht die wissenschaftlichen Hilfsmittel zur Verfügung, die heute in der Form von Sachverständigengutachten die Feststellung eines Sachverhalts erleichtern können. Andererseits war die Zeugenaussage in einer animistischen Welt ein weitaus zuverlässigeres Beweismittel als heute. Die Gewißheit, Unheil auf sich und die ganze Sippe zu ziehen, wenn die Unwahrheit vor Gericht gesagt wurde[279], garantierte in viel höherem Maße eine richtige Aussage als eine Drohung mit dem Zuchthaus oder mit dem Gefängnis, deren Wirksamkeit davon abhängt, wie der Zeuge die Möglichkeit einschätzt, daß ihm eine falsche Aussage mit einer

---

[277] Brusiin, Über die Objektivität der Rechtsprechung, S. 17.

[278] Das setzt nicht voraus, daß das Gericht nach einer objektiven Wahrheit sucht; vgl. für den englischen Richter Cohn, in seiner Anmerkung zum Beschluß des Amtsgerichts Frankfurt vom 7. 3. 1960, JZ 1960, 541.

[279] Rehfeldt, a. a. O., S. 245.

zu einer Verurteilung ausreichenden Sicherheit nachgewiesen wird[280]. In Erkenntnis dieser Schwäche des Eides und der falschen Aussage vor Gericht versuchen manche Richter, die Aussage vor Gericht aufzuwerten, indem sie an die Moral des Zeugen appellieren und bei der Belehrung der Zeugen darauf hinweisen, daß von den Zeugenaussagen der Ausgang eines Prozesses abhänge. Eine falsche Zeugenaussage könne sachlich zu einem Fehlurteil führen. Dem Zeugen wird damit die moralische Verantwortung für die sachliche Richtigkeit des Urteils zugeschoben.

Die Arbeitsweise des heutigen Richters ist in entscheidender Weise durch die Auswirkungen der Rezeption bestimmt. Die Anwendung des römischen Rechts konnte nur durch Sachverständige erfolgen, die sich vor den bisherigen Richtern durch eine besondere Gelehrsamkeit auszeichneten. Die Rezeption des römischen Rechts führte deshalb zunächst zu einer Verdrängung der Laienrichter[281]. Sie unterwarf den Richter kodifizierten Rechtsregeln und zwang so zur Ausbildung der Subsumtionstechnik, nach welcher der durch das Gericht festgestellte Sachverhalt des Rechtsstreits auf seinen rechtlichen Gehalt geprüft wird.

Die Berechenbarkeit des fachjuristischen Urteils, das vom Gesetz ausgeht, hatte zur Folge, daß die bis dahin mündliche Verhandlung zunächst in zunehmendem Maße durch ein schriftliches Verfahren ersetzt wurde[282]. Für den Juristen ist dieses Verfahren bequemer als die mündliche Verhandlung, in der er sich weitschweifige Ausführungen der Parteien anhören muß, die ihn rechtlich nicht interessieren. Dennoch zeigte sich, daß das schriftliche Verfahren die Erledigung der Rechtsstreitigkeiten nicht beschleunigte, sondern im Gegenteil verlangsamte, wofür die Rechtsprechung des Reichskammergerichts ein lehrreiches Beispiel ist. Die Reformen der Zivilprozeßordnung betonten daher wieder den Grundsatz der Mündlichkeit des Verfahrens. In der Gerichtspraxis ist an manchen Orten das schriftliche Verfahren die Regel geblieben und die mündliche Verhandlung zu einer bloßen Farce geworden. Die von Rehfeldt eindrucksvoll geschilderten Beispiele[283] gelten allerdings nicht für die Praxis aller Gerichte. Es gibt auch heute Amtsgerichte, bei denen noch wirklich mündlich verhandelt wird.

Für die Kontinuität der Rechtsentwicklung spricht, daß das seit der Rezeption des römischen Rechts geschaffene Leitbild des Richters bis ins 20. Jahrhundert seine Gültigkeit behalten hat. Danach wird der Richter tätig, wenn er von den Parteien angerufen wird. Die Parteien tragen ihm die Tatsachen vor, aus denen sie gegensätzliche rechtliche Schlüsse ziehen. Der Richter entscheidet über die Anträge der Parteien und begründet

---

[280] §§ 153 ff. StGB.

[281] Rehfeldt, a. a. O., S. 249; Wieacker, Privatrechtsgeschichte der Neuzeit, S. 92.

[282] Rehfeldt, a. a. O., S. 255.

[283] Rehfeldt, a. a. O., S. 256 f.

seine Entscheidung im Urteil oder im Beschluß. Im Zivilprozeß kann er der Klage ganz oder teilweise stattgeben oder sie abweisen. Weder die wirtschaftlichen Folgen seiner Entscheidung für die Parteien noch die Auswirkungen des Urteils auf öffentliche Interessen haben ihn zu beeinflussen.

Im Strafprozeß entscheidet er über den von der Anklagebehörde angeklagten historischen Sachverhalt. Die sozialen Auswirkungen seiner Entscheidung bleiben auch hier außer Betracht. Da die Strafe zunächst nur als General- und als Spezialprävention gedacht war, wurde zwar das System der Straftaten feingliedrig aufgebaut; der Strafvollzug blieb daneben lange Zeit vernachlässigt. Eine ausgleichende Funktion war bis vor kurzem dem Richter nicht zugedacht[284]

Sozialfunktion des heutigen Richters

Seit etwa 30 Jahren erhält der Richter in zunehmendem Maße Aufgabenbereiche, die seine bisherige Funktion wesentlich abänderten. In der Jurisprudenz betonten als erste Klein und Kisch die soziologische Binsenweisheit, daß ein Prozeß nicht nur Ausdruck eines gestörten Verhältnisses zwischen den Parteien, sondern einer gestörten Ordnung der Gesellschaft ist[285].

Ist der Prozeß eine soziale Tatsache, die die gesamte Gesellschaft angeht, so kann es nicht im Belieben der Parteien stehen, wie sie ihren Prozeß führen wollen; denn für die Gesellschaft ist es von Bedeutung, ob und wie sich die Rechtsordnung im Einzelfall durchsetzen kann. Klein und Kisch haben ihre Erkenntnis lediglich für den Gang des Zivilprozesses ausgewertet. Ihre Ansicht vom Prozeß fand ihren gesetzlichen Niederschlag in der Aufnahme der Wahrheitspflicht der Parteien in die ZPO (§ 138).

Im ersten Weltkrieg und in den Notzeiten danach erhielt der Zivilrichter Aufgaben, die über seine bisherige reine Entscheidungstätigkeit weit hinausgingen. Nach 1914 mußten die Gerichte richterliche Zahlungsfristen für Verbindlichkeiten gewähren, die der Schuldner infolge der Kriegsereignisse nicht erfüllen konnte. Die Inflation nach dem ersten Weltkrieg führte zu einer eigenen Aufwertungsrechtsprechung, die nicht mehr nur zu den Anträgen der Parteien entschied, sondern sich um einen sozialen Ausgleich bemühte. Neue Gesetze schoben dem Richter immer

---

[284] BAUR, Sozialer Ausgleich durch Richterspruch, JZ 1957, 194ff., der an dieser Stelle auch ausführt, daß die Ehe- und Kindschaftssachen sowie die Ausschluß- und Auflösungsklagen des Gesellschaftsrechts dem Richter keine soziale Ausgleichsfunktion zuweisen, da hier nur die Klaganträge der Parteien der richterlichen Entscheidung unterworfen sind.

[285] KLEIN-ENGEL, Der Zivilprozeß Österreichs, S. 186—94; W. KISCH, Die soziale Bedeutung des Zivilprozesses, Judicium, S. 5, 26; Zitate nach BAUR, a. a. O., JZ 1957, 194.

neue soziale Ausgleichsfunktionen zu[286]. Diese Aufgaben konnte ein Richter nicht mit einer beschränkten Zahl von abstrakten Lösungsmöglichkeiten für soziale Konflikte lösen. Die herkömmlichen Regeln der Gesetzesauslegung mußten versagen, wo dem Richter Tatbestände zur Beurteilung vorgelegt wurden, für die eine gesetzliche Regelung nicht vorgesehen war.

Im zweiten Weltkrieg und in den darauf folgenden Jahren wurden dem Richter in noch größerem Umfang Aufgaben zugewiesen, die an sich Teil der „Sozialverwaltung" sind. In den Zeiten der allgemeinen sozialen Stabilisierung seit 1945 hat sich dieser Aufgabenbereich des Richters weiter vergrößert. Die neuere Gesetzgebung begnügt sich in zunehmendem Umfang, einen allgemein gehaltenen Tatbestand zu normieren, der auf die verschiedenartigsten Einzelfälle angewandt werden kann und erst dadurch einen Inhalt bekommt, daß der Richter ihn nach seinem Ermessen auf den konkreten zur Entscheidung stehenden Fall anwendet. Praktisch erfüllen diese Generalklauseln lediglich den Zweck, dem Richter ein gestaltendes Eingreifen im Einzelfall zu ermöglichen[287]. Als Beispiele derartiger Regelungen führt Baur an: die gesetzlichen Regelungen über den Bestandsschutz im Miet- und Arbeitsrecht, §§ 2—4, 5 aMSchG; § 1 KSchG; danach hat der Richter „die Interessen des Mieters und des Vermieters" gegeneinander abzuwägen, „den Frieden in der Hausgemeinschaft zu berücksichtigen", im Kündigungsschutzrecht zu prüfen, ob die Kündigung „sozial gerechtfertigt ist" usw.[288].

Im Strafrecht zeigt sich eine entsprechende Entwicklung wie im Zivilrecht. Das Jugendstrafrecht hat sich von den überkommenen Vorstellungen von der Funktion der Strafe völlig gelöst. Der Abschreckungsgedanke gilt für das Jugendstrafrecht nicht, der Gedanke der Sühne nur begrenzt[289]. In erster Linie soll die Jugendstrafe erzieherisch auf den Jugendlichen einwirken und eine Resozialisierung des Jugendlichen erreichen. Dem Jugendrichter ist gesetzlich ein Katalog von Maßnahmen geboten, die für sich allein oder kombiniert angewandt werden können, um den jugendlichen Delinquenten zu resozialisieren[290]. Ein aufschlußreiches Beispiel für die praktischen Möglichkeiten dieser richterlichen Maßregeln geben die Urteile des „Schokoladenrichters" Holzschuh in Darmstadt. Der eigentliche „Straf"zweck tritt nur in seltenen, besonders schweren Fällen hervor.

---

[286] Weitere Beispiele bei Baur, a. a. O., JZ 1957, 194.

[287] Baur, a. a. O., JZ 1957, 194.

[288] Weitere Beispiele bei Baur, a. a. O., JZ 1957, 195; vgl. ferner Baur, Formzwang und Fallgerechtigkeit, Staatsanzeiger für Baden-Württemberg Nr. 3 vom 14. 1. 1961.

[289] BGH Urteil vom 7. 3. 1957 — 4 StR 552/56, BGHSt 10, 233.

[290] §§ 9 ff. JGG.

Im Erwachsenenstrafrecht ist umstritten, ob die vom Gericht ausgesprochene Strafe ein Sühne der Tat, eine Abschreckung der Allgemeinheit, eine Besserung des Täters oder alle diese Zwecke verfolgt[291]. Die Entwicklung des Strafrechts hat die praktische Bedeutung dieses Streits erheblich eingeschränkt. Auch der Strafrichter ist nicht mehr bloßer „Entscheidungsrichter", der beim Vorliegen eines bestimmten Tatbestands eine bestimmte Rechtsfolge auszusprechen hat. Er ist in zunehmendem Maß „zum Sozialbeamten, zum sozialen Diagnostiker und Therapeuten" geworden; er hat insoweit den Talar des Richters mit dem Kittel des Sozialarztes vertauscht[292].

Dieser Funktionswandel des Strafrichters wird zum ersten Mal bei der Einführung der Maßregeln der Sicherung und Besserung im Jahre 1933 deutlich[293]. Diese Maßregeln waren schon in den Entwürfen zu einem neuen deutschen Strafgesetzbuch von 1925 und 1927 gefordert worden und sind Teil einer europäischen Strafrechtsreformbewegung[294]. Sie sind nicht nationalsozialistisches Gedankengut und gelten — mit Ausnahme des gestrichenen § 42k (Entmannung) — auch heute. Die bis dahin bekannten Sanktionen gegen den Verurteilten: Zuchthaus, Gefängnis, Haft und Geldstrafe, bezweckten als Strafen allenfalls nebenbei, den Verurteilten zu erziehen. Entscheidungen, die einen Erziehungszweck der Strafe annehmen, sind erst ergangen, nachdem das Jugendgerichtsgesetz die neue Auffassung vom Strafrecht in gesetzliche Form gebracht hatte und die Maßregeln der Sicherung und Besserung auch im Erwachsenenstrafrecht die soziale Funktion der richterlichen Entscheidung herausgestellt hatten[295].

Die Maßregeln der Sicherung und Besserung übertragen dem Richter ausdrücklich Funktionen der sozialen Verwaltung. Der Richter hat zu prüfen, ob das Sicherheitsbedürfnis der Allgemeinheit erfordert, daß gegen den Täter eine solche Maßnahme verhängt wird und hat dann zu entscheiden, welche Maßnahme am zweckmäßigsten ist[296]. Auf ein Verschulden des Täters kommt es nicht an. So darf z. B. die Fahrerlaubnis auch im Sicherungsverfahren nach §§ 429 ff. StPO entzogen werden, das zur Voraussetzung hat, daß der Täter nicht schuldfähig ist[297]. Die Grundgedanken der Entscheidung des BGH über die Entziehung der Fahr-

---

[291] Mezger, Strafrecht, Allgemeiner Teil, § 106; Welzel, Das deutsche Strafrecht in seinen Grundzügen, § 27, II.

[292] Bruns, Zur rechtsproblematischen Dogmatik strafrichterlicher Auflagen, NJW 1959, 1393.

[293] Gesetz vom 24. 11. 1933, RGBl. I, 995, §§ 42a — n StGB.

[294] Schönke-Schröder, Strafgesetzbuch, Kommentar, Vorbemerkung zu den §§ 42a ff. I.

[295] OLG Oldenburg, JBl. Oldenburg 1947 Sp. 79 zitiert nach Schönke-Schröder, a. a. O., Vorbemerkung § 13 VIII, 4.

[296] Schönke-Schröder, a. a. O., § 42a II.

[297] BGH Urteil vom 14. 4. 1959 — 1 StR 488/58, NJW 1959, 1185.

erlaubnis lassen sich ohne weiteres auf alle andern Maßregeln der Sicherung und Besserung sinngemäß übertragen.

Von den in §§ 42a—m StGB aufgeführten Maßregeln dienen die Sicherungsverwahrung, die Untersagung der Berufsausübung und die Entziehung der Fahrerlaubnis ausschließlich oder in erster Linie dem Zweck der Sicherung. Die Unterbringung in eine Trinkerheilanstalt oder eine Entziehungsanstalt bezweckt hauptsächlich die Besserung des Untergebrachten. Bei der Unterbringung in eine Heil- oder Pflegeanstalt kann entweder mehr der Sicherungs- oder mehr der Besserungszweck im Vordergrund stehen[298].

Die Maßregeln der Sicherung und Besserung sind ausdrücklich keine „Strafen", sondern „strafrechtliche Maßnahmen"[299].

Dem Verurteilten werden diese juristisch-technischen Überlegungen kaum begreiflich gemacht werden können. Ihn „strafen" die Maßregeln der Sicherung und Besserung in vielen Fällen erheblich schwerer als die eigentliche Strafe. Mancher Autofahrer, der wegen fahrlässiger Verkehrsgefährdung[300] oder wegen Trunkenheit am Steuer[301] zu einer Gefängnis- oder Geldstrafe verurteilt worden ist, würde gern eine höhere Strafe in Kauf nehmen, wenn ihm dafür die Fahrerlaubnis nicht entzogen würde.

Die Höchststrafe von 6 Wochen Haft für Landstreicherei oder für Unzucht[302] bedeutet für die Betroffenen im allgemeinen keinen besonders spürbaren Eingriff in ihr Dasein. Früher war es beinahe eine Tradition der Landstreicher, daß sie sich wegen Bettelns einsperren ließen, wenn es kalt wurde, um auf diese Weise ein warmes Winterquartier zu bekommen. Heute droht Dirnen und Landstreichern die Einweisung ins Arbeitshaus[303]. Schon die erstmalige Einweisung kann für den Betroffenen einen Freiheitsentzug von 2 Jahren mit sich bringen[304].

Die Möglichkeit, Gefängnisstrafen zur Bewährung auszusetzen, hat dem Richter neue strafrechtliche Sanktionen gegen Rechtsbrecher in Gestalt der Bewährungsauflagen in die Hand gegeben. Der Richter übt hier eine Art sozialhygienischer Vormundschaft aus. Nach dem Gesetz hat er in

---

[298] Schönke-Schröder, a. a. O., § 42 a I.

[299] Mezger, a. a. O., § 4 II, Schönke-Schröder, a. a. O., Vorbemerkung zu § 42 a ff. I; Welzel, a. a. O., § 31 II; zweifelnd Dreher-Maassen, Strafgesetzbuch, Vorbemerkung zu § 13 I, 1; a. A. H. Mayer zitiert bei Schönke-Schröder, a. a. O., Vorbemerkung zu § 42 a ff. I, der in der Sicherungsverwahrung und in der Untersagung der Berufsausübung echte Strafen sehen will, während die anderen Maßregeln personenrechtlicher Natur und entsprechenden Maßnahmen des bürgerlichen oder Verwaltungsrechts gleich sein sollen.

[300] §§ 315, 315 a StGB.

[301] §§ 2, 71 StVZO.

[302] § 361 Nr. 3 bzw. § 361 Nr. 6—6 c in Verbindung mit § 18 Abs. 1 StGB.

[303] § 42 d StGB.

[304] § 42 f Abs. 3 StGB.

der Gestaltung der Auflagen freie Hand[305]. Verboten ist lediglich, den Verurteilten durch die Bewährungsauflage an einer günstigeren Arbeits- oder Ausbildungsmöglichkeit zu hindern[306]. Für unzulässig wurde auch eine Auflage angesehen, die auf ein nach § 421 StGB unzulässiges Berufsverbot hinauslief[307].

Die anfangs zum Teil gerügte Einförmigkeit und Einfallslosigkeit der Bewährungsauflagen hat inzwischen einer Mannigfaltigkeit Platz gemacht, die das Bedenken von Strafrechtswissenschaftlern hervorgerufen hat[308]. Genau wie die Maßregeln der Sicherung und Besserung greifen auch die Bewährungsauflagen oft stärker in das Leben des Verurteilten ein als die Strafe selbst. Üblich sind Auflagen, den angerichteten Schaden wiedergutzumachen[309], einen Geldbetrag zugunsten einer gemeinnützigen Organisation zu zahlen[310], sich der Aufsicht und Leitung eines Bewährungshelfers zu unterstellen[311], Unterhaltsverpflichtungen zu erfüllen[312]; seltener werden Weisungen gegeben, die sich auf den Aufenthaltsort, die Ausbildung, Arbeit oder Freizeit beziehen[313]. Vor der Auflage, daß der Verurteilte sich einer ärztlichen Behandlung oder Entziehungskur unterziehen muß, schrecken die Richter im allgemeinen zurück[314].

Neben diesen gesetzlich vorgesehenen Auflagen kann der Richter andere erfinden und dem Verurteilten auferlegen, wenn er sie für zweckmäßiger als die gesetzlichen hält. So wurde einem Verurteilten verboten, während einer bestimmten Bewährungszeit eine politische Tätigkeit als Redner oder Schriftsteller in der Öffentlichkeit auszuüben. Die Rechtsmittel des Verurteilten gegen diese Auflage blieben erfolglos[315]. Das LG Nürnberg-Fürth[316] erteilte einem wegen Unterhalsverpflichtverletzung verurteilten Angeklagten die Bewährungsauflage, zu seiner Familie zurückzukehren, von der er 14 Jahre lang getrennt gelebt hatte. Die Revisionsinstanz hob

---

305 § 24 Abs. 1 StGB.

306 § 24 Abs. 2 StGB.

307 OLG Hamm, Beschluß vom 23. 3. 1954 — 1 Ws 170/54, NJW 1955, 37; zweifelnd Dreher-Maassen, Strafgesetzbuch, § 24, 1.

308 Bruns, a. a. O., NJW 1959, 1393.

309 § 24 Abs. 1 Nr. 1 StGB.

310 § 24 Abs. 1 Nr. 5 StGB.

311 § 24 Abs. 1 Nr. 6 StGB.

312 § 24 Abs. 1 Nr. 4 StGB.

313 § 24 Abs. 1 Nr. 2 StGB.

314 § 24 Abs. 1 Nr. 3 StGB. Diese Bewährungsauflage wird selbst dann nicht gerne gegeben, wenn dadurch möglicherweise die Resozialisierung des Täters gefördert würde, da die Kosten der Behandlung meist von der Staatskasse übernommen werden müßten.

315 OLG Braunschweig Beschluß vom 31. 1. 1957 — Ws 225/56, NJW 1957, 759.

316 LG Nürnberg-Fürth Urteil vom 9. 6. 1958 — 266 Ns 241/58, zitiert bei Bruns, a. a. O., NJW 1959, 1393.

diese Bewährungsauflage als unzumutbar auf, erklärte sie aber nicht für gesetzwidrig[317].
Bruns führt in seinem Aufsatz weitere „aparte" Auflagen an: den Verkehr mit der Braut aufzugeben, die eine Dirne war; sich von der verkuppelten eigenen Tochter zu trennen; die verletzte oder entführte Frau zu heiraten; sonstige richterliche Heiratsauflagen[318]; Sparkonten für Kinder anzulegen; sich nicht mehr als politischer Agent oder Parteifunktionär zu betätigen; sich einer Postkontrolle zu unterwerfen[319].

In der Praxis zeigt sich, daß die Drohung, die zur Bewährung ausgesetzte Strafe zu vollstrecken, wenn der Verurteilte den Bewährungsauflagen nicht nachkommt, in vielen Fällen wirksamer ist, als eine Vollstreckung der Strafe. Die Verurteilten nehmen die zum Teil sehr schwer eingreifenden Auflagen auf sich und kommen ihnen auch nach, nur um nicht eingesperrt zu werden.

Die Gerichtsbarkeit des öffentlichen Rechts war von jeher der Funktion einer sozialen Verwaltung näher als die Zivil- und Strafgerichtsbarkeit. Der überwiegende Teil der öffentlichrechtlichen Streitigkeiten besteht aus Verwaltungsstreitigkeiten. Die weitaus größte Zahl von Verwaltungsprozessen sind „Anfechtungssachen", d. h. Entscheidungen über die Rechtmäßigkeit von Verwaltungsakten. Dem Verwaltungsgericht fällt hier die Aufagbe zu, Maßnahmen der öffentlichen Verwaltung auf die Rechtmäßigkeit zu überprüfen. Da die verschiedenen Behörden ihre Maßnahmen in der Regel nicht nach einem besonderen partikularamtlichen Interesse, sondern in einem allgemeinen Interesse treffen, liegt es im öffentlichen Recht von vorneherein näher als im Zivil- oder Strafrecht, den Prozeß als soziale Tatsache zu sehen.

Die Rechtsprechung bemüht sich zwar, eine scharfe Grenze zwischen richterlicher und verwaltender Tätigkeit zu ziehen. Insbesondere versuchen die Gerichte zu vermeiden, daß sie selbst anstelle der Verwaltungsbehörden deren Aufgaben erfüllen. So ist in der Rechtsprechung allgemein anerkannt, daß die Gerichte nicht ihr Ermessen an die Stelle des Ermessens der Verwaltungsbehörden setzen dürfen[320].

Trotz dieser Einschränkung der verwaltungsrichterlichen Entscheidungsbefugnis zeigt die Art der Begründung der Verwaltungsgerichtsurteile, daß die Gerichte nach einem sozialen Ausgleich zwischen dem Anfechtungskläger und dem Anfechtungsgegner suchen. Der soziale Ausgleich als

---

[317] OLG Nürnberg Beschluß vom 14. 10. 1958 — Ws 387/58, NJW 1959, 1451; a. A. Bruns, a. a. O., NJW 1959, 1393, der sie für gesetzwidrig, nicht nur für unzumutbar hält.

[318] Ascher, Die Verbürgerlichung des Strafrechts, DJZ 1929, 570, der diese Auflage unter den gegebenen Umständen als Maßnahme eines weltklugen Richters bezeichnet.

[319] Bruns, a. a. O., NJW 1959, 1393.

[320] z. B. BVerwG Urteil vom 6. 3. 1959 — VII CB 37/57, JZ 1959, 543; BVerwG Urteil vom 15. 4. 1959 — V C 162/56, DVBl. 1959, 586.

leitender Gedanke der Entscheidung tritt besonders dann hervor, wenn das Urteil des Verwaltungsgerichts auf richterlich geschaffenem Recht beruht, das gerade im öffentlichen Recht weitgehend neues Recht schafft.

So kann nach der heutigen Rechtsprechung der Verwaltungsgerichte ein begünstigender Verwaltungsakt nicht frei zurückgenommen werden, wie früher allgemein angenommen wurde.

Selbst wenn der begünstigende Verwaltungsakt gesetzwidrig ist, also von der Verwaltungsbehörde nicht hätte erlassen werden dürfen, ist er nicht frei widerruflich. Der Verwaltungsrichter muß vielmehr prüfen, ob die privaten Interessen an der Aufrechterhaltung des durch den fehlerhaften Verwaltungsakt geschaffenen Rechtszustands oder die öffentlichen Interessen an der Beseitigung dieses Zustands überwiegen[321].

Die über Jahrzehnte hinweg zu beobachtende Wandlung vom Entscheidungsrichter in den engen Grenzen des Gesetzes zum frei gestaltenden Sozialarzt darf nicht zu dem Schluß verleiten, es handle sich hier um eine kontinuierlich fortlaufende Entwicklung, oder gar um den Ablauf eines historischen Gesetzes. Auch der Umfang der freien Gestaltungsmöglichkeit des Richters ist teilweise wieder eingeschränkt worden. So war im zweiten Weltkrieg der Richter durch Rechtsverordnung ermächtigt worden, nach „gesundem Volksempfinden" selbst eine Erbteilung vorzunehmen, soweit die gesetzliche Regelung offensichtlich vom Willen des Erblassers zum Nachteil naher Angehöriger in erheblicher Weise abwich[322]. Diese Verordnung, die praktisch den Richter zum Mittler des Erblasserwillens machte, ist nach dem Krieg wieder gestrichen worden.

Ob man mit Baur den Grund für diesen Funktionswandel des Richters in einem allgemeinen gesellschaftlichen Unbehagen suchen kann, das im Bewußtsein des Verlustes einer allgemein verbindlichen Wertgrundlage als letzte Autorität nunmehr seine Hoffnung auf den Richter setzt, erscheint sehr fraglich[323]. Die Perspektive Baurs ist zwar für den Richter schmeichelhaft, läßt sich aber nicht mit der Tatsache in Einklang bringen, daß dem Richter das Prestige für eine so hohe Autorität nach seiner Stellung in der heutigen Gesellschaft abgeht. Es ist nicht so, daß die Mitglieder einer sozialen Gruppe in Kenntnis ihres geistigen Sündenfalls, der sich im

---

[321] Beispiele aus der unübersehbaren, im einzelnen sehr differenzierten Rechtsprechung: grundlegend die Entscheidung des OVG Berlin Urteil vom 14. 11. 1956 — VII B 12/56, DÖV 1957, 753; ihm folgen BVerwG Urteil vom 25. 10. 1957 — III C 370/56, DÖV 1958, 178; BSG Urteil vom 17. 7. 1958 — 11/9 RV 998/55, NJW 1958, 1700; BVerwG Urteil vom 29. 5. 1958 — II C 211/57, DVBl 1958, 652; VGH Stuttgart Urteil vom 31. 3. 1958 — 2 S 127/57, VerwRspr. 10, 662.

[322] § 1 der Verordnung zur Regelung der gesetzlichen Erbfolge in besonderen Fällen (Erbregelungsverordnung — ErbVO) vom 4. 10. 1944, RGBl. 1944/45, I, S. 242.

[323] Baur, Formzwang und Fallgerechtigkeit, Staatsanzeiger für Baden-Württemberg, Nr. 3 vom 14. 1. 1961.

Schisma der Moralen ausdrückt, auf den Richter als den Retter sehen, dessen Entscheidung das Schisma der Moralen überbrücken könnte. Schon der Ausgangspunkt Baurs ist fraglich: Es ist nicht ausgemacht, daß die Gesellschaft „ihre natürlichen, gewachsenen Bindungen verloren hat und in ihr die Säkularisierung der Gemeinschaftsbezüge auf die Spitze getrieben ist." Noch weniger kann von einem mehr unbewußten als klar erfaßten Gefühl gesprochen werden, daß eine letzte Autorität sein müsse, die kläre, ordne und entscheide, und ausgerechnet im Richter das gesellschaftliche Korrigens sieht, das die Autorität ersetzen soll[324]. Hier mischt sich Wunschdenken von einer Stellung des Richters in der heutigen Gesellschaft mit der irrationalen Sehnsucht nach der „guten alten Zeit".

Soziologisch beachtlich ist dagegen der Hinweis Baurs auf das Unvermögen der anderen staatlichen Gewalten, soziale Fragen mit den hergebrachten Mitteln zu lösen, weshalb sie dem Richter zur Lösung im Einzelfall übertragen werden. Mit Baur ist zu betonen, daß dieses Unvermögen in erster Linie nicht als ein Vorwurf, sondern als Feststellung eines Sachverhalts zu verstehen ist, dessen genaue Kenntnis erst weitere Schlüsse erlaubt.

Beschreibung der richterlichen Tätigkeit

Für die Arbeit des Richters ist die Ermittlung des Sachverhalts, den er rechtlich zu beurteilen hat, die Hauptaufgabe. Die Rechtsnormen geben ihm für diesen Teil seiner Arbeit keine Hilfe. Die Prozeßvorschriften schreiben nur allgemein vor, welche Formalien bei der Ermittlung des Sachverhalts zu beachten sind. Wann eine Behauptung glaubhaft ist, welche Anforderungen der Richter an einen Beweis stellen kann, damit ihm eine Tatsache als erwiesen erscheinen kann — über solche Fragen schweigen die Rechtsnormen; aber auch die Rechtslehre verzichtet darauf, wissenschaftlich zu erforschen, wie der Richter aus der Vielzahl kontradiktorischer und übereinstimmender Behauptungen zu seinem Ziel kommt, nämlich zur Feststellung des für die Entscheidung wesentlichen Sachverhalts, der dem wirklichen sozialen Geschehen, das der Richter beurteilen soll, möglichst nahe kommt[325]. Lehmann verweist wegen der Grundsätze der Tatbestandsfeststellung auf das Prozeßrecht[326], Rosenberg geht einfach von einem feststehenden Sachverhalt aus[327], Palandt umgeht diese Fragen, indem er erklärt, „die Tatbestandsfeststellung sei an sich un-

---

[324] Baur, a. a. O., Staatsanzeiger Nr. 3 vom 14. 1. 1961.

[325] Ein erster, sehr allgemeiner Versuch, in diesen Fragenkreis einzudringen, findet sich bei Bohne, Zur Psychologie der richterlichen Urteilsbildung. Die von Bohne S. 38 ff. angeführte Literatur stammt in erster Linie von Philosophen, nicht von Juristen.

[326] Lehmann, a. a. O., § 8, I, 6 a.

[327] Rosenberg, Lehrbuch des deutschen Zivilprozeßrechts, § 130 I.

juristischer Natur[328]". Auf andern Rechtsgebieten wird dem Richter für die Tatbestandsfeststellung ebensowenig geboten wie im Zivilrecht.

Die Rechtsprechung der Obergerichte stellt namentlich in Strafsachen einige Regeln für die Abfassung von Urteilen auf. In diesen Entscheidungen gibt sie dem Richter aber nur Hinweise, wie ein Urteil im einzelnen aufzubauen ist, und welche Umstände zu erörtern sind, nicht aber, wie sich der Richter zunächst eine Vorstellung über diese Umstände bildet[329]. Ähnliches gilt für die Anleitungsbücher, die dem Richter Hinweise für den Aufbau von Gutachten, Beschlüssen oder Urteilen geben[330].

Es bleibt also allein der praktischen Referendarausbildung überlassen, den angehenden Richter in seiner späteren Arbeit zu schulen. Wagner ist allerdings der Ansicht, daß die Referendarausbildung sich zu sehr mit der theoretischen Vermittlung von Examenswissen begnüge; die schwierigen Fragen der Zeugenvernehmung, der Verhandlungsleitung und der Menschenbehandlung müsse sich der Richter in der praktischen Arbeit erst aneignen[331]. Aus dem Blickwinkel des Referendars kann man diese Ansicht Wagners nur bestätigen. Der Referendar ist gezwungen, sich in erster Linie auf die im Examen verlangten rechtlichen Fragen vorzubereiten. Da ihm Kenntnisse in der praktischen Arbeit des Richters für das Examen nichts nützen, besteht für ihn kein Anreiz, sich damit näher zu befassen.

Die Rechtswissenschaft ist dem Richter also nur bei einem Teil seiner Arbeit behilflich. Sie gibt ihm Anleitungen dafür, wie er einen Sachverhalt rechtlich zu würdigen habe, zeigt ihm durch die Methode der Schlüssigkeitsprüfung, in welcher Richtung er einen für die rechtliche Beurteilung unvollständigen Sachverhalt weiter aufklären muß, und wie er zu verfahren hat, wenn sich bestimmte tatsächliche Fragen nicht aufklären lassen.

Das Kernstück der rechtswissenschaftlichen Lehre von der Rechtsfindung ist die Lehre von der Auslegung oder Rechtsanwendung. Die Ergebnisse dieser wissenschaftlichen Untersuchungen sollen dem Richter ein Hilfsmittel in die Hand geben, damit er den richtigen Rechtssatz auf einen festgestellten Sachverhalt anwenden kann. Ausgangspunkt der Rechtsfindung ist ein meist schriftlich gefaßter gesetzlicher Tatbestand, der beim Vorliegen gewisser abstrakt bestimmter tatsächlicher Merkmale eine Rechtsfolge ausspricht.

---

[328] PALANDT, BGB, Einleitung V 1 a.

[329] Schon das Reichsgericht bezeichnete den unübersichtlichen Aufbau eines Strafurteils als grundsätzlichen Mangel (RGSt 71, 25). Der BGH verlangt, daß im Urteil die maßgebenden Gesichtspunkte, die das Gericht zu seiner Überzeugung geführt haben, klar und bestimmt hervorzuheben seien (BGH Urteil vom 23. 5. 1954 — 5 StR 392/54 zitiert bei KROSCHEL-DOERNER, a. a. O., S. 54).

[330] Etwa SATTELMACHER — LÜTTIG — BEYER, Bericht, Gutachten und Urteil; BERG, Gutachten und Urteil; KROSCHEL-DOERNER, Die Abfassung der Urteile in Strafsachen.

[331] WAGNER, Die Regierungsvorlage zum Richtergesetz, JZ 1957, 533.

Die Prüfung, inwieweit der zu beurteilende Sachverhalt sich mit den abstrakten gesetzlichen Tatbestandsmerkmalen deckt, ist die Subsumtion. Ergebnis der Subsumtion ist die Rechtsfolge, die sich aus einem Lebenstatbestand ergibt. Die Rechtsanwendung erscheint auf den ersten Blick als eine logische Operation: Obersatz ist der gesetzliche abstrakt formulierte Tatbestand, Untersatz ist der zu beurteilende tatsächliche Sachverhalt, Schlußsatz die aus der Subsumtion gewonnene Rechtsfolge. Die Rechtsanwendung ließe sich als rein logische Operation beschreiben, wenn die Rechtsnormen logisch systematisch in ein in sich widerspruchsfreies System eingeordnet werden könnten und wenn das soziale Leben vollständig in einem logischen System erfaßbar wäre. An beidem fehlt es. Das Rechtssystem ist sowohl in tatsächlicher wie in logischer Hinsicht nicht vollständig.

Von den tatsächlichen Umständen kann der Richter auch in juristisch einfachen Fällen immer nur einen Teil der sozialen Tatsachen berücksichtigen. Kein Tatbestand, der einem Rechtsstreit zugrunde liegt, ist einem anderen genau gleich.

Rechtsfälle werden erst dadurch vergleichbar, daß gewisse Umstände des Einzelfalls als unerheblich aus der rechtlichen Betrachtung ausgeschieden werden und damit der Fall typisiert wird[332]. Welche Umstände im Einzelfall erheblich und welche nicht erheblich sind, läßt sich durch begriffliche Logik nicht eindeutig entscheiden. Für die Abgrenzung der erheblichen von den unerheblichen Umständen dürften in vielen Fällen vorrechtliche Wertvorstellungen maßgebend sein, die der Richter der sozialen Ordnung, wie sie seiner Meinung nach besteht, entnimmt; deshalb ist es von großer Bedeutung, unter welchen persönlichen Wertvorstellungen der Richter einen Rechtsfall betrachtet.

Das Rechtssystem ist aber auch in rein logischer Hinsicht nicht vollständig. Die geltenden Normen lassen durch Generalklauseln[333] jederzeit die Möglichkeit offen, daß tatsächliche Umstände eine rechtliche Bedeutung erlangen, die bisher als juristisch unerheblich behandelt wurden[334]. Für den Richter liegt die Schwierigkeit vor allem in der Abgrenzung, ob die tatsächlichen Voraussetzungen für die Anwendung der

---

332 So ist es für die zivilrechtliche Beurteilung unerheblich, ob ein reicher oder ein armer Mann ein Buch in einem Laden kauft. Dagegen kann es strafrechtlich von Bedeutung sein, ob ein Betrüger einen reichen oder einen armen Mann betrügt.

333 §§ 133, 138, 157, 242, 826 BGB; Art. 1, 2 GG.

334 Auf diese Weise hat sich die Rechtsprechung zur Frage der sittenwidrigen Übersicherung des Kreditgebers entwickelt; aus der neueren Rechtsprechung siehe hierzu OLG Karlsruhe Urteil vom 23. 5. 1956 — 7 U 134/55, BB 1957, 593; BGH Urteil vom 20. 12. 1957 — VI ZR 188/56, KuT 1958, 109 BGH Urteil vom 16. 12. 1957 — VII ZR 49/57, NJW 1958, 457; BGH Urteil vom 8. 7. 1958 — VIII ZR 201/57, MDR 1958, 841.

Generalklausel anstelle oder neben einer positiven Spezialvorschrift schon gegeben sind oder ob sie noch nicht vorliegen[335]. Um trotz dieser Schwierigkeiten zu einer eindeutigen Gesetzesauslegung zu gelangen, entwickelt die Rechtswissenschaft ein kompliziertes System, nach dem der Wortlaut der Norm, ihre Stellung im Gesetz, ihr Zweck, Interessen, die in der Norm zum Ausdruck kommen, sowie der Wille des Gesetzgebers zu berücksichtigen sind. Ehrlich hat ausgeführt, daß dieses komplizierte wissenschaftliche System deshalb erforderlich ist, weil alles Recht auf den Staat zurückgeführt wird und deshalb die Übereinstimmung des Richterspruchs mit dem staatlichen Willen dargetan werden muß[336]. Würde die Lehre von der Auslegung und die aus ihr entwickelten Sätze dem Richter helfen, den Mangel der systematischen Logik der Rechtsbegriffe und die Probleme, die sich aus der Typisierung von Fällen ergeben, zu überwinden, so hätte diese Lehre einen unschätzbaren Wert für die richterliche Tätigkeit. Ein Blick auf die Praxis beweist jedoch, daß die allgemeinen Lehren der Auslegung entweder unverbindlich und vieldeutig sind oder sich damit begnügen, ergangene Gerichtsentscheidungen zu bestätigen oder zu kritisieren. Für den Weg zur Entscheidung des Einzelfalls sind diese allgemeinen Lehren der Rechtsfindung nutzlos, ja schädlich, weil sie dem Richter mindestens zwei, häufig sogar ein ganzes Bündel miteinander unvereinbarer Lösungen für einen einzigen Fall nebeneinander empfehlen.

Eine Untersuchung der Rechtsprechung zeigt, daß mit den allgemeinen Auslegungsregeln alles beweisbar ist und im Bedarfsfall eine Regel gegen die andere ausgespielt werden kann. Die folgenden Beispiele aus der Rechtsprechung stammen vorwiegend aus den Jahren 1957 bis 1960. Sie ließen sich durch eine beliebige Anzahl älterer und neuerer Entscheidungen ergänzen. Eine vollständige Darstellung der durch die Gerichte proklamierten Auslegungsregeln war hier weder möglich noch beabsichtigt. Meinungen aus der reichhaltigen juristischen Literatur wurden nur ausnahmsweise berücksichtigt, da nur die Arbeit des Richters hier darzustellen war.

Die Unmöglichkeit einer Rechtsfindung aufgrund eines logischen in sich vollständigen Systems läßt sich schon anhand der Rechtsbegriffe zeigen. Es gibt Begriffe, von denen anerkannt ist, daß sie einen besonderen juristisch-technischen Sinn haben, der vom allgemeinen Sprachgebrauch abweicht[337]. Diese Begriffe können in ein in sich logisches Rechtssystem

---

[335] Etwa bei der Frage über den Schutz eines allgemeinen Persönlichkeitsrechts und der Folgen der Verletzung dieses Rechts, vgl. hierzu BGH Urteil vom 18. 3. 1959 — IV ZR 182/58, NJW 1959, 1269 mit weiteren Entscheidungsnachweisen.

[336] Ehrlich, Die juristische Logik, S. 3, 287.

[337] Etwa der Begriff der Wandlung (§ 462 BGB): Rücktritt vom Kaufvertrag; Leihe: unentgeltliche Gebrauchsüberlassung einer Sache. — Die Leih-

eingeordnet werden, sofern sie sich nicht gegenseitig überschneiden. Im Interesse der Systematik liegt es deshalb nahe, einen in einer Norm gebrauchten Begriff in erster Linie juristisch-technisch zu verstehen. In der Rechtsprechung wird sogar die Auffassung vertreten, daß zunächst auf den besonderen Sprachgebrauch des einzelnen Gesetzes bei der Auslegung zu achten sei. So sagt der zweite Strafsenat des BGH in seinem Urteil vom 1. 7. 1959[338]:

„Das Strafgesetz verwendet mehrfach das Wort ‚Absicht' oder sinngleiche Wendungen als Merkmal der inneren Tatseite. Die rechtliche Bedeutung dieses Merkmals ist aber nicht immer dieselbe. Sie wechselt vielmehr nach dem Sinn und Zweck des jeweiligen Strafgesetzes. Dies ist in der Rechtsprechung anerkannt (RGSt 54, 351; BGHSt 4, 107 = NJW 1953, 835; BGHSt 9, 142 = NJW 1956, 1116)."

Andererseits stellt der V. Senat des BVerwG in seinem Urteil vom 27. 11. 1957 den Grundsatz auf[339]:

„Es kann unbedenklich davon ausgegangen werden, daß der Gesetzgeber einen Ausdruck, den er im rechtstechnischen Sinne verwendet (hier das Wort: ‚wohnen') so gebraucht, wie es der Volksmund tut."

Folgt man dieser Ansicht des Bundesverwaltungsgerichts, die stillschweigend auch Urteilen zugrunde liegt, die den „Wortsinn" bestimmter gesetzlicher Wendungen erforschen[340], so ist eine begriffslogische Findung des Rechts schon deshalb ausgeschlossen, weil der allgemeine Sprachgebrauch Worte nicht eindeutig definiert. Die einzelnen Worte und Wendungen haben vielmehr eine gewisse Bedeutungsspanne, die sich im Laufe der Zeit ändern kann. Verzichtet man auf eine wissenschaftliche Definition eines Wortes, die auch nur im Idealfall völlig eindeutig ist, so nimmt man eine unübersehbare Zahl von möglichen Bedeutungen in Kauf. Diese unvermeidliche Mehrdeutigkeit der Rechtsbegriffe ermöglicht eine Anpassung der Rechtsnormen an sich wandelnde soziale Verhält-

---

bücherei ist nach juristischem Sprachgebrauch eine Mietbücherei. Im Strafrecht der Begriff Diebstahl (§ 242 StGB): Wegnahme einer fremden beweglichen Sache, d. h. eines körperlichen Gegenstands, während die Umgangssprache, geistigen Diebstahl, Diebstahl von elektrischem Strom usw. kennt.

[338] BGH Urteil vom 1. 7. 1959 — 2 StR 220/59, NJW 1959, 2172; ebenso BVerwG Urteil vom 9. 5. 1957 — I C 153/56, NJW 1957, 1084, das von einem besonderen Sprachgebrauch der MRVO 165 spricht; ferner OLG Neustadt Urteil vom 13. 3. 1959 — 1 U 192/58, JR 1959, 263, das einen besonderen gesetzlichen Sprachbegriff des Vergleichsverfahrens anerkennt.

[339] BVerwG Urteil vom 27. 11. 1957 — V C 150/56, DÖV 1958, 386.

[340] Besonders klar Bad.-Württ. VGH Urteil vom 2. 3. 1959 — 1 S 298/58, BaWüVBl. 1959, 74 ff.; sowie Bad.-Württ. VGH Beschluß vom 1. 2. 1960 — 1 S 117/59, BaWüVBl. 1960, 58.

nisse. Andererseits schließt sie aus, daß ein in sich geschlossenes System rechtlicher Begriffe geschaffen werden kann. Deshalb hat schon Petrazhitsky gefordert, die Rechtssprache nach rein wissenschaftlichen Gesichtspunkten und ohne Rücksicht auf den laienhaften allgemeinen Sprachgebrauch zu definieren[341].

Auslegung als Mittel der Rechtsfindung

Die in der Rechtswissenschaft herrschende Lehre von der Auslegung von Gesetzen geht davon aus, daß zunächst der Sinn eines Gesetzes gedeutet werden muß, um zu ermitteln, ob ein gesetzlicher Obersatz für einen Sachverhalt paßt, und um festzustellen, welche Rechtsfolgen sich daraus ergeben[342]. In Literatur und Rechtsprechung ist heute anerkannt, daß das Gesetz Lücken haben kann und in solchen Fällen die Aufgabe des Richters darin besteht, diese Lücke durch seine Rechtsfindung zu schließen[343].

Die juristische Lehre von der Rechtsanwendung verfolgt zwei Ziele: sie will einmal der Rechtssicherheit dienen, indem sie gewisse Regeln aufstellt, nach denen rechtliche Normen auf einen bestimmten Sachverhalt anzuwenden sind. Die richtige Handhabung dieser Methode soll es ermöglichen, daß nach dieser Methode geschulte Juristen bei der Prüfung desselben Sachverhalts unabhängig voneinander zur Erörterung bestimmter Rechtsfragen und schließlich zum selben Ergebnis gelangen. In der Praxis zeigt sich freilich, daß dieses Ziel nur beschränkt verwirklicht werden kann.

Außerdem soll die Rechtsanwendung zu einer Rechtsfindung in Fällen führen, in denen das Gesetz keine oder keine passende Antwort bereitgestellt hat. „Lücken im Gesetz“ ergeben sich namentlich dann, wenn durch Zeitablauf die Voraussetzungen einer gesetzlichen Regelung sich geändert haben. Aufgabe der Rechtsfindung ist es in diesen Fällen, den zeitlichen Rückhang des Gesetzes zu überbrücken, indem sie das Recht den veränderten Zeitumständen gemäß anwendet, um dadurch die Spannung

---

[341] PETRAZHITSKY, Law and Morality, S. 18 ff., 89. Eine andere Frage ist, ob diese Forderung praktisch überhaupt zu verwirklichen ist. Bei der Unzahl gesetzlicher Vorschriften, die erlassen werden, ist es nicht vorstellbar, wie diese alle technisch ihren eigenen Sprachgebrauch schaffen sollen. Eine offene Frage ist auch, wie nicht juristisch geschulte Mitglieder einer Gruppe sich mit dem für sie unverständlichen Recht abfinden würden. Wäre die Rechtssprache eindeutig, so bestände keine Möglichkeit, das Recht den wandelnden Bedürfnissen der Zeit anzupassen.

[342] LEHMANN, a. a. O., § 8, I, 5; BARTHOLOMEYCZIK, Die Kunst der Gesetzesauslegung, S. 22 ff.

[343] LEHMANN, a. a. O., § 8, I, 7; BARTHOLOMEYCZIK, a. a. O., S. 81 ff.

zwischen dem an sich starren Gesetz und dem fließenden sozialen Leben zu lösen[344].

Diese beiden Ziele der Rechtsanwendung, die Rechtssicherheit und die Rechtsfortbildung, stehen in einem unüberbrückbaren logischen Gegensatz zueinander. Folgt der Richter dem Ziel der Rechtssicherheit, so kommt er möglicherweise zu einer „lebensfremden" Entscheidung eines Rechtsstreits. Verwirft er die Lösung des Gesetzes für einen bestimmten Fall, so durchbricht er damit seine Bindung an das Gesetz[345]. Auf die Frage, wann eine gesetzliche Vorschrift noch eine passende Antwort im Einzelfall gibt und wann eine Rechtsfortbildung geboten ist, schweigt die Lehre von der Rechtsanwendung. Die juristische Dogmatik versucht eine Antwort für bestimmte idealtypisch abgegrenzte Fallgruppen oder für einzelne Fälle zu finden. Die ausgesprochen „kritischen" Fälle erfaßt sie im Regelfall allerdings nicht. Denn diese Fälle enthalten Umstände, die im dogmatischen System nicht bedacht und deshalb nicht berücksichtigt sind.

In der Praxis stellt sich die Frage, ob ein Fall unter dem Gesichtspunkt der Rechtssicherheit oder unter dem der Rechtsfortbildung zu lösen ist, nicht in der theoretischen Schärfe. Die meisten vom Richter zu entscheidenden Fälle enthalten alle Elemente typischer sozialer und rechtlicher Konflikte, deren grundsätzliche Lösung nicht in Frage gestellt werden soll. Die Rechtsfortbildung besteht im Einzelfall in der Berücksichtigung von Umständen, die rechtlich bisher nicht oder anders gewertet worden waren. Die Wertung eines Bruchteils von tatsächlichen Umständen, die einen Rechtsfall ausmachen, genügt, um zu einem neuen rechtlichen Ergebnis zu gelangen.

Vielfach verbirgt sich die Rechtsfortbildung hinter einer gegenüber der bisherigen Rechtsprechung veränderten rechtlichen Konstruktion. Bei näherem Zusehen zeigt sich, daß die rechtliche Konstruktion nicht deshalb

---

[344] Die Aufgabe der Rechtsfortbildung ist in der Rechtsprechung anerkannt. So hat das BVerfG in seinem Beschluß vom 25. 2. 1960 — 1 BvR 239/52, NJW 1960, 619 ausgesprochen, daß „ein grundsätzlicher Wandel der gesellschaftlichen Lebensformen und, dementsprechend der Denkweise, des Lebensgefühls" in der Rechtsprechung zu berücksichtigen sei. Noch deutlicher formuliert der BGH Urteil vom 14. 10. 1959 — IV ZR 71/59, JZ 1960, 177 = NJW 1959, 2262 das Problem, wenn er es als eine seiner wesentlichsten Aufgaben ansieht, „das Recht in der Weise fortzubilden, daß die positiven Rechtsnormen von ihrem Grundgedanken her im Sinne einer Anpassung an die berechtigten Bedürfnisse einer ständig sich wandelnden gesellschaftlichen Wirklichkeit ausgelegt werden". Vgl. auch BVerwG Urteil vom 11. 7. 1958 — VII C 189/57, NJW 1958, 1841 mit weiteren Nachweisen.

[345] § 1 GVG lautet: „Die richterliche Gewalt wird durch unabhängige, nur dem Gesetz unterworfene Gerichte ausgeübt." Diese Vorschrift wird dahin ausgelegt, daß der Richter nicht dem Gesetz, sondern dem Recht unterworfen ist (Baumbach-Lauterbach, ZPO, Anm. 2 B zu § 1 GVG).

geändert worden ist, weil sie bisher in sich unlogisch war; der tiefere Grund dafür liegt vielmehr in der Bewertung von Tatsachen, für die in der alten Konstruktion kein Platz war[346].

Die Rechtsfindung beginnt mit einer Untersuchung des Wortlauts der Gesetze. Dabei ist jeweils der allgemeine juristische Sprachgebrauch oder auch der speziellere eines bestimmten Gesetzes zu beachten, der vom allgemeinen Sprachgebrauch abweichen kann[347].

a) Wortlaut des Gesetzes

Ist der Wortlaut des Gesetzes klar und unzweideutig, so kann dies nach der Rechtsprechung bedeuten, daß eine Auslegung des Gesetzes nicht möglich ist. So heißt es in einem Urteil des BGH vom 6. 7. 1951 bei der Anwendung des § 18 Ziff. 4 UmstG[348]:

> „Diese Bestimmung ist so eindeutig und klar, daß sie für eine Auslegung keinen Raum läßt.“

Im Gegensatz zu diesem Auslegungsprinzip steht der in andern Urteilen aufgestellte Grundsatz, daß trotz des klaren und unzweideutigen Wortlauts des Gesetzes eine Auslegung möglich ist, durch die der Anwendungsbereich einer Norm erweitert wird, was bis zu einer Berichti-

---

[346] Aus der Rechtswissenschaft läßt sich das Beispiel zitieren, ob man ein nichtiges Rechtsgeschäft noch anfechten kann. Logische Gründe scheinen das auszuschließen: wo kein Rechtsgeschäft ist, kann man nichts anfechten. Kipp hat in der Abhandlung „Über die Doppelwirkungen im Recht“ in Festschrift für Martitz, 1911, 211 (226 ff.) nachgewiesen, daß tatsächliche Umstände vorliegen können, die die Anfechtung eines nichtigen Rechtsgeschäfts wünschenswert erscheinen lassen. Ebenso sind tatsächliche Umstände die Ursache dafür, daß in der Rechtsprechung seit 1957 die §§ 987 ff. BGB nur noch für das Verhältnis zwischen Eigentümer und **unrechtmäßigem** Besitzer gelten. (LG Tübingen Urteil vom 10. 10. 1956 — 1 S 110/56, NJW 1957, 467; BGH Urteil vom 23. 5. 1958 — VIII ZR 200/57, NJW 1958, 1345; BGH Urteil vom 29. 10. 1959 — VII ZR 197/58, MDR 1960, 131 = NJW 1960, 192.)

[347] Neben den oben Anm. 62 aufgeführten Beispielen vgl. Bartholomeyczik, a. a. O., S. 19.

[348] BGH Urteil vom 6. 7. 1951 — I ZR 10/51, NJW 1951, 922; weitere Beispiele: zu § 6 Abs. 1 VVG, BGH Urteil vom 31. 1. 1952 — II ZR 259/51, BGHZ 4, 369 (375); BFH Urteil vom 8. 2. 1955, BStBL 1955 III, S. 117; zu § 202 AO, BFH Urteil vom 12. 6. 1957 — 123/55 U, JZ 1958, 181.

[349] BGH Großer Zivilsenat Urteil vom 10. 12. 1951 — GSZ 3/51, BGHZ 4, 153 (157); weitere Beispiele: BVerfG Beschluß vom 23. 10. 1958 — 1 BvL 45/56, NJW 1958, 2059 = MDR 1959, 20 = FamRZ 1958, 451; zu § 15 Abs. 2 LitUrhG, BGH Urteil vom 18. 5. 1955 — II ZR 8/54, BGHZ 17, 266 (276), der damit selbst dem von ihm in BGHZ 4, 369 aufgestellten Grundsatz wider-

gung des Wortlauts des Gesetzes führen kann.

Der Große Zivilsenat sagt in einem Beschluß vom 10. 12. 1951 über die Anwendung des § 400 BGB, in dem es um die Frage der Abtretbarkeit unpfändbarer Unfallratenansprüche unter gewissen Voraussetzungen geht[349]:

„Entgegen dem an sich eindeutigen Wortlaut des § 400 BGB ist diese Möglichkeit unter Beachtung aller Vorsicht, die eine solche abändernde, aber zweckgetreue Einschränkung einer Verbotsnorm erfordert, zu bejahen, weil sonst der vom Gesetz verfolgte Zweck, den Rentenberechtigten zu schützen, in sein Gegenteil verkehrt würde."

b) Der „Wille des Gesetzgebers"

Es ist ein alter Streit der Methodenlehre, ob und inwieweit ein „Wille des Gesetzgebers" bei der Auslegung von Gesetzesvorschriften zu berücksichtigen ist. In der rechtswissenschaftlichen Literatur unterscheidet man den „historischen Willen des Gesetzgebers" vom „Willen des Gesetzes"[350]. Aus dem geschichtlichen Willen des Gesetzgebers ergibt sich, welche „Interessen" bei der Aufstellung einer Rechtsnorm berücksichtigt und wie sie bewertet wurden. Dieser historische Wille des Gesetzgebers wird in den amtlichen Begründungen zu den gesetzlichen Vorschriften sowie in den Erwägungen von Abgeordneten zu dieser Rechtsnorm (den Motiven) gesucht.

Demgegenüber soll die Berücksichtigung des „Willens des Gesetzes" als einer objektiven Größe bei der Anwendung einer Rechtsnorm die Werturteile zur Geltung bringen, die bei der Entscheidung des Gerichts von Bedeutung sind[351].

Hägerström hat durch eingehende Untersuchungen nachgewiesen, daß der Wille des Gesetzgebers empirisch nicht festgestellt werden kann[352]. Die Anwendung einer bestimmten Rechtsnorm unter Berücksichtigung eines Willens des Gesetzgebers beruht somit nicht auf einer tatsächlichen, erfahrungswissenschaftlich erkennbaren Grundlage, sondern nimmt Bezug

---

spricht; zu § 5 AbzG, OLG Celle Urteil vom 24. 11. 1958 — 1 U 43/58, NJW 1959, 1444; zu § 1257 BGB, LG Hamburg Urteil vom 26. 4. 1957 —18 S 9/57, MDR 1957, 482; zu § 42 h StGB, LG Bremen Beschluß vom 23. 7. 1958 — Qs 48/58, JZ 1959, 413; zu § 376 HGB, OLG Köln Urteil vom 27. 2. 1959 — 9 U 180/57, JR 1959, 302; zu § 259 BGB, BGH Urteil vom 9. 7. 1959 — II ZR 252/58, JZ 1959, 572.

350 Bartholomeyczik, a. a. O., S. 43/44.

351 S. hierzu BVerfG, Beschluß vom 17. 7. 1960 — 2 BvL 11/59 und 11/60, NJW 1960, 1563.

352 Hägerström, a. a. O., S. 74, 77.

auf ein ideales Subjekt. Noch weniger kann der „Wille des Gesetzes" eine empirisch faßbare Grundlage einer Entscheidung sein[353].

In der Rechtsprechung kommt die Skepsis gegen einen Willen des Gesetzgebers zum Ausdruck, der für die Rechtsanwendung beachtlich sein soll. Der BGH erklärt in einem Urteil[354]:

> „Führt die Anwendung eines Gesetzes aus sich selbst heraus zu einem eindeutigen Ergebnis, so kann der abweichende sogenannte Wille des Gesetzgebers regelmäßig keine Beachtung finden, zumal es kein verläßliches Mittel gibt, das seine zweifelsfreie Feststellung ermöglicht."

Auch von anderen Gerichten wird diese Auffassung des BGH vertreten[355].

Zahlreiche andere Entscheidungen teilen die Bedenken gegen den Willen des Gesetzgebers als Auslegungshilfsmittel nicht und versuchen in ihren Begründungen die Übereinstimmung der Entscheidung mit dem Willen des Gesetzgebers darzulegen.

Soweit anerkannt ist, daß der Wille des Gesetzgebers bei der Anwendung einer Vorschrift berücksichtigt werden kann, wird häufig die Ansicht vertreten, daß ein solcher Wille nur von Bedeutung ist, soweit er, wenn auch nur in geringem Umfang, im Gesetz selbst irgendeinen Ausdruck gefunden hat.

Grundsätzlich meint hierzu der III. Zivilsenat des BGH[356]:

> „Allerdings sind auch gesetzliche Vorschriften einer erweiternden Auslegung zugänglich. Ihr Wortlaut ist nicht unbedingt maßgebend, denn auch für die Auslegung von Gesetzen hat der Grundsatz des § 133 BGB zu gelten, so daß bei verschiedenen Auslegungsmöglichkeiten im Zweifel derjenigen der Vorzug zu geben ist, die dem Willen des Gesetzgebers am meisten entspricht RGZ 104, 171 ff. (173); 139, 110 ff. (112). Das RG, das auf dem Boden der sogenannten ‚Andeutungstheorie' steht, hat jedoch bei der ausdehnenden Auslegung von Gesetzen stets die Einschränkung gemacht, daß der Wille des Gesetzgebers nur dann berücksichtigt werden könne, wenn er im Gesetz irgendwie Ausdruck gefunden habe." „... an ihr (sc. der Andeutungstheorie) ist festzuhalten."

---

353 Demgegenüber meint etwa BARTHOLOMEYCZIK, a. a. O., S. 43, es hieße den Positivismus übertreiben, wenn man nach einem real faßbaren Willen des Gesetzgebers suchen wollte. In diesem Werturteil liegt kein wissenschaftliches Argument gegen die Kritik HÄGERSTRÖMS. Fraglich ist aber, ob es möglich ist, für eine Wertentscheidung, wie sie die Auslegung und Rechtsanwendung einer Norm ist, eine reale Grundlage zu finden; denn eine Wertentscheidung ist erfahrungswissenschaftlich nicht begründbar.

354 BGH Urteil vom 20. 3. 1951 — 2 StR 13/50, BGHSt 1, 74 (76).

355 Diese Ansicht vertreten ferner das DOG Köln Urteil vom 5. 7. 1950 — I S 2/50, NJW 1950, 651; BVerfG Urteil vom 21. 5. 1952 — 2 BvH 2/52, BVerfGE 1, 299; OVG Münster Urteil vom 5. 11. 1958 — III A 1526/57, DÖV 1960, 35; BGH Beschluß vom 10. 12. 1958 — 2 StR 394/58, MDR 1959, 277.

356 BGH Urteil vom 11. 10. 1951 — III ZR 65/51, L. M. 3 zu § 133 (D) BGB.

Auch in anderen Entscheidungen berufen sich Gerichte für ihre extensive Auslegung auf den Willen des Gesetzgebers[357].

Der Wille des Gesetzgebers findet mitunter aber auch Berücksichtigung, wenn er im Gesetz keinen Ausdruck gefunden hat.

In der höchstrichterlichen Rechtsprechung gehen der VI. Zivilsenat des BGH[358] und der III. Zivilsenat des BGH[359] davon aus, daß der Geschädigte gegen den Schädiger einen Anspruch in Höhe des Unterschieds zwischen seinem Schaden und dem an ihn vom Versicherer bezahlten Betrag hat (Differenztheorie). G. und D. Reinicke[360] und Bender[361] haben darauf hingewiesen, daß diese Art der Schadensregelung sich aus dem Wortlaut des § 67 Abs. 1 VVG nicht ergibt, vielmehr der Wortlaut dieser Vorschrift gerade das Gegenteil besagt. Dagegen entspricht die Auslegung des BGH den in den Protokollen niedergelegten Motiven des Gesetzgebers.

Hat sich der Richter entschlossen, einen Willen des Gesetzgebers bei seiner Rechtsfindung unbedingt oder auch nur unter den Einschränkungen der Andeutungstheorie zu beachten, so bietet ihm die Lehre von der Rechtsanwendung wiederum zwei Möglichkeiten. Der Richter kann sich auf den Willen des historischen Gesetzgebers stützen, d. h. auf „die Werturteile und Zielsetzungen der Kulturschicht, die im Zeitpunkt der Gesetzgebung dem Willen der Gesamtheit auf dem Gebiete des Rechts Inhalt verliehen"[362]; er kann aber auch auf den Willen des Gesetzes abstellen, d. h. „auf die Werturteile der bei der Entscheidung maßgebenden Kulturschicht"[363].

Der Kartellsenat des BGH beruft sich in einem Urteil auf den historischen Willen des Gesetzgebers[364]:

> „Es ist angesichts der Entstehungsgeschichte geboten, in dem Ordnungswidrigkeitstatbestand des § 38 Abs. 2 S. 2 des Gesetzes gegen Wettbewerbsbeschränkungen zugleich das ihm entsprechende materiellrechtliche Verbot zu erblicken, Empfehlungen auszusprechen, falls diese eine Umgehung der im Gesetz ausgesprochenen Verbote durch gleichförmiges Verhalten bewirken."

---

[357] Ebenso VGH Stuttgart Beschluß vom 19. 1. 1959 — 2 S 200/59, NJW 1959, 906; BGH Urteil vom 4. 12. 1956 — VI ZR 161/55, BGHZ 22, 293.

[358] BGH Urteil vom 17. 3. 1954 — VI ZR 162/52, BGHZ 13, 28.

[359] BGH Urteil vom 30. 9. 1957 — III ZR 76/56, BGHZ 25, 340.

[360] Dres. Reinicke, Zum Quotenvorrecht der Versicherungs- und Versorgungsträger, NJW 1954, 1103.

[361] Bender, Zur Methode der Rechtsfindung bei der Auslegung und Fortbildung gesetzten Rechts, JZ 1957, 595.

[362] Bartholomeyczik, a. a. O., S. 42.

[363] Bartholomeyczik, a. a. O., S. 43.

[364] BGH Urteil vom 8. 10. 1958 — KZR 1/58, NJW 1958,1868.

Zahlreiche andere Entscheidungen nehmen ebenfalls auf den Willen des historischen Gesetzgebers Bezug[365].

Der Richter folgt aber auch bewährten Rechtsgrundsätzen, wenn er den aktuellen Willen des Gesetzes zur Begründung seines Urteils heranzieht. Das BVerwG führt in einer Entscheidung aus[366]:

„... daß die Bestimmungen des Impfgesetzes nicht allein nach den zur Zeit seines Erlasses geltenden Anschauungen zu beurteilen sind, sondern daß das Verhältnis von Staat und Bürger in der heutigen Rechtsordnung maßgebend ist."

Die Berücksichtigung des aktuellen Willens des Gesetzes bedeutet vielfach nichts anderes als die Durchbrechung eines historischen Willens des Gesetzgebers. Dieses Auslegungsprinzip begründet dogmatisch den Versuch des Richters, den „zeitlichen Rückhang des Gesetzes" zu überwinden. Besonders klar kommt dieser Zweck in einem Urteil des Bundesarbeitsgerichts zum Ausdruck, wo es heißt[367]:

„Nach neuerer Rechtsprechung ist es Aufgabe der Gerichte, gesetzliche Bestimmungen den in tatsächlicher oder rechtlicher Hinsicht veränderten wirtschaftlichen und sozialen Verhältnissen anzupassen, ihnen, wenn die bisherige Auslegung damit nicht mehr in Einklang steht, einen den neuen Verhältnissen entsprechenden Inhalt zu geben ..., wobei die Gerichte auch befugt sind, von dem Wortlaut der Gesetzesbestimmung abzuweichen, da höher als der Wortlaut Sinn und Zweck der Bestimmung selbst steht."

Ein Paradebeispiel bietet die sogenannte „verfassungskonforme Auslegung" von Normen, die das Bundesverfassungsgericht, aber auch Obergerichte ständig vornehmen[368]. Das einzelne Gesetz wird dabei in einer Weise interpretiert, die klar der ursprünglichen Vorstellung vom „Sinn und Zweck des Gesetzes" widerspricht, um es in Übereinstimmung mit verfassungsrechtlichen Normen zu bringen.

In manchen Fällen berücksichtigen die Gerichte einen Willen des Gesetzgebers, ohne kenntlich zu machen, ob sie sich auf den historischen

---

[365] BGH Urteil vom 11. 12. 1957 — V ZR 55/56, JZ 1958, 167; LG Berlin Urteil vom 5. 6. 1958 — 14 O 41/58, NJW 1958, 1877; VGH Stuttgart Beschluß vom 19. 1. 1959 — 2 S 200/58, NJW 1959, 906.

[366] BVerwG Urteil vom 14. 7. 1959 — I C 170/56, NJW 1959, 2325 = BVerwGE 9, 78; ebenso OVG Münster Urteil vom 23. 5. 1956 — III A 1553/51, DÖV 1956, 794.

[367] BAG Urteil vom 9. 10. 1956 — 3 AZR 643/54, NJW 1957, 319; ebenso BFH Urteil vom 16. 10. 1952, BStBl. 1952 III, 298 (302).

[368] Insbesondere das BVerfG in seinem Beschluß vom 17. 3. 1959 — 1 BvL 5/57, MDR 1959, 365; ihm folgend BGH Urteil vom 21. 4. 1959 — StR 504/58, NJW 1959, 1230 = BGHSt 13, 102 = MDR 1959, 938; kritisch zu dieser Praxis der Gerichte MENGER, Aus der Praxis der Verwaltung und der Verwaltungsgerichtsbarkeit, VerwArch. 1960, 64 (68/69).

Willen des Gesetzgebers oder einen aktuellen Willen des Gesetzes berufen wollen[369].

Der Wille des Gesetzgebers als rechtsdogmatisches Prinzip ist aber ebenso gut geeignet, eine Begründung dafür zu geben, weshalb das Gericht die Verspätung des Gesetzes nicht überbrückt. Manche Entscheidungen, in denen sich die Gerichte auf den Willen des Gesetzgebers berufen, um zu begründen, weshalb sie die Auslegung eines Gesetzes nicht veränderten wirtschaftlichen oder sozialen Verhältnissen anpassen, lassen nicht klar erkennen, ob der historische Wille des Gesetzgebers oder der aktuelle Wille des Gesetzes eine anpassende Auslegung verhindert.

Das BVerwG bemerkt in einem Urteil zu § 33 a GewO[370]:

> „Nach dem Willen des Gesetzgebers — der die Gerichte bei der Rechtsanwendung bindet, selbst wenn sie seine Erwägungen nicht mehr für zeitgemäß halten sollten — unterliegt daher die Beschäftigung eines Alleinunterhalters, der zu seiner Instrumentalmusik auch Schlager und Lieder singt, im Hinblick auf diese Gesangsvorträge grundsätzlich der Erlaubnispflicht."

c) Motivirrtum des Gesetzgebers

Der Wille des Gesetzgebers kann methodisch die letzte Begründung einer Entscheidung sein. Aber selbst dieser fiktive Wille soll mit menschlichen Fehlern und Schwächen behaftet und gegen Irrtum nicht gefeit sein. Schon das DOG hatte in seiner Entscheidung zu § 12 StFG vom 5. 7. 1950[371] zu dieser Frage geschrieben:

> „Ein Irrtum im Motiv bei Erlaß eines Gesetzes kann durch Auslegung ebensowenig richtig gestellt werden, wie ein solcher bei Abgabe einer privaten Willenserklärung."

Der II. Strafsenat des BGH ging bei seiner Würdigung des § 12 StFG in seinem Urteil vom 20. 3. 1951 noch weiter[372]:

> „Selbst wenn sämtliche Abgeordneten, die für das Gesetz stimmten, hierbei von der gleichen unrichtigen Rechtsauffassung ausgegangen sein sollten (nämlich, daß für *alle* Steuervergehen tätige Reue möglich sei), so würde dies nichts daran ändern, daß ihr Wille erklärtermaßen auf einen Ausschluß aller Steuervergehen gerichtet gewesen ist. Diesem eindeutig geäußerten Willen gegenüber ist ein Irrtum im Beweggrund ohne Gewicht (vgl. hierzu RGSt 10, 226)."

---

[369] z. B. BGH Urteil vom 28. 1. 1957 — II ZR 325/56, NJW 1958, 140, wo einfach von der „Absicht des Gesetzgebers" gesprochen wird.

[370] BVerwG Urteil vom 8. 5. 1958 — I C 2/55, DÖV 1958, 547; ebenso BAG Beschluß vom 3. 3. 1959 — 1 AZR 196/57, BB 1959, 411.

[371] DOG Köln Urteil vom 5. 7. 1950 — II S 2/50, NJW 1950, 651.

[372] BGH Urteil vom 20. 3. 1951 — 2 StR 13/50, BGHSt 1/74 ff.

Im Gegensatz zu diesen Ausführungen steht im Ergebnis der Beschluß des II. Zivilsenats des BGH vom 10. 7. 1957[373]. Das Berliner Gesetz zur Wiederherstellung der Rechtseinheit war erst am 9. 1. 1951 verkündet worden, bestimmte jedoch in Art. 7 Abs. 1, daß es am 1. 1. 1951 in Kraft treten solle. Der BGH führt aus, der Gesetzgeber habe damit gerechnet, daß das Gesetz noch vor dem 1. 1. 1951 verkündet werde. Es sei nicht seine Absicht gewesen, dem Gesetz rückwirkende Kraft beizulegen. Diesen Motivirrtum des Gesetzgebers hält der BGH für beachtlich und begründet damit seinen Standpunkt, weshalb er dem Gesetz keine rückwirkende Kraft beilegt[374].

d) Beredtes Schweigen des Gesetzgebers

Das OVG Münster meint sogar, daß es imstande sei, wahrnehmen zu können, wann der Gesetzgeber durch „beredtes Schweigen" einen Sachverhalt normieren will und führt in einem Beschluß vom 9. 7. 1958 aus[375]:

> „Daß die Anfechtung einer Vollziehungsanordnung nach Maßgabe des § 23 MRVO 165 unzulässig ist, ergibt sich aus der Spezialität der die Vollziehungsanordnung regelnden Bestimmung des § 51 MRVO 165. Dies schließt die Anwendung allgemeiner Verfahrensregeln regelmäßig aus. Aus dem Schweigen des Gesetzes kann das Gegenteil nicht entnommen werden. Vielmehr handelt es sich um einen Fall des sogenannten beredten Schweigens (vgl. Dunz, NJW 1958, 6). Das heißt, das Gesetz will durch diese spezielle Regelung und den fehlenden Hinweis auf die Anfechtungsmöglichkeiten nach § 44 ff. VGG oder § 23 MRVO 165 die Anwendbarkeit dieser Vorschriften gerade ausschließen."

In demselben Beschluß heißt es später:

> „Auch muß aus dem Schweigen des Gesetzes in Verbindung mit der Fassung des § 51 Abs. 1 S. 2 MRVO 165 entnommen werden, daß der Gesetzgeber gegen die Ablehnung einer beantragten Vollziehungsanordnung oder gegen ihre sonstige Unterlassung kein Rechtsmittel einräumen wollte."

e) Allgemeiner Rechtsgedanke oder Ausnahmevorschrift

Für die Tragweite einer gesetzlichen Vorschrift ist es von erheblicher Bedeutung, ob sie Ausdruck eines allgemeinen Rechtsgedankens oder

---

[373] BGH Urteil vom 10. 7. 1951 — II ZR 30/51, BGHZ 3, 82. = JZ 1951, 638.

[374] Vgl. hierzu BENDER, Zur Methode der Rechtsfindung bei der Auslegung und Fortbildung gesetzten Rechts, JZ 57, 593 (595). BENDER weist vor allem darauf hin, daß der BGH die Anerkennung dieses Motivirrtums nicht als methodisches Prinzip formuliert hat.

[375] OVG Münster, Beschluß vom 9. 7. 1958 — IV B 652/58, DÖV 1959, 634

Ausnahmeregelung ist. Ist sie Ausdruck eines allgemeinen Rechtsgedankens, so läßt sie sich auch auf Fälle anwenden, die sie ihrem Wortlaut nach nicht regelt. Dadurch kann eine „Lücke des Gesetzes" geschlossen werden. Stellt sie dagegen eine Ausnahmeregelung dar, so kann eine ausdehnende Auslegung dieser Vorschrift verboten sein[376].

Für den Richter stellt sich zunächst die Frage, ob er eine Vorschrift als Ausdruck eines allgemeinen Rechtsgedankens oder als Ausnahmevorschrift ansehen soll. Der IV. Zivilsenat des BGH erklärt hierzu[377]:

> „Es geht auch nicht an, § 276 Abs. 2 ZPO entsprechend anzuwenden, da die bindende Wirkung der Verweisung vom Gesetzgeber nicht gewollt ist. Der Gesetzgeber hat überall dort, wo eine Verweisung von einem Gericht an das andere, die nicht durch Urteil, sondern Beschluß erfolgt ist, binden soll, dieses ausdrücklich ausgesprochen, so z. B. ...
>
> In den Fällen, in denen das Gesetz der im Beschlußweg vorgenommenen Abgabe oder Verweisung eines Rechtsstreits keine bindende Wirkung zuerkannt hat, ist sie auch nicht gewollt."

Wie zweifelhaft indes solche scheinbar absolut geltenden Prinzipien sind, ergibt sich aus einem Urteil des IV. Zivilsenats des OLG München[378]. Dieses Urteil zeigt, daß im Einzelfall auch unter Obergerichten zweifelhaft bleibt, ob eine Norm Ausdruck eines allgemeinen Rechtsgedankens oder eine Ausnahmevorschrift darstellt. Es heißt dort:

> „Eine Feststellung der Schuld des beklagten Ehemanns an der Nichtigkeit der Ehe kann sie (die Ehefrau) jedoch in keinem Fall erreichen ... Die Ansicht des OLG Stuttgart, daß es sich hier um ein Versehen des Gesetzgebers und eine Gesetzeslücke handle, die durch die Rechtsprechung auszufüllen sei, kann nicht geteilt werden. Vielmehr ist dem Sinn und Zweck der Bestimmunge der §§ 25, 26 EheG eindeutig zu entnehmen, daß die hinsichtlich der Folgen der Ehenichtigkeit getroffene Anordnung eine gewollte Sonderregelung darstellt."

Auch die gegensätzliche Rechtsprechung der Oberlandesgerichte München und Düsseldorf zu § 873 BGB läßt sich auf die Streitfrage Ausnahmevorschrift — Ausdruck eines allgemeinen Rechtsgedankens zurück-

---

[376] Vgl. BGH Urteil vom 10. 6. 1959 — V ZR 204/57, NJW 1959, 1873, der in § 150 ZVG einen Niederschlag eines allgemeinen Grundsatzes der Rechtsordnung sieht und dadurch eine „Lücke des Gesetzes" schließt; andererseits BVerwG Beschluß vom 19. 1. 1959 — IV ER 401/58, JR 1959, 194, wo ausdrücklich abgelehnt wird, daß bei der Anwendung von § 11 BVerwGG eine „Lücke im Gesetz" angenommen werden dürfe.

[377] BGH Urteil vom 16. 10. 1957 — IV ZR 189/57, DVBl. 1958, 211; ebenso OLG München Urteil vom 23. 12. 1955 — 8 U 161/55, MDR 1957, 481.

[378] OLG München Beschluß vom 21. 11. 1956 — BerReg 4 UH 67/56, NJW 1957, 954.

führen. Im Gegensatz zum OLG München[379] nimmt das OLG Düsseldorf in zwei Entscheidungen an[380], daß die mehrfachen gesetzlichen Regelungen über die Möglichkeit der Bestellung eines Rechts an eigener Sache auf dem Gebiet des Sachenrechts einen allgemeinen Rechtsgedanken ausdrücken:

„Die Fälle, in denen das bürgerliche Recht selbst die Bestellung eines Rechts an eigener Sache gestattet..., lassen es aus dem Gesichtspunkt der Rechtsähnlichkeit als gerechtfertigt erscheinen, überall da, wo in gleicher Weise ein rechtliches und praktisches Interesse dafür besteht und die Natur des zu begründenden Rechts nicht entgegensteht, eine Ausnahme von der Regel des § 873 Abs. 2 BGB zuzulassen."

Ist der Richter zum Ergebnis gekommen, eine gesetzliche Vorschrift stelle eine Ausnahmeregelung dar, so bieten sich ihm verschiedene miteinander unvereinbare Grundsätze über die Anwendung dieser Vorschrift an. Der V. Zivilsenat des BGH sagt hierzu[381]:

„Ihr Charakter als Ausnahmevorschrift steht einer ausdehnenden Anwendung entgegen."

Diese Auffassung dürfte überwiegend in der Rechtsprechung vertreten werden[382].

Dagegen vertritt der I. Senat des BAG die Auffassung, daß auch eine Ausnahmevorschrift ausdehnend ausgelegt werden kann[383]:

„Die Aufzählung in § 2 Ziff. 4 ArbGG ist vom Gesetzgeber sowohl erschöpfend wie auch umfassend beabsichtigt gewesen. Daß infolge der Vielzahl der denkbaren Fälle die Aufzählung des Gesetzes gleichwohl lückenhaft

---

[379] OLG München Urteil vom 23. 12. 1955 — 8 U 161/55, MDR 1957, 481.

[380] OLG Düsseldorf Beschluß vom 16. 5. 1957 — 3 W 96/57, NJW 1957, 1194; ebenso OLG Düsseldorf Beschluß vom 22. 5. 1957 — 2 W 96/57, DNotZ 1958, 423.

[381] BGH Beschluß vom 19. 6. 1959 — V ZR 19/58, NJW 1959, 1729.

[382] BGH Urteil vom 15. 12. 1951 — II ZR 108/51, BGHZ 4, 219 (222); BGH Urteil vom 30. 4. 1957 — VIII ZR 201/56, BGHZ 24, 165; BGH Urteil vom 13. 3. 1956 — IV ZR 339/55, NJW 1956, 1152; BGH Urteil vom 15. 12. 1956 — IV ZR 238/56, JZ 1957, 174; BGH Urteil vom 25. 10. 1957 — I ZR 25/57, NJW 1958, 137; OLG Neustadt Urteil vom 13. 2. 1959 — I U 192/58, JR 1959, 263; In Strafsachen vgl. BayObLG Urteil vom 22. 9. 1959 — R Reg 2 St 462/59, NJW 1960, 379; im öffentlichen Recht siehe BVerwG Urteil vom 15. 2. 1958 — II C 97/54, BVerwGE 6, 191 = DVBl. 1958, 400 = DÖV 1959, 637; BVerwG Urteil vom 19. 9. 1957 — II C 125/55, JZ 1958, 33.

[383] BAG Beschluß vom 3. 4. 1957 — 1 AZR 289/55, JZ 1957, 641; ferner BAG Beschluß vom 6. 4. 1955 — 1 ABR 25/54, BAGE 1, 328; einschränkend auch BGH Urteil vom 19. 11. 1957 — VIII ZR 409/56, NJW 1958, 303 mit weiteren Nachweisen.

geblieben ist, ist nur natürlich. Zudem hat der Gesetzgeber, mindestens soweit mit dem Betriebsrat zusammenhängende Fragen in Betracht kommen, in § 2 Abs. 1 Ziff. 4 Buchstabe i ArbGG eine beschränkte Generalklausel geschaffen."

Brauchbarkeit der allgemeinen Auslegungsregeln für die Findung einer Entscheidung

Diese Übersicht über die in der Rechtsprechung vertretenen Grundsätze zur Frage der Rechtsanwendung zeigt, daß der Richter einen bestimmten Rechtsfall nicht nach den ihm gebotenen abstrakten allgemeinen Auslegungsregeln entscheiden kann. Kommt der Richter zu der Überzeugung, daß der von ihm zu beurteilende Sachverhalt ohne weiteres nach dem Wortlaut eines Gesetzes lösbar ist, so kann er sich an diesen Wortlaut gebunden fühlen und jede weitere Auslegung des Gesetzes ablehnen. Er kann aber auch das Gesetz auslegen und bei seiner Interpretation zu einem Ergebnis über den Inhalt der gesetzlich normierten Tatbestände kommen, das sich aus dem Wortlaut nicht unmittelbar ergibt. Wendet er diese modifizierte Bedeutung der gesetzlichen Regelung auf den Einzelfall an, so kann er zu einem anderen Ergebnis kommen, als wenn er sich mit dem bloßen „Wortsinn" begnügt.

Hat sich der Richter entschlossen, die für seinen Fall maßgebende Norm auszulegen und sich nicht einfach mit dem Wortsinn zu begnügen, so befindet er sich in derselben Lage wie der Richter, der einen Fall zu entscheiden hat, auf den eine gesetzliche Vorschrift nicht unmittelbar zutrifft. Der Richter kann nun prüfen, ob das Gesetz eine abschließende Regelung trifft oder ob eine Lücke im Gesetz vorliegt, die durch analoge Anwendung einer für ähnlich gelagerte Fälle passenden Vorschrift zu schließen ist[384]. Aber auch wenn er die für ihn maßgebende Norm als Ausnahmevorschrift ansieht, braucht er auf eine ausdehnende analoge Anwendung dieser Vorschrift nicht zu verzichten.

Der Richter kann schließlich erwägen, ob er auf den „Willen des Gesetzgebers" zurückgreifen will. Er kann sich auf den Standpunkt stellen, dieser Wille sei überhaupt nicht zu berücksichtigen. Er kann eine Berücksichtigung des Willens davon abhängig machen, ob dieser Wille einen — wenn auch unvollkommenen — Ausdruck im Gesetz gefunden hat (Andeutungstheorie), er kann aber auch ohne diese Einschränkung einen solchen Willen für beachtlich halten. Entschließt er sich, den Willen des

---

[384] Eindeutige Regeln, um das eine oder das andere zu erkennen, gibt es nicht. Der 2. Zivilsenat des BGH führt in seinem Urteil vom 28. 1. 1953 — II ZR 265/51, BB 1953, 247 aus: „§ 5 der VO vom 7. 7. 1942 kann ebensogut für die Nichtanwendung (sc. des § 817 Satz 2 BGB) wie dagegen geltend gemacht werden, je nachdem ob diese Vorschrift als Niederschlag eines allgemeinen Rechtsgedankens oder als eine Sonderregelung für Grundstücksverkäufe anzusehen ist."

Gesetzgebers zu berücksichtigen, so kann er den historischen Willen des Gesetzgebers oder einen gegenwärtigen hypothetischen Willen des Gesetzes heranziehen. Ehe er sich aber auf einen solchen Willen verläßt, muß er prüfen, ob der Gesetzgeber nicht einem Motivirrtum zum Opfer gefallen ist oder ob er gar eine Regelung durch beredtes Schweigen treffen wollte.

Nur selten wird in der Rechtsprechung eine Entscheidung auf einen einzigen Auslegungsgrundsatz gestützt. Meist werden mehrere Grundsätze herangezogen[385]. Diese Entscheidungen folgen mit dieser Art von Begründung der in der Rechtswissenschaft vertretenen Lehre von der Rechtsanwendung. So empfiehlt Lehmann, zunächst vom Wortlaut der gesetzlichen Bestimmung auszugehen, den wahren Sinn der Vorschrift dann aus ihrem Zweck zu ermitteln, der sich aus der Abwägung der typischen Interessen ergebe, dann den logischen Zusammenhang der Vorschrift mit andern gesetzlichen Bestimmungen und dem Rechtssystem insgesamt zu überprüfen und schließlich noch die geschichtliche Entwicklung der Norm bei der Auslegung heranzuziehen[386]. In den meisten Fällen ist diese Methode für die Praxis jedoch zu schwerfällig und nicht praktikabel.

Das von Lehmann empfohlene Verfahren mag den Richter in seiner Entscheidung in Fällen bestärken, in denen die Auslegung nach diesen verschiedenen Gesichtspunkten zum selben Ergebnis führt. Solche Fälle sind aber in der Regel auch die rechtlich unproblematischen, für die es eines derartigen Aufwands an Gelehrsamkeit zur Begründung der Entscheidung nicht bedarf. Man muß sich hüten, den Wert dieser Methode für die Ermittlung eines Ergebnisses in rechtlich zweifelhaften Fällen zu überschätzen. Auch wenn die Auslegung nach verschiedenen Auslegungsprinzipien zum selben Ergebnis führt, ist dieses Ergebnis damit noch nicht mit mathematischer Sicherheit juristisch richtig. Sowohl über den Zweck einer Rechtsnorm wie über ihre systematische Einordnung in das Rechtssystem bestehen oft Zweifel, die sich nicht eindeutig entscheiden lassen[387].

---

[385] z. B. BGH Urteil vom 3. 3. 1960 — II ZR 196/57, NJW 1960, 1057; BGH Urteil vom 20. 10. 1959 — 5 StR 339/59, NJW 1960, 51.

[386] Lehmann, Allgemeiner Teil, § 8 II 3, ebenso Bartholomeyczik, a. a. O., S. 53; Bender, Zur Methode der Rechtsfindung bei der Auslegung und Fortbildung gesetzten Rechts, JZ 1957, 597 ff.; Palandt, BGB, Einleitung V vor § 1.

[387] Wie sehr sich über den Zweck einer Bestimmung streiten läßt, zeigt die Rechtsprechung zur Frage der Preisbindung landwirtschaftlicher Grundstücke im Falle ihrer Veräußerung. In seinem Urteil vom 20. 11. 1953 — V ZR 124/52 hat der BGH in BGHZ 11, 90 (103) = NJW 1954, 308 ausgesprochen: „Dem Verkehr mit landwirtschaftlichen Grundstücken eine Sonderstellung einzuräumen, für die das Gesetz keinerlei Anhaltspunkte bietet, besteht keine Möglichkeit." — Gerade entgegengesetzt entscheidet das OLG Stuttgart in seinem Urteil vom 18. 3. 1959 — 1 U 22/59, NJW 1960, 724 (Zitat nach Potthoff NJW 1960, 707; in dem abgedruckten Teil der Entscheidung findet sich

Bei der Vielfalt und Vielschichtigkeit sozialer Beziehungen in der pluralistischen Gesellschaft ist es dem Richter in vielen Fällen kaum möglich, sich ein Urteil über die in einem Fall gegebenen typischen Interessen zu bilden.

Kommt der Richter jedoch bei der Prüfung der verschiedenen Auslegungsgesichtspunkte zu unterschiedlichen Ergebnissen, so befindet er sich in einer neuen Schwierigkeit, aus der ihm die theoretischen Grundsätze der Rechtsanwendung nicht helfen. Er muß sich entscheiden, welchem Auslegungsgrundsatz er den Vorrang gibt. In der Rechtsprechung und in der Rechtswissenschaft ist anerkannt, daß keines der Auslegungsprinzipien dem andern unbedingt vorgeht. Die Entscheidung wird jeweils von Fall zu Fall getroffen. Einmal ist der Wortlaut der Vorschrift ausschlaggebend, ein ander Mal der Zweck der Vorschrift. Dies ergeben die oben angeführten Beispiele aus der Rechtsprechung.

Gerade in rechtlich zweifelhaften Fällen zeigt sich, daß sich der Richter mit guten Gründen sowohl mit der reinen Wortinterpretation begnügen, als auch über die Interpretation hinausgehend den Sinn und Zweck des Gesetzes ausschlaggebend sein lassen kann. So heißt es in einem Beschluß des V. Zivilsenats des BGH[388]:

> „Das OLG kann sich für seine Auffassung, daß die Erbeinsetzung der Ehefrau durch das Testament ihres Ehemannes unwirksam sei, auf den Wortlaut des Gesetzes berufen. Bei der Prüfung der Frage, ob auch Fälle der vorliegenden Art von der Vorschrift des § 2271 Abs. 1 BGB erfaßt werden, ist auf den Sinn und Zweck des Gesetzes abzustellen ... Da die Ehegatten frei darüber bestimmen können, ob und inwieweit ihre Verfügungen wechselbezüglich sein sollen, muß es ihnen auch gestattet sein, die Widerruflichkeit wechselbezüglicher Verfügungen über den im Gesetz vorgesehenen Rahmen hinaus zu erweitern."

In der Rechtstheorie stehen sich die Ansichten über die richtige Methode der Gesetzesauslegung ebenso unvereinbar gegenüber. Lehrreich ist etwa die Diskussion zwischen Rumpf und Liebler über die Anwendung des § 6 NatSchG. Rumpf zitiert Entscheidungen verschiedener Gerichte für seine Auffassung, daß Gesetze in erster Linie nach ihrem Wortlaut auszulegen seien. Dem Wortlaut des § 6 NatSchG entnimmt er, daß Grundstücke nur dann nicht durch den Naturschutz in ihrer Benutzung beein-

---

der von Potthoff zitierte Satz wörtlich nicht): „Das Gesetz bietet keinerlei Anhaltspunkte dafür, daß die §§ 4 und 5 PrÜbVO auch für die Genehmigung nach KRG 45 gelten sollen." — Entgegengesetzt neuerdings wieder BGH Urteil vom 2. 12. 1959 — V ZR 81/59, Recht der Landwirtschaft 1960, 105. Potthoff weist in seinem Aufsatz „Grüne Pläne — Schwarze Preise", NJW 1960, 706 ff. treffend darauf hin, daß die rechtspolitische Entscheidung über den Verkaufspreis landwirtschaftlicher Grundstücke von augenblicklichen, rasch sich ändernden wirtschaftspolitischen Vorstellungen über Preise, vom „Zeitgeist" abhängt.

[388] BGH Beschluß vom 19. 6. 1959 — V ZR 19/58, NJW 1959, 1730.

trächtigt werden dürfen, wenn sie zur Zeit ihrer Erfassung von einem lebenswichtigen Wirtschaftsbetrieb in Anspruch genommen sind[389]. Liebler meint, Rumpf verstoße bei seiner Rechtsfindung gegen Grundsätze der Gesetzesauslegung. Für die Auslegung eines Gesetzes sei der objektive Wille des Gesetzgebers und der Sinnzusammenhang maßgebend[390]. Daraus folge, daß § 6 NatSchG auch Anwendung zu finden habe, wenn Grundflächen erst nach ihrer Erfassung von einem lebenswichtigen Betrieb in Anspruch genommen würden. In seiner Erwiderung kommt Rumpf zum Ergebnis, daß auch der Sinnzusammenhang des Gesetzes für seine Auffassung und gegen die Ansicht Lieblers spreche[391]. Die Diskussion zeigt, daß der „Sinnzusammenhang" keine endgültige Abgrenzung ermöglicht und daß solche scheinbar rein akademischen Diskussionen von großer praktischer Bedeutung sein können.

Für die Rechtsfindung des Richters ergibt sich demnach folgendes: In einfachen Fällen, deren rechtliche Würdigung keine besonderen Schwierigkeiten bereitet, braucht der Richter auf die Grundsätze der Rechtsanwendung nicht zurückzugreifen. In diesen Fällen ist ihm die Entscheidung ohne komplizierte Überlegungen zur Frage der Rechtsanwendung klar. In Fällen aber, in denen der Richter Zweifel hat, weil sich die Entscheidung nicht ohne weiteres für ihn ergibt, sind die von der Rechtsprechung und der Rechtswissenschaft aufgestellten allgemeinen Grundsätze der Rechtsanwendung eher geeignet, den Richter in weitere Zweifel zu stürzen, als ihm bei der Lösung seines Falles zu helfen. Jedenfalls bieten sie ihm keinen eindeutigen Weg, auf dem er zu einem „richtigen" Ergebnis kommen könnte. Freilich gibt es in solchen Fällen in der Regel auch nicht nur eine einzige richtige, im übrigen nur unrichtige Entscheidungen, sondern es sind mehrere Lösungen des Falles denkbar[392].

Soziologische Bedeutung rechtsdogmatischer Lehrmeinungen

Vom Standpunkt des Soziologen aus sind die dogmatischen Lehrmeinungen zunächst ausschließlich als Ideologie zu erfassen[393]. Sie nehmen Stellung zur Art der richterlichen Tätigkeit und bewerten sie. Dies gilt auch dann, wenn die dogmatische theoretische Rechtsfindung allein be-

---

[389] Rumpf, DÖV 1959, 737, Der goldene Mittelweg des deutschen Naturschutzes. Stellungnahme zum Aufsatz Gerber, DÖV 1959, 485 ff.

[390] Liebler, Entgegnung, DÖV 1959, 740.

[391] Rumpf, Erwiderung, DÖV 1959, 741.

[392] Hieraus ergeben sich Bedenken gegen die von Bartholomeyczik, a. a. O., gegebenen Beispiele, anhand derer er die Prinzipien der Rechtsanwendung erläutert. Aus pädagogischen Gründen mußte Bartholomeyczik die typischen Merkmale von Tatbeständen betonen, die er für die Entscheidung wesentlich hielt. Seine Darstellung betont jedoch einseitig nur Gesichtspunkte, die für seine Lösung sprechen. Das dem römischen Recht entnommene Beispiel, ob der Eigentümer für Schäden haftet, die sein Strauß anrichtet, wenn gesetzlich

grifflich deduktiv geschieht, denn die juristischen Begriffe, aus denen deduziert wird, enthalten selbst Bewertungen eines sozialen Geschehens.

Stützt sich der Richter auf dogmatische Lehrmeinungen zur Begründung seiner Entscheidung, so macht er sich damit einne Ideologie zu eigen, die die Stellung und Funktion des Richters in einer sozialen Ordnung nach bestimmten Kriterien festlegt. Die der richterlichen Praxis zugrunde liegenden dogmatischen Lehrmeinungen geben also eine ideologische Begründung zur Stellung des Richters gegenüber dem Gesetz und grenzen damit die Funktionen der Rechtsprechung und der Gesetzgebung voneinander ab.

Aber auch die dogmatischen Lehrmeinungen, die in der Praxis keine Anwendung finden, sind soziologisch nicht bedeutungslos. Sie geben Lösungsvorschläge für den Konflikt zwischen der Rechtsprechung und der Gesetzgebung, die nach den Voraussetzungen einer bestimmten sozialen Ordnung möglich erscheinen. Geht man davon aus, daß die wesentlichen in der sozialen Ordnung lebendigen verschiedenen Bewertungen der Funktion und Stellung des Richters in der Rechtswissenschaft ihren wissenschaftlichen Ausdruck finden, so zeigt eine Zusammenstellung der vertretenen dogmatischen Lehrmeinungen, welche Variationsbreite der richterlichen Stellung in einer Sozialordnung möglich ist.

In der Rechtslehre werden heute im wesentlichen drei Theorien zur Rechtsanwendung erörtert: die Begriffsjurisprudenz (Inversionstheorie), die Interessenjurisprudenz und die theologische Jurisprudenz.

Die bis in die ersten Jahrzehnte des 20. Jahrhunderts in der Rechtspraxis und der Rechtslehre maßgebende Begriffsjurisprudenz[394] hat die Freirechtslehre[395] und die Interessenjurisprudenz[396] auf den Plan gerufen.

---

nur eine Tierhalterhaftung für Vierfüßer vorgesehen ist, kann zu Mißverständnissen führen. Nach den heutigen sozialen und rechtlichen Verhältnissen ist zweifelhaft, ob dieses Beispiel überhaupt als rechtliches Problem empfunden werden kann. So könnte der falsche Eindruck entstehen, die Analogie sei lediglich ein Kunstgriff zur Lösung lebensfremder konstruierter Rechtsfälle. Ob die juristische Kritik an den Urteilen des Reichsgerichts nicht von einem überzeichneten, allzu sehr typisierten Lebenssachverhalt ausgeht, muß offen bleiben. Erst die Vielfalt der tatsächlichen Umstände zeigt die Möglichkeit, welche Entscheidungen vorstellbar sind.

[393] Ideologie wird hier als soziologischer Begriff verstanden. Die dogmatischen Lehrmeinungen zur Gesetzesanwendung stellen demnach eine ausdrückliche systematisierte Formulierung einer Stellungnahme zur Tätigkeit des Richters dar (vgl. Rüschemeyer bei König, a. a. O., „Mentalität und Ideologie“, S. 180/81).

[394] Insbesondere Bergbohm, Windscheid, von Tuhr.

[395] Wesentliche Vertreter dieser Lehre waren: Kantorowicz, der unter Pseudonym Gnaeus Flavius schrieb; ferner Ehrlich und Fuchs.

[396] Wichtigste Vertreter Heck, Rümelin, A. B. Schmidt und Stoll (Tübinger Schule).

Leitbild des Richters nach der Begriffsjurisprudenz

Nach der Inversionsmethode (Begriffsjurisprudenz) ist das Recht ein in sich geschlossenes lückenloses System. Recht gibt es nur insoweit, als ein staatlicher Wille (der Wille des Gesetzgebers) Recht will. Der Wortlaut der einzelnen gesetzlichen Vorschriften konnte zwar im Einzelfall nicht passen und somit lückenhaft sein. Jedenfalls aber war der staatliche Wille, soziale Tatbestände abschließend zu regeln, vollkommen. Aufgabe des Richters war es, diesen staatlichen Willen durch rationale Überlegungen zu erforschen und ihm gemäß im Einzelfall Recht zu sprechen. Zeigten sich Lücken im Wortlaut der Rechtsnormen, so entschieden die von der Rechtsprechung und Rechtswissenschaft gebildeten Ordnungsbegriffe, auf welche Weise diese Lücke ausgefüllt werden sollte. An den Wortlaut der Gesetze und an die Ordnungsbegriffe war der Richter absolut gebunden. Durch diese strenge Bindung sollte erreicht werden, daß die Rechtssicherheit gewährleistet war. Der Richter sollte nicht mehr sein als ein ausführendes Organ der Gesetzgebung[397].

Das soziologische Leitbild des Richters der Begriffsjurisprudenz ist der gehorsame Staatsdiener alten Stils. Eingeordnet in eine feste soziale Ordnung steht über ihm der Wille des Staates, der sich dem Richter in gesetzlichen Regelungen kundtut und eine gewisse Ergänzung durch die Ordnungsbegriffe erlaubt. Staatliche Regelungen und Ordnungsbegriffe hat der Richter in der Regel als feste, grundsätzlich unabänderliche Gegebenheiten hinzunehmen, da sie für den Richter die ratio scripta verkörpern[398].

Nach diesen Regeln hat der Richter sein Amt zu führen. Seine Person ist unwichtig; nicht sie entscheidet, sondern der Wille des Staates, der durch die Person des Richters im Einzelfall spricht. Der Richter ist nur das Werkzeug, durch das aus den vollständigen und vollkommenen Regelungen und Ordnungsbegriffen mittels einer wissenschaftlich-logischen Operation das rechtliche Ergebnis gewonnen wird.

Auch die Person der vor Gericht Stehenden ist für den Richter gleichgültig. Besondere persönliche Eigenschaften hat er nur zu beachten, sofern es ihm durch das Recht vorgeschrieben ist.

Kein eigenes Leitbild des Richters hat die Freirechtslehre geschaffen. So bedeutsam ihre Beiträge zur Rechtssoziologie waren, so wenig konnte sie sich in der Rechtspraxis gegen die Begriffsjurisprudenz und die Interessenjurisprudenz durchsetzen. Ideal der Freirechtslehre war der englische Richter, dessen Rechtsfindung als beispielhaft empfunden wurde. Die soziale Stellung, insbesondere aber das Ansehen des englischen Richters haben bis heute auch außerhalb der Freirechtsschule den Glanz eines un-

---

[397] LEHMANN, a. a. O., § 8 II 1.

[398] Die philosophische Grundlage dieses sozialen Leitbilds dürfte die HEGELsche Staatsphilosophie sein.

erreichbaren Vorbilds behalten[399]. Die Art der Rechtsfindung des englischen Richters, die aus seiner Stellung erklärbar ist, ließe sich auf kontinentale Verhältnisse jedoch nicht ohne tiefgreifende Wandlungen des überkommenen Rechtssystems übertragen. Nachdem Generationen von Richtern dazu erzogen worden sind, sich an ein geschriebenes Gesetz mehr oder weniger wörtlich gebunden zu fühlen, würde eine Rechtsfindung allein nach den konkreten Umständen des Einzelfalls unter Berufung auf Präjudizien den Bruch mit einer historischen Tradition bedeuten, dessen Folgen unabsehbar wären. Ein solcher radikaler Bruch mit der historischen Vergangenheit ist von der richterlichen Praxis, die unter dem Gesichtspunkt der Rechtssicherheit an der juristischen Tradition orientiert ist, nicht zu erwarten. Allenfalls eine grundlegende Wandlung der gesamten sozialen Ordnung könnte die Funktion des Richters nach den Thesen der Freirechtsschule neu umgrenzen.

Leitbild des Richters nach der Interessenjurisprudenz

Auf die Rechtspraxis hat die vor allem von Heck begründete und ausgebaute Interessenjurisprudenz einen erheblichen Einfluß genommen.

Die Interessenjurisprudenz geht davon aus, daß jede — auch die beste — Rechtsordnung Lücken haben müsse. Die Gesetze könnten nicht jeden Fall vorausschauuend regeln. Infolgedessen habe der Richter auch nicht für jeden Rechtsstreit einen passenden normativen Rechtssatz zur Verfügung. Erscheinen dem Richter die gegebenen Rechtssätze lückenhaft, so darf er nach den von der Interessenjurisprudenz aufgestellten Regeln die positiven gesetzlichen Vorschriften abändern und den Lebensverhältnissen anpassen. Er ist demnach an die im Gesetz enthaltenen Werturteile nicht sklavisch gebunden, sondern Diener am Zweck, nicht bloß am Wort des Gesetzes; insofern ist er zur zweckgetreuen Gebotsergänzung, -erweiterung und -einschränkung berufen[400]. Diese Methode der Rechtsanwendung verlangt also vom Richter dem Gesetz gegenüber einen „denkenden", keinen „sklavischen" Gehorsam. Diese Forderung kann auch bedeuten, daß der Richter gegen den wörtlichen Inhalt der Rechtsnorm entscheiden muß, um eine zweckgetreue Entscheidung zu fällen, die auch gesetzestreu ist[401].

Der methodische Ausgangspunkt der Interessenjurisprudenz ist eine Untersuchung der typischen Interessengegensätze, wie sie in den gesetzlichen Normen zum Ausdruck kommen. Als Interesse gilt hierbei jedes sozial beachtliche Ziel innerhalb einer bestimmten Rechtsordnung, nicht

---

[399] Wagner, a. a. O., S. 97, 102; Schmid, Ein Buch über den Richter, Rezension, Stuttgarter Zeitung vom 9. 1. 1960, Nr. 6, S. 47.

[400] Lehmann, a. a. O., § 8 III 2.

[401] Lehmann, a. a. O., § 8 III 2.

nur wirtschaftliche Interessen[402]. Der Richter ist also nicht an einen Ordnungsbegriff gebunden, der ihm von vornherein vorgegeben ist und in welchem allenfalls „unterschwellig gewordene Interessen- und Gebotsvorstellungen hypostasiert" werden[403]. Die richterliche Begründung der Entscheidung soll vielmehr selbst darlegen, welche Interessenabwägung einer gesetzlichen Regelung zugrunde liegt.

Aus der Interessenjurisprudenz ist die sogenannte „teleologische Jurisprudenz" hervorgegangen. Im Gegensatz zur Interessenjurisprudenz will sie mehr den Zweck des Gesetzes bei der Entscheidung berücksichtigen als die im Gesetz zum Ausdruck kommende „typische Interessenlage". Mit Recht weist Lehmann darauf hin, daß teleologische Jurisprudenz und Interessenjurisprudenz in vielen Fällen nur zwei Benennungen für eine Methode seien[404]. Eine scharfe Trennung zwischen dem Zweck des Gesetzes und der Abwägung der im Gesetz zum Ausdruck kommenden typischen Interessen ist nicht möglich. Der Zweck des Gesetzes liegt eben in vielen Fällen darin, daß eine typische Interessenlage in einer bestimmten Weise entschieden wird[405].

Das soziologische Leitbild des Richters der Interessenjurisprudenz unterscheidet sich wesentlich vom Leitbild des Richters der Begriffsjurisprudenz. Der Richter der Interessenjurisprudenz geht davon aus, daß ein staatlicher Wille, eine bestimmte Rechtsordnung zu errichten, sowohl unvollständig als auch fehlerhaft sein kann. Der Richter ist „intelligenter Staatsdiener", der das Gesetz gegebenenfalls so anwendet, wie es dem Willen des Staates entsprechen würde. Er bleibt aber Diener des Staates, denn auch er bemüht sich, seine Rechtsprechung auf den Willen des Staates zurückzuführen und zu zeigen, daß seine Entscheidung dem richtig verstandenen Willen des Staates entspricht. Auch der Richter der Interessenjurisprudenz führt ein Amt. Nicht die Person des Richters, sondern „das Gericht" entscheidet, wägt ab, begründet. Gegenüber dem Richter der Begriffsjurisprudenz tritt er aus seiner persönlichen Anonymität ein wenig hervor. Die Interessenabwägung, die die tragenden Gründe für die Entscheidung liefert, wird nicht mehr dem Gesetzgeber zugeschrieben, sondern als eigene Überlegung des Gerichts kenntlich gemacht. Damit kommt zum Ausdruck, daß — wenigstens theoretisch — ein anderes Gericht andere Erwägungen anstellen und damit zu einer anderen Entscheidung gelangen könnte.

Freilich gilt auch heute noch, was Beradt über den deutschen Richter des Jahres 1930 schrieb: Der Richter würde verlegen werden, wenn ihn

---

[402] Lehmann, a. a. O., § 8 II 1; Bender, a. a. O., JZ 1957, 596.

[403] Wieacker, Privatrechtsgeschichte der Neuzeit, S. 341.

[404] Lehmann, a. a. O., § 8 I 7.

[405] vgl. BGH Urteil vom 11. 12. 1957 — V ZR 55/56, JZ 1958, 167; sowie BGH Urteil vom 28. 11. 1957 — II ZR 325/56, NJW 1958, 140.

eine Partei mit seinem Namen anredete[406]. Wenn Beradt außerdem meint, der Richter wolle für seinen Spruch nicht zur Rechenschaft gezogen werden, so ist dies allerdings kein besonderes Merkmal des Richters, ebensowenig wie die oftmals unleserliche Unterschrift unter seinen Entscheidungen[407]. Auch ein Kaufmann will nicht zur Rechenschaft für seine Geschäfte gezogen werden, und die Unterschrift von Angestellten, Rechtsanwälten[408] und anderen ist vielfach nicht besser als die von Richtern.

Nach der Interessenjurisprudenz ist es nicht mehr Aufgabe des Richters, den Willen des Gesetzgebers im Einzelfall ohne Rücksicht auf das Verständnis des Rechtsuchenden durchzusetzen. Der Richter soll vielmehr zwischen dem staatlichen Gesetz und dem Rechtsuchenden vermitteln. Seine Begründung soll in erster Linie dem unterliegenden Teil zeigen, weshalb das Gesetz, das ihm Unrecht gibt, eine vernünftige Regelung trifft. Geht das Leitbild des Richters der Interessenjurisprudenz mehr dahin, dem juristischen Laien die Rechtsanwendung im Einzelfall zu erklären, so besagt dies nicht, daß die Kluft zwischen Juristen und Nichtjuristen durch die Methode der Interessenjurisprudenz verringert worden wäre. Solange die Begriffsjurisprudenz die maßgebende Rechtsfindungsmethode war, bestand ein im wesentlichen geordnets Gesellschaftsgefüge. Der Richter konnte voraussetzen, daß grundlegende Rechtswerte von Juristen und Nichtjuristen in gleicher Weise anerkannt wurden. In der modernen pluralistischen Gesellschaft besteht die Gemeinsamkeit des rechtlichen Ausgangspunkts nicht in dem Umfang wie früher, so daß es für den Richter schwieriger ist, den unterlegenen Teil mit seinen Überlegungen zu überzeugen.

Soziologische Funktionen der Rechtsfindungstheorie

Die Begriffsjurisprudenz begrenzte die freie Entscheidungsbefugnis des Richters so weitgehend als möglich. Letztlich war diese Methode Ausdruck der liberalen Staatsdoktrin, die besorgt war, den Bürger gegen richterliche Willkür zu schützen[409]. Der Richter sollte die ihm gegebene staatliche

---

[406] Beradt, a. a. O., S. 9. Gegen diese Anonymität des Richters auch A. Arndt, Grundfragen einer Reform der deutschen Justiz, DRiZ 1959, 199, der nachdrücklich für eine Richterschelte eintritt.

[407] Richter und Nichtrichter lehnen überwiegend eine Haftung des Richters für seinen Spruch ab, vgl. Eberhard Schmidt, Lehrkommentar zur Strafprozeßordnung und zum Gerichtsverfassungsgesetz, Randnummer 432 mit Darstellung des Streitstandes zu Anmerkung 345.

[408] BGH Urteil vom 7. 1. 1959 — 2 StR 550/58, NJW 1959, 734: „Die Unterzeichnung einer Revisionsbegründung braucht nicht lesbar zu sein. Es ist jedoch keine Unterzeichnung, wenn das ursprüngliche Schriftbild in willkürliche Striche und Linien aufgelöst ist und der ‚Schriftzug‘ charakteristischer Merkmale entbehrt.“

Gewalt nicht dazu gebrauchen können, weiter in den Lebensbereich der Rechtsuchenden eingreifen zu können, als unbedingt erforderlich schien. Materiellrechtlich sollte seine Befugnis zum Eingreifen innerhalb der Definitionsmerkmale der Rechtsbegriffe beschränkt sein; formell wurden ihm strenge Verfahrensregeln auferlegt, insbesondere eine strenge Bindung an die Anträge der Prozeßbeteiligten. So heißt es in der Begründung zur Zivilprozeßordnung von 1877, es entspreche dem deutschen Rechtsbewußtsein, die richterliche Machtvollkommenheit durch Formen heilsam einzuschränken[410].

Wesentlich an der Begriffsjurisprudenz ist, daß dem Richter für die Entscheidung jedes konkreten Falles ein fester Ausgangspunkt in Gestalt der eindeutig definierten Rechtsbegriffe gegeben wird. Dieser Begriff enthält eine rechtliche Wertung eines sozialen Sachverhalts. Entschließt sich der Richter, diesen Begriff anzuwenden, so ergibt sich die Entscheidung des Falles aus dem Begriff. So stellt diese Methode die Rechtsfindung als einen Akt logischer Erkenntnis hin, wobei der Richter durch Deduktion aus dem Rechtsbegriff nach logischen Gesetzen zwangsläufig zum richterlichen Ergebnis kommen müsse.

Demgegenüber verfolgen die Freirechtslehre und die Interessenjurisprudenz, ebenso wie ihre Spielart, die teleologische Jurisprudenz, das Ziel, den Richter von dieser Bindung an einen „Begriff" zu lösen. Für den Richter haben beide Methoden ihre Vorteile und ihre Nachteile. Die Begriffsjurisprudenz nimmt dem Richter eine persönliche eigene Entscheidung des Falles ab, weil die Entscheidung sich aus der begrifflichen Deduktion ergibt. Sie gibt ihm einen klaren Hinweis dafür, welche Umstände für die Entscheidung erheblich sind, da jeder Rechtsbegriff seine besonderen Definitionsmerkmale enthält, auf deren Vorhandensein der konkrete Sachverhalt untersucht wird. Sie zwingt ihn andererseits, das soziale Leben, das sich in einem Rechtsfall darstellt, ausschließlich durch die Brille des Rechtsbegriffs zu sehen. Der Rechtsbegriff kann aber unter sozialen Voraussetzungen geprägt worden sein, die mittlerweile überholt sind. In solchen Fällen ist es für die Begriffsjurisprudenz schwer, sich den veränderten Verhältnissen anzupassen, da dies eine Änderung des Rechtsbegriffs voraussetzt, deren Folgen sich nie für alle Fälle übersehen lassen.

Die Interessenjurisprudenz und die teleologische Jurisprudenz geben dem Richter keinen festen Ausgangspunkt, verlangen also von ihm eine eigene richterliche Entscheidung. Sie weisen ihm nur verschiedene Wege

---

[409] De Boor, die Auflockerung des Zivilprozesses, S. 21 ff.; Baur, Sozialer Ausgleich durch Richterspruch JZ 1957, 193; im Strafrecht war die Bindung des Richters an Rechtsbegriffe möglicherweise noch stärker ausgebildet, während hinsichtlich der Anträge der Beteiligten der Richter freier gestellt war.

[410] Hahn, Materialien zur ZPO, II, 1, S. 115.

zu verschiedenen Ergebnissen. Dadurch wird die Rechtsfindung oft mehrdeutig und unklar[411].

Andererseits ist der Richter nicht an vorgegebene Merkmale eines Rechtsbegriffs gebunden, sondern kann selbst entscheiden, welche Umstände des Einzelfalls für seine Entscheidung Bedeutung haben sollen. Die Berücksichtigung der Bedürfnisse einer sich wandelnden sozialen Ordnung stellte daher der Interessenjurisprudenz erheblich geringere Probleme als der Begriffsjurisprudenz. Die Rechtsfindung nach der Begriffsjurisprudenz ist leichter berechenbar und sicherer als die nach der Interessenjurisprudenz; diese ist demgegenüber eher geeignet, den zeitlichen Rückhang des Rechts zu überbrücken und kann demgemäß auch eine fallgerechtere Entscheidung ermöglichen.

Nach allgemeiner Ansicht erfolgt die Rechtsfindung heute nicht mehr nach der Begriffsjurisprudenz, sondern nach den Regeln der Interessenjurisprudenz[412]. Für die Ersetzung der Begriffsjurisprudenz durch die Interessenjurisprudenz werden in der Literatur verschiedene Gründe gegeben. Einmal wird darauf hingewiesen, daß die grundlegenden Voraussetzungen der Begriffsjurisprudenz unzutreffend seien. Das durch die Gesetzgebung geschaffene Recht sei nicht lückenlos, da ein umfassender rechtlicher Wille des Staates aus dem Wortlaut des Gesetzes nicht erschlossen werden könne.

Dieser Einwand berührt einen Mangel der Begriffsjurisprudenz, auf den auch Hägerström eingehend hingewiesen hat[413]. Dieses methodisch-theoretische Bedenken allein hätte aber wohl kaum ausgereicht, um eine Lehre zu verdrängen, die Jahrhunderte hindurch bewiesen hatte, daß sie durchaus zu praktikablen Ergebnissen führte.

Weiter wird gegenüber der Begriffsjurisprudenz eingewandt, diese Methode sei nicht in der Lage, die Probleme der Rechtsfindung zu lösen[414]. Dies gilt jedenfalls nicht allgemein, denn die Begriffsjurisprudenz war jahrhundertelang für die Rechtsprechung bestimmend. Von einem allmählichen wissenschaftlichen Niedergang dieser Lehre kann keine Rede sein. Der groß angelegte Allgemeine Teil des Bürgerlichen Rechts von A. von Tuhr, der sich heute noch großen Ansehens in Rechtswissenschaft und Rechtsprechung erfreut[415], gilt mit seinem „schachspielartigen Den-

---

[411] In seinem Aufsatz „Der Verwendungsanspruch des Werkunternehmers" NJW 1960, 1237 betont Riedel diesen Nachteil der Interessenjurisprudenz und macht sie geradezu für die „Krise des Rechts" verantwortlich.

[412] Lehmann, a. a. O., § 8 I 7; Boehmer, Grundlagen der bürgerlichen Rechtsordnung, II, 1, S. 212 ff. mit eingehenden Nachweisen.

[413] Hägerström, Inquires into the Nature of Law and Morals, S. 74 ff.

[414] Bender, a. a. O., JZ 1957, 596 ff.

[415] Das Werk wird auch heute noch zur Stützung von Rechtsansichten zitiert, vgl. Lehmann, a. a. O., §§ 10, 13, 14.

ken“ als Höhepunkt der Begriffsjurisprudenz[416]. Er erschien zwischen 1910 und 1918, also gerade in der Zeit, in der sich die Interessenjurisprudenz gegen die Begriffsjurisprudenz durchzusetzen begann.

Die Gründe für die Ersetzung der Begriffsjurisprudenz durch die Interessenjurisprudenz müssen also anderswo gesucht werden. Seitdem die Rechtswissenschaft eine an der Rechtspraxis orientierte Wissenschaft ist, werden ihre Lehrmeinungen danach beurteilt, wie sie sich in der Praxis anwenden lassen. Der tiefgreifende soziale Wandel, insbesondere auch durch die Ereignisse des ersten Weltkriegs, stellte im praktischen Rechtsleben Aufgaben, die mit den Mitteln der Begriffsjurisprudenz nicht zu bewältigen waren. Die soizale Entwicklung machte deutlich, daß „der Schwerpunkt der Rechtsentwicklung wie zu allen Zeiten weder in der Gesetzgebung noch in der Jurisprudenz oder in der Rechtsprechung, sondern in der Gesellschaft selbst lag“[417]. Die Begriffsjurisprudenz wurde deshalb abgelöst, weil ihr zeitlicher Rückhang gegenüber der sozialen Wirklichkeit als zu groß empfunden wurde. Dies wurde vor allem auch deshalb deutlich, weil der soziale Wandel die geistige Grundlage der Begriffsjurisprudenz, welche im Naturrecht des Rationalismus wurzelte[418], in Frage stellte. Nach dieser geistigen Grundlage weist sich die Begriffsjurisprudenz als eine Spielart der archaischen Vorstellung vom Recht als einer absoluten objektiven Realität aus.

Die Begriffsjurisprudenz mit ihren Ordnungsbegriffen entspricht der auch heute noch bei juristischen Laien weithin verbreiteten Vorstellung von der Gerechtigkeit als einer im Einzelfall eindeutig berechenbaren Größe weit mehr als die relativierende Interessenjurisprudenz. Um so bemerkenswerter ist, daß sich diese trotzdem in der juristischen Theorie und Praxis durchgesetzt hat. Dies war möglich, weil der rasche und tiefgreifende soziale Wandel offen legte, daß es ein absolutes vernünftiges Rechtssystem nicht gibt. Ordnungsbegriffe, die innerhalb eines Rechtssystems „vernünftig“ waren, konnten in der Praxis sich als unbrauchbar erweisen, sobald sie auf Lebenstatbestände angewandt wurden, die das Rechtssystem nicht vorgesehen hatte. Bei einer langsamen kontinuierlich verlaufenden Wandlung der sozialen Verhältnisse war auch die Begriffsjurisprudenz in der Lage, ihr System und ihre Ordnungsbegriffe zu ändern und den Verhältnissen anzupassen. Dies läßt sich am Beispiel des Strafrechts zeigen, wo sich die Begriffsjurisprudenz bis heute erhalten hat und mit ihren Mitteln im Laufe der Zeit erhebliche Korrekturen am Buchstaben eines Gesetzes vorgenommen wurden, das hinter der gesellschaftlichen Entwicklung zurück geblieben war[419].

---

[416] BOEHMER, a. a. O., II, 1, S. 212, Anm. 1.

[417] EHRLICH, Grundlegung einer Soziologie des Rechts, Vorrede.

[418] BOEHMER, a. a. O., II, 1, S. 67.

[419] Die Begriffsjurisprudenz führte mitunter zu eingehender Auslegung von Tatbeständen durch Einfügung von Ordnungsbegriffen, die als „ungeschriebene

Die Inversionsmethode war aber in den Fällen hinderlich, in denen der Richter ausdrücklich zu eigener freier Gestaltung von Sozialverhältnissen aufgerufen war, weil sie von einer möglichst weitgehenden Bindung des Richters an das Gesetz ausging. Sie konnte aber auch im übrigen mit dem Rechtsleben nicht Schritt halten.

Der rasche soziale Wandel äußerte sich juristisch in einer Flut von neuen Gesetzen, die zum Teil bestehende Rechtssätze abänderten, zum Teil neue Sachgebiete, für die bisher keine gesetzliche Regelung bestand, einer positiven Regelung unterwarfen. Dem heutigen Richter ist es eine selbstverständliche und vertraute Tatsache, daß die Grundlagen seiner Arbeit, die Rechtssätze, ständig im Fluß sind. Unter solchen Umständen kann er sich nicht auf erprobte Rechtsbegriffe verlassen, da diese sich in Anbetracht der Kurzlebigkeit moderner Rechtsvorschriften nicht so weit entwickeln können, daß sie zu einem in sich geschlossenen logischen Begriffssystem zusammengefaßt werden können. Eine am Einzelfall orientierte Abwägung der typischen Interessen ist eher möglich; der Richter kann offen lassen, ob in einem andern Einzelfall nicht andere Interessen zu berücksichtigen sind, die eine andere Entscheidung erfordern.

In welchem Ausmaß Gesetze heute geändert werden, zeigt ein kurzer Überblick über einige wichtige Gesetze. Vom höchsten Gesetz der Bundesrepublik, dem Grundgesetz, das die fundamentalen Leitgedanken der rechtlichen Ordnung enthält, könnte man erwarten, daß es möglichst wenig geändert wird, um die niedergelegten Grundsätze nicht zu verwässern. Seit seinem Inkrafttreten am 23. 5. 1949 ist das Grundgesetz bis zum 23. 5. 1959 zehnmal geändert worden[420]. Durch diese Änderungen wurden von den ursprünglich insgesamt 146 Artikeln des Grundgesetzes 32, also fast jeder vierte Artikel, aufgehoben, neu eingefügt oder inhaltlich geändert.

Gesetze, die seit Jahrzehnten in Kraft sind, zeigen eine ähnliche Entwicklung. So ist das Bürgerliche Gesetzbuch vom 18. 8. 1896 bis zum 22. 12. 1959 durch 42 Gesetze modifiziert worden[421]. Zwischen dem 18. 8.

Tatbestandsmerkmale" bekannt sind — etwa der Begriff der Stoffgleichheit im Tatbestand des Betrugs (§ 263 StGB); sie ermöglichte aber auch eine ausdehnende Auslegung, die schließlich zu einer Neugestaltung von Straftatbeständen führte, z. B. durch Modifikation des Begriffs der Urkunde bei der Urkundenfälschung (§ 267 StGB). Die mögliche Elastizität der begriffsjuristischen Methode zeigt sich an der Rechtsprechung des Reichsgerichts zur Frage des strafrechtlichen Irrtums.

[420] Siehe hierzu die Übersichten in Schönfelder, Deutsche Gesetze, 32. Auflage, Stand 1. 8. 1960, vor dem Text des GG (Nr. 1) oder bei SARTORIUS, Verfassungs- und Verwaltungsgesetze der Bundesrepublik, Band 1, 16. bis 23. Auflage, Stand 1. 4. 1960 (Nr. 66). Nach dem neuesten Stand der Gesetzgebung sind weitere Änderungen eingetreten.

[421] Übersicht bei SCHÖNFELDER, Deutsche Gesetze, 14. bis 32. Auflage, Stand 1. 2. 1960 vor dem Text des BGB.

1896 und dem 8. 6. 1915 wurden durch drei neue Gesetze von den 2385 Paragraphen nur sechs geändert, die übrigen Änderungen durch 39 Gesetze haben mehrere hundert Vorschriften betroffen. Allein zwischen dem 20. 2. 1946 und dem 22. 12. 1959 ergingen 15 Änderungsgesetze zum BGB, durch die über 400 Paragraphen, also rund ein Fünftel aller Normen des BGB geändert, neu gefaßt oder aufgehoben wurden[422]. Diese Gesetze enthalten zugleich die einschneidendsten inhaltlichen Änderungen des BGB seit 1900. Das bisher geltende Familienrecht wurde durch das Gesetz über die Gleichberechtigung von Mann und Frau auf dem Gebiet des bürgerlichen Rechts (Gleichberechtigungsgesetz)[423] praktisch neu gestaltet. Wesentliche Teile des Erbrechts waren schon vorher durch das Gesetz zur Wiederherstellung der Gesetzeseinheit auf dem Gebiet des bürgerlichen Rechts[424] neu geregelt worden. Die Gesetzesproduktion begnügt sich aber nicht mit zahlreichen Änderungen bestehender Gesetze. Teile des BGB sind durch Sondergesetze außerhalb des BGB neu geregelt worden[425]. Die durch die Kriege und Kriegsfolgen bedingten Wandlungen der sozialen Verhältnisse haben gesetzliche Regelungen hervorgerufen, die wichtige Gebiete des bürgerlichen Rechts völlig neu geordnet haben[426]. Die in diesen Gesetzen getroffenen Regelungen berücksichtigen andere Tatumstände als die Normen des BGB; zum Teil sind diese Regelungen mit den Vorschriften des BGB unvereinbar[427]. Da der Erlaß dieser Son-

[422] Den Hauptanteil an dieser Gesetzesflut haben das Gesetz zur Wiederherstellung der Gesetzeseinheit auf dem Gebiete des bürgerlichen Rechts vom 5. 3. 1953 und das Gleichberechtigungsgesetz vom 18. 6. 1957.

[423] BGBl. 1957, I, 609.

[424] BGBl. 1953, I, 33.

[425] Etwa die Verordnung über das Erbbaurecht vom 15. 1. 1919 (RGBl. 1919, S. 72), das Gesetz über die Verschollenheit, die Todeserklärung und die Feststellung der Todeszeit vom 4. 7. 1939, RGBl. I, 1186 (Verschollenheitsgesetz), das mehrfach geänderte Ehegesetz, zuletzt in der Fassung des Gesetzes Nr. 16 des Kontrollrats vom 20. 2. 1946, KRABl. 77.

[426] Die Regelungen des Mietrechts finden sich heute im wesentlichen außerhalb des BGB im Wohnraumbewirtschaftungsgesetz vom 31. 3. 1953 (BGBl. 1953, I, 97), Mieterschutzgesetz vom 1. 6. 1923 (RGBl. 1923, I, 353, Ber. 618, i. d. F. vom 15. 12. 1942), im Bundesmietengesetz vom 27. 7. 1955 (BGBl. 1955, I, 458), der Altbaumietenverordnung vom 23. 7. 1958 (BGBl. 1958, I, 449), der Neubaumietenverordnung vom 17. 10. 1957 (BGBl. 1957, I, 1736); diese Vorschriften werden zum Teil durch örtliche Regelungen ergänzt. Auch das Arbeitsrecht richtet sich im wesentlichen nach Normen, die außerhalb des BGB stehen. Weiter sind zu erwähnen die für die richterliche Praxis wichtigen Durchführungsverordnungen zum Ehegesetz, das Vertragshilfegesetz, die Gesetze zur Währungsumstellung, die Preisvorschriften für den Verkehr mit Grundstücken, sowie das Landwirtschaftsrecht.

[427] § 1 des Pachtkreditgesetzes vom 5. 8. 1951 anerkennt ein Pfandrecht ohne Besitzübertragung, was mit § 1205 BGB unvereinbar ist und noch über die von der Rechtsprechung contra legem entwickelte Sicherungsübereignung

dergesetze nicht in allen Fällen zur völligen Aufhebung der entsprechenden Bestimmungen des BGB geführt hat, bestehen für gleichartige Tatbestände die verschiedensten Lösungen nebeneinander. Auch diese Sondergesetze sind vielfach geändert worden. Dadurch sind die Folgen der Gesetzgebung nicht mehr absehbar. Die Fälle der Normenkreuzung, wie sie Geiger im Anschluß an Knud Illum nennt[428], oder der Normenkollision sind in der Rechtspraxis und namentlich in der Rechtsprechung der Gerichte alltägliche Probleme[429].

Die Vielzahl gesetzlicher Regelungen zeigt andererseits, daß die gesetzgebenden Organe den Richter nicht für fähig halten, die sozialen Konflikte mit Hilfe einer bestimmten Rechtsfindungsmethode selbständig zu lösen. Der Richter soll in seiner Machtbefugnis und in seiner sozialen Funktion durch die Gesetze beschränkt sein. Der ungeheure Ausstoß an Gesetzen führt aber dazu, daß der Richter ebensowenig wie ein anderer

---

hinausgeht. Das Gesetz über das Wohnungseigentum vom 15. 3. 1951 (BGBl. 1951, I, 175, Ber. 209) sprengt mit der Anerkennung eines Stockwerkeigentums das sachenrechtliche System des BGB, das insoweit von der Rechtsprechung bis zum Erlaß dieses Gesetzes nicht angetastet worden war.

428 Geiger, a. a. O., S. 221.

429 Besonders klar formuliert der BGH in einem Urteil vom 30. 4. 1958 — V ZR 178/56, NJW 1958, 1180 dieses Problem: „In Wahrheit liegt hier ein Zusammentreffen an sich unvereinbarer, also nicht gleichzeitig anwendbarer Rechtsgrundsätze vor, indem einerseits das Eigentum an einem Grundstück sich auf die mit dem Grundstück fest verbundenen Sachen erstreckt. was für reale Teilung spräche, andererseits wesentliche Bestandteile einer einheitlichen Sache, insbesondere eines Hauses, nicht Gegenstand besonderer Rechte sein können. Aus dem Gesetz selbst, das den Konfliktfall nicht ausdrücklich regelt, ist nicht ohne weiteres zu entnehmen, welchem Grundsatz der Vorzug zu geben ist. Entscheidend muß daher die natürliche Betrachtungsweise sein." — Ein Beispiel aus dem Strafrecht wäre etwa die Entscheidung des BGH vom 27. 11. 1956 — 5 StR 310/56, BGHSt 10, 6. Ein Beamter wollte einen unterschlagenen Betrag ersetzen, ohne seine Unterschlagung zu offenbaren und legte deshalb falsche Belege vor, womit er den Straftatbestand des § 351 StGB (Schwere Amtsunterschlagung) erfüllte. In diesem Fall erklärte der BGH § 351 StGB für nicht anwendbar. Auch den meisten Fällen einer strafrechtlichen Pflichtenkollision dürfte eine Normenkollision zugrunde liegen. Im öffentlichen Recht ist die Rechtsprechung zum Widerruf begünstigender Verwaltungsakte ein Ausdruck dieses Problems. Einerseits soll die Behörde nur gesetzmäßige Akte erlassen, andererseits hat sie dem Bürger gesetzwidrig einen Vorteil zugebilligt. Häufig sind Fälle der Normenkollision auch im Polizeirecht, insbesondere da, wo der Nichtstörer in Anspruch genommen wird (§ 21 PVG = § 9 Pol. Ges. Baden-Württemberg). Praktisch geworden ist die Normenkollision in Fällen, in denen der Vermieter endlich glaubte, die Räumung der Wohnung durch den Gerichtsvollzieher erzwingen zu können und wo ihm dann durch die Polizeibehörde zur Vermeidung der Obdachlosigkeit die Mieter wieder in seine Wohnung eingewiesen wurden (vgl. hierzu BGH Urteil vom 12. 1. 1959 — III ZR 197/57, NJW 1959, 768 mit zahlreichen Entscheidungsnachweisen).

Jurist, geschweige denn ein juristischer Laie, die Rechtsordnung überschauen kann. Das kann zur Folge haben, daß er aus Unkenntnis gewisse Regelungen außer acht läßt[430] oder aber die einander scheinbar oder wirklich sich widersprechenden Normen gegeneinander ausspielt und so zu Entscheidungen kommt, die jenseits der vorgesehenen Lösungen der Gesetze liegen.

Eine Verringerung der gesetzgeberischen Produktion kann nur erwartet werden, wenn dem Richter eine weitergehende Befugnis als bisher eingeräumt wird, soziale Beziehungen nach seinem richterlichen Ermessen frei zu gestalten. Eine solche Änderung der Stellung des Richters würde sein soziales Prestige gegenüber der Gesetzgebung, aber auch gegenüber der Regierung erhöhen. Wie sich eine solche Aufwertung der richterlichen Stellung unter den gegebenen Umständen durchsetzen soll, ist schwer zu sehen. Die traditionelle Stellung des kontinentalen Richters spricht gegen die Erweiterung richterlicher Befugnisse, und eine Selbstbeschränkung der

---

[430] Das LG Frankenthal hatten einen Fall zu entscheiden, indem eine Firma unerlaubt das Baugerüst einer anderen Firma benutzt hatte und sich weigerte, eine Entschädigung dafür zu bezahlen (Urteil vom 23. 7. 1958 — 1 S 108/58, MDR 1958, 770). Das LG stützt seine Entscheidung auf § 812 BGB. Nach dem mitgeteilten Sachverhalt hätte es wohl richtiger die §§ 987 ff. BGB anwenden müssen, die die Vorschriften der §§ 812 ff. BGB grundsätzlich ausschließen. Selbst juristische Spezialisten können nicht immer übersehen, welche gesetzlichen Vorschriften in einem bestimmten Fall zu beachten sind. Im Jahre 1959 wandte sich der Oberlandesgerichtspräsident von Stuttgart an das Innenministerium (1 WB 25/59, nicht veröffentlicht). Ein Unternehmer hatte gegen einen Beschluß eines Landwirtschaftsgerichts Beschwerde zum Oberlandesgericht eingelegt. Der Beschwerde lag folgender Sachverhalt zugrunde: Das Regierungspräsidium — Bauabteilung — hatte dem Unternehmer die Erlaubnis erteilt, auf einem außerhalb des Bebauungsgebiets liegenden Grundstück von etwa einem halben Hektar ein Wochenendhaus zu errichten, das dem Unternehmen zur Repräsentation dienen sollte. Unter diesem Gesichtspunkt hielt das Regierungspräsidium — Bauabteilung — das Baugesuch als Sonderfall gerechtfertigt. Nachdem das Wochenendhaus erstellt war, kaufte der Unterehmer das Grundstück durch notariellen Kaufvertrag, welcher vom Landwirtschaftsamt genehmigt werden mußte, da das Grundstück ursprünglich Ackerland war. Das Regierungspräsidium — Abteilung Landwirtschaft — hatte dem ihm unterstellten Landwirtschaftsamt Anweisungen gegeben, auf Grund welcher dieses dem Kaufvertrag die Genehmigung versagte, ebenso das gegen diese Entscheidung angerufene Landwirtschaftsgericht (Amtsgericht), mit der Begründung, daß das Grundstück wertvolles Ackerland sei. Der Oberlandesgerichtspräsident rügte, daß das Regierungspräsidium offensichtlich widersprechende Auffassungen vertreten habe, welcher Widerspruch zu einer peinlichen Lage geführt habe. Zu diesem Widerspruch wäre es nicht gekommen, wenn die Sachbearbeiter der Bauabteilung alle Rechtsfragen des Baugesuchs erkannt hätten.

Machtstellung politischer Gruppen zugunsten der Richter erscheint im Augenblick unvorstellbar. So wird die mehrfach erhobene Forderung nach weniger, dafür aber qualitativ besseren Gesetzen unter den gegebenen Umständen kaum Erfolg haben.

Die Norm als Arbeitsmittel des Richters

Der Richter ist mit seiner Auffassung von der Rechtsnorm der Soziologie in mancher Hinsicht näher als der Rechtswissenschaft.

Während für die Rechtswissenschaft jede Rechtsvorschrift Norm ist, die ordnungsgemäß zustande gekommen und nicht aufgehoben ist, geht die Soziologie von der sozialen Wirklichkeit aus. Für sie ist eine Norm nur gegeben, wenn in einer typischen sozialen Situation die Chance eines bestimmten Verhaltens besteht[431].

Auch der Richter erkennt eine Rechtsnorm nicht schon dann an, wenn für eine bestimmte Situation ein bestimmtes Verhalten durch ordnungsmäßig ergangenen Rechtssatz vorgeschrieben ist. Zwar weisen die Gerichte in ihren Entscheidungen meist darauf hin, daß das Recht sich nicht nach einem tatsächlichen Verhalten zu richten habe, sondern das tatsächliche Verhalten nach dem Recht[432]. Mit solchen Entscheidungen wird grundsätzlich abgelehnt, daß eine Rechtsnorm schon deshalb juristisch unbeachtlich sei, weil in Wirklichkeit diese Rechtsnorm nicht beachtet werde[433]. Es ist aber auch anerkannt, daß eine Rechtsnorm für den Richter dann nicht mehr besteht, wenn sie in der sozialen Wirklichkeit völlig überholt ist[434].

In der richterlichen Praxis zeigt es sich, daß es im Einzelfall sehr schwierig sein kann, die passende Norm zu finden. Der Richter muß zunächst entscheiden, welches der Inhalt einer Rechtsnorm ist. Er kann sich nicht etwa auf den Wortlaut einer durch Gesetz oder durch ein anderes Gericht formulierten Norm verlassen. Denn der Inhalt einer jeden Rechtsnorm ergibt sich erst aus der Auslegung, die sie durch Rechtsprechung und

---

[431] Th. Geiger, a. a. O., S. 35, unter weitgehender Übernahme der Gedanken von M. Weber, a. a. O., 1. Halbband, S. 17.

[432] BGH, Großer Senat für Strafsachen, Beschluß vom 17. 2. 1954 — GSSt 3/53, BGHSt 6, 46 ff.; VGH Stuttgart Urteil vom 27. 3. 1958 — 2 S 176/57, FamRZ 1958, 235.

[433] Hierbei ist zu beachten, daß die Behauptung, eine Norm werde in der sozialen Wirklichkeit nicht mehr beachtet, von den interessierten Beteiligten stets als juristischer Einwand, nicht aber als soziologisch überprüfte Feststellung gebracht wird. Ob also die im Einzelfall umstrittene Norm soziale Wirklichkeit ist oder nicht, ist unabhängig von der prozeßtaktischen Einwendung, die Norm habe keine soziale Wirkung.

[434] OLG Stuttgart Urteil vom 18. 3. 1959 — 1 U 22/59, NJW 1960, 724.

Rechtslehre erfahren hat[435]. Wie weit der Richter den Inhalt einer Rechtsnorm selbst zu formulieren hat, läßt sich in vielen Fällen dem Wortlaut der Norm entnehmen. So heißt es etwa in § 433 BGB: „Durch den Kaufvertrag wird der Verkäufer eine Sache verpflichtet, dem Käufer die Sache zu übergeben und das Eigentum an der Sache zu verschaffen." Dem Wortlaut dieser Norm ist zu entnehmen, daß sie nur für Kaufverträge Anwendung finden soll. Dem Richter obliegt es also, im Einzelfall festzustellen, ob ein Kaufvertrag über eine Sache vorliegt. Dagegen heißt es z. B. in § 279 BGB: „Ist der geschuldete Gegenstand nur der Gattung nach bestimmt, so hat der Schuldner, solange die Leistung aus der Gattung möglich ist, sein Unvermögen zur Leistung auch dann zu vertreten, wenn ihm ein Verschulden nicht zur Last fällt." Im Gegensatz zu § 433 BGB bezieht sich diese Norm nicht auf ein bestimmtes soziales Verhältnis, etwa Kauf, sondern auf eine unübersehbare Zahl von sozialen Verhältnissen, in denen ein Schuldner eine Leistung aus einer Gattung erbringen muß. Das kann im Einzelfall die Lieferung von Getreide oder Kohlen aus einem Kaufvertrag, es kann aber auch Zahlung einer Geldsumme aus einem Darlehen sein. Will der Richter also die Norm des § 279 BGB anwenden, so muß er im Einzelfall formulieren, daß der Schuldner Getreide, Kohlen oder Geld unter den Voraussetzungen des § 279 BGB zu leisten habe.

In noch größerem Ausmaß legen die sogenannten Generalklauseln dem Richter die Verpflichtung auf, den Inhalt der Norm im konkreten Fall zu bestimmen. So lautet § 138 BGB:

> „Ein Rechtsgeschäft, das gegen die guten Sitten verstößt, ist nichtig.
>
> Nichtig ist insbesondere ein Rechtsgeschäft, durch das jemand unter Ausbeutung der Notlage, des Leichtsinns oder der Unerfahrenheit eines andern sich oder einem Dritten für eine Leistung Vermögensvorteile versprechen oder gewähren läßt, welche den Wert der Leistung dergestalt übersteigen, daß den Umständen nach die Vermögensvorteile in auffälligem Mißverhältnis zu der Leistung stehen."

In den Kommentaren finden sich lange Listen von Einzelfällen, in denen entschieden ist, ob das Rechtsgeschäft gegen die guten Sitten verstieß oder nicht. Mit Recht warnt Palandt davor, diese Beispiele auf andere Fälle schematisch zu übertragen, da alles auf die Umstände des Einzelfalls ankomme[436]. Letztlich ist es vom richterlichen Ermessen ab-

---

[435] Die folgenden Beispiele sind allein dem bürgerlichen Recht entnommen. Eine Untersuchung anhand von Rechtsnormen des Strafrechts oder des öffentlichen Rechts würde zeigen, daß auch auf diesen Rechtsgebieten der Richter vor dieselben Probleme gestellt ist wie im bürgerlichen Recht.

[436] PALANDT, BGB, § 138 Anm. 5.

hängig, ob ein Rechtsgeschäft im Einzelfall wegen eines Verstoßes gegen die guten Sitten nichtig ist[437].

Die Beispiele zeigen, daß Rechtsnormen soziale Tatbestände mehr oder weniger abstrahieren können. Eingehendere Untersuchungen würden ergeben, daß der Grad der Abstraktion verschiedener Normen vielfältig differenziert ist. Die zur Erläuterung angeführten Beispiele erschöpfen nicht die Möglichkeiten, die sich für die Abstraktion von Normen bieten. Es wäre deshalb verfehlt, aus den oben gegebenen Beispielen zu folgern, es gebe nur drei Stufen der Abstraktion bei den Rechtsnormen: allgemeine Normen, die mit Begriffen wie „Verstoß gegen die guten Sitten" arbeiten, konkretere, die ihre Anwendungsmöglichkeit mit spezielleren, wie Leistung oder Rechtsgeschäft, abgrenzen, sowie weitgehend konkretisierte, die bestimmte typische soziale Tatbestände erfassen, wie etwa Kauf oder Miete.

Dem Richter stellen die Normen je nach dem Grade ihrer Abstraktion verschiedene Aufgaben: Je geringer die Abstraktion der Norm ist, desto weniger braucht der Richter im Einzelfall die Norm selbst zu formulieren; je größer aber die Abstraktion der Norm ist, desto mehr liegt es beim Richter, die Norm für den Einzelfall festzulegen. Es ist bemerkenswert, daß die grundlegenden Normen der Rechtsordnung, an denen vielfach andere Normen gemessen werden, wie etwa die §§ 133, 138, 157, 242, 826 BGB zu den Normen gehören, die soziale Tatbestände weitestgehend abstrahieren. Das Verhältnis des Richters zu den Rechtsnormen ist also zwiespältig: einerseits ist der Richter an das Gesetz gebunden, andererseits aber fordern die abstrakten Generalklauseln, daß er den grundlegenden Inhalt der Rechtsordnung und damit den Anwendungsbereich der Rechtsnormen im Einzelfall selbst festlegt.

Wenn auch der Umfang der eigenen Rechtsfindung des Richters je nach dem Grad der Abstraktheit einer Rechtsnorm verschieden sein kann, so obliegt es ihm doch in jedem Einzelfall, die anwendbare Norm „ausdrücklich und sprachlich auf einen Satz abzuzuziehen und zu formulieren[438]". Er kann aber den Inhalt einer Norm nicht durch isolierte Betrachtung einer einzelnen Vorschrift festlegen. Vielmehr soll die von ihm formulierte Norm innerhalb eines in sich wiedersprudhslosen Wertsystems stehen. Erst die weitgehende Gleichartigkeit dieses Wertsystems bei der Mehrheit der Richter führt zu einer Gleichartigkeit richterlicher Entscheidungen und damit zu einer Berechenbarkeit des Rechts. Der Richter muß also bei der Formulierung einer Norm eine Abgrenzung zu

---

[437] In seinem Aufsatz Globalzession und verlängerter Eigentumsvorbehalt, NJW 1959, 1954, hebt NEUBECK hervor, daß sich das OLG Hamburg in seiner Entscheidung über die Zulässigkeit des verlängerten Eigentumsvorbehalts mit der Frage der Sittenwidrigkeit überhaupt nicht befaßt habe, während der BGH und das OLG Frankfurt diese Frage für wesentlich gehalten hätten.

[438] KÖNIG, a. a. O., S. 238.

anderen ähnlichen oder verwandten Rechtsnormen oder zu rechtlich nicht normiertem Verhalten treffen.

Bei näherem Zusehen zeigt sich, daß in Rechtslehre und Rechtsprechung verschiedene Auffassungen bestehen, wie der materielle Inhalt der Rechtsnormen, das darin geregelte typische soziale Verhalten, im Einzelfall zu begrenzen ist. Die Grenzen einer jeden Rechtsnorm zu anderen, rechtlichen und außerrechtlichen Normen sind in der sozialen Wirklichkeit nicht starr, sondern fließend[439]. Der Inhalt der abstrakten Norm umfaßt in vielen Fällen mehrere Vorstellungen über den Inhalt typischer sozialer Verhaltensweisen. Diese Verschiedenheit der Vorstellungen wird in allen Fällen deutlich, in denen zur Frage der Auslegung einer Rechtsnorm verschiedene Auffassungen vertreten werden[440]. Entsprechend diesen unterschiedlichen Vorstellungen vom Inhalt der in der Rechtsnorm geregelten typischen Verhaltensweise bestehen verschiedene, einander widerstreitende Ansichten über die Abgrenzung der Rechtsnorm zu anderen rechtlichen Normen und zu rechtlich nicht normiertem Verhalten.

Jede Formulierung einer Norm durch den Richter für einen konkreten Einzelfall, etwa die Leitsätze, die veröffentlichten Entscheidungen vorangestellt werden, bedeutet einseits eine Konkretisierung der Norm, andererseits aber auch eine Abstraktion, da immer nur ein bestimmter von mehreren latent gegebenen Norminhalten zugrundegelegt wird. Es ist deshalb mißverständlich, wenn Th. Geiger die Elemente der Rechtsnormen durch Symbole ausdrückt, weil der Eindruck entsteht, das in einer Rechtsnorm formulierte typische soziale Verhalten sei eindeutig abzugrenzen[441].

Wenn auch der Inhalt einer jeden Rechtsnorm nicht mathematisch exakt formuliert werden kann, sondern in den Grenzbereichen zum Inhalt anderer Rechtsnormen und zu rechtlich nicht normiertem Verhalten fließend ist, so besagt das nicht, daß der Richter den Inhalt der Norm im Einzelfall nach freiem Ermessen festlegt. In den meisten Fällen hat der Richter die Norm in einem Bereich anzuwenden, der von ihm keine

---

[439] Das zeigt sich besonders deutlich im Strafrecht, wo es noch wichtiger ist als im Zivilrecht, die einzelnen Normen ihrem Anwendungsbereich nach voneinander abzugrenzen, da die Strafbarkeit einer Tat überhaupt und die Höhe der Strafe von der normativen Bewertung einer Tat abhängen. Vgl. aus der Rechtsprechung etwa das Urteil des OLG Celle vom 26. 6. 1959 — 2 Ss 79/59, MDR 1959, 861, zur Abgrenzung von Diebstahl und Betrug; oder das Urteil des BGH vom 17. 3. 1955 — 4 StR 8/55, BGHSt 7, 252.

[440] Die unterschiedliche Vorstellung vom typischen Norminhalt zeigt sich deutlich im Urteil des BGH vom 13. 4. 1960 — 2 StR 593/59, NJW 1960, 1678 (Fall Blankenhorn — Hallstein), wo der BGH von einem ganz andern Norminhalt ausging als das LG Bonn.

[441] So durchweg Th. Geiger in seinen Vorstudien zu einer Soziologie des Rechts.

Entscheidung über die zweifelhaften Abgrenzungen verlangt[442]. Soweit der Richter im Einzelfall allerdings das typische Verhalten der Norm in ihrem Grenzbereich bestimmt, gestaltet er selbst ihren Inhalt. Diese Abgrenzung im konkreten Fall kann auf den abstrakten typischen Inhalt der Norm zurückwirken. So kann im Einzelfall die materielle Inhaltsbestimmung der Norm zu einem Bedeutungswandel der bisher geltenden Norm führen, indem der Norm ein anderes typisches soziales Verhalten zugrundegelegt wird als seither.

Damit stellt sich die Frage, wie es kommt, daß der Inhalt einer Norm im Laufe der Zeit sich ändert, während eine andere Norm inhaltlich sich gleich bleibt. Bisher fehlt es an einer soziologischen Theorie, wie es zur Bildung juristischer Ansichten über den Inhalt von Normen kommt. Für die heutige Rechtsprechung kann gesagt werden, daß die Gerichte in erster Linie nach Möglichkeit eine bisherige Rechtsprechung übernehmen, sei es, daß sie bei Inkrafttreten eines neuen Gesetzes die Rechtsprechung zu einem früher geltenden Gesetz heranziehen[443], sei es, daß sie nach ähnlichen Regelungen auf andern Rechtsgebieten suchen, wenn sich andere Vorbilder nicht finden lassen. Für diese Orientierung am Hergebrachten spricht der Gesichtspunkt der Rechtssicherheit, da die seither benutzten Normen durch die Rechtsprechung geklärt sind.

Ein zweiter Faktor für die Bildung einer juristischen Meinung ist die sprachliche Konvention, die den Worten, mit denen die Norm formuliert ist, eine gewisse Variationsbreite von Bedeutungen unterlegt. Diese Variationsbreite mag bei dem einem Wort größer, bei einem anderen geringer sein. Jedenfalls bietet die rein sprachlich-logische Interpretation innerhalb der Variationsbreite der Wortbedeutung keine Gewähr, daß die juristische Praxis dieser Auslegung folgt, selbst wenn sie prägnant vertreten wird[444].

[442] In diesem Zusammenhang ist zu berücksichtigen, daß die Rechtsprechung der Gerichte insgesamt nicht nach den veröffentlichten Entscheidungen beurteilt werden darf. Diese Entscheidungen werden ja gerade deshalb veröffentlicht, weil sie über den entschiedenen Einzelfall hinaus Interesse beanspruchen. Juristische Zweifelsfragen sind stets Fragen nach der Grenze einer Rechtsnorm.

[443] vgl. etwa Beschluß des VGH Mannheim vom 27. 7. 1960 — IV 132/60, DVBl. 1960, 808. Das Gericht greift zur Auslegung des § 47 VwGO auf die entsprechende Bestimmung des § 25 VGG zurück.

[444] Als Hehler wird bestraft, wer seines Vorteils wegen Sachen, von denen er weiß oder den Umständen nach annehmen muß, daß sie mittels einer strafbaren Handlung erlangt sind, „an sich bringt" (§ 259 StGB). VON HIPPEL bemerkt in seinem Lehrbuch, a. a. O., S. 267 Anm. 3, daß man keine Sache intensiver „an sich" bringen kann, als indem man sie „in sich" bringt. Diese Auffassung teilt fast einhellig die Literatur zum deutschen Strafrecht, ebenso die Praxis der schweizerischen und der österreichischen Rechtsprechung zur Hehlerei, welche von einem sprachlich gleichwertigen Hehlereitatbestand als Norm ausgehen. Mit ganz geringen Ausnahmen steht demgegenüber die

Zu diesen beiden Faktoren tritt als drittes Element eine Vorstellung vom Sinn und Zweck einer Norm. Dieses Element beruht auf außerrechtlichen Ordnungsfaktoren und ist im Einzelfall am schwersten zu erfassen, weil es oft nur unausgesprochene Grundlage der Entscheidung ist. Soziologisch kann es als allgemeine Wertung der Rechtsnorm aus dem Verständnis und der daraus gewonnenen Vorstellung von der gesellschaftlichen Ordnung verstanden werden. Zu dieser Wertung gibt es in der heutigen Gesellschaft mehr verschiedenartige Ansichten als zu den andern beiden Faktoren. Wegen der Grundsätzlichkeit dieser Wertung ist es im Gegensatz zu den andern Faktoren, wo eine gewisse Einigung immerhin möglich ist, kaum zu erreichen, eine Übereinstimmung verschiedener Auffassungen herbeizuführen.

Diese drei Faktoren können sich bei der Überzeugungsbildung ergänzen oder einander widerstreiten. Ob das eine oder das andere der Fall ist, hängt wesentlich von der Vorstellung über die soziale Ordnung ab. Insofern ist erheblich, in welchem Ausmaß den Juristen, vor allem den Richtern, soziologische Gruppen der pluralistischen Gesellschaft bekannt sind. Welcher der verschiedenen Faktoren sich durchsetzt, wenn sie als im Widerspruch zueinander stehend empfunden werden, ist schon bei der Willensbildung einer einzelnen Person kaum zu entscheiden. Die Bildung einer „herrschenden Meinung" setzt eine Vielzahl gleichartiger juristischer Entscheidungen voraus, wobei jede einzelne theoretisch auf eine unübersehbare Menge von Wirkungsfaktoren zurückgeführt werden kann. Mit Th. Geiger könnte die Bildung einer solchen herrschenden Meinung als eine habituelle Ordnung erklärt werden, die auf Nachahmung beruht[445].

Arbeitstypen des Richters

Die praktische Arbeit des Richters zerfällt in die Feststellung und Erfassung eines Lebenssachverhalts und in die eigentlich juristische Tätigkeit der Feststellung und Konkretisierung der im Einzelfall anzuwendenden Norm. Jeder dieser beiden Arbeitsabschnitte folgt eigenen Regeln. Demgemäß lassen sich für die praktische Arbeitsweise des Richters idealtypisch zwei Arten unterscheiden, die hier Rechtsrichter und Tatsachenrichter heißen sollen.

Der Rechtsrichter legt den Schwerpunkt seiner Arbeit auf die eigentlich juristische Tätigkeit der Normanwendung. Er geht von den abstrakten Merkmalen der Norm aus und überprüft den ihm unterbreiteten Sachverhalt auf das Vorliegen dieser Merkmale. Seine Prozeßführung

---

deutsche Rechtsprechung auf dem Standpunkt, daß das bloße „Insichbringen", etwa in der Form des Mitverzehrens gestohlener Sachen, keine Hehlerei darstelle (s. hierzu im einzelnen SCHÖNKE-SCHRÖDER, a. a. O., § 259, VI, 1, mit eingehenden Nachweisen).

[445] TH. GEIGER, a. a. O., S. 25.

ist juristisch-ökonomisch, da er streng innerhalb des Rahmens bleibt, der ihm durch Gesetz vorgeschrieben ist. Er ist der „gute Jurist", dessen Entscheidungen mit juristisch zutreffenden Konstruktionen begründet sind, weil sein Denken an den theoretischen Problemen der Jurisprudenz orientiert ist. Seine Entscheidungen sind typisierend und halten sich stets innerhalb des bisher durch Rechtsprechung und Literatur gezogenen Rahmens; denn bei korrekter Anwendung der abstrakten Merkmale der Norm bleibt der Richter stets innerhalb der bisher formulierten Norm, weil das gefundene konkrete Ergebnis schon vorher in der abstrakten Norm vorgegeben war. Der Rechtsrichter ist also in erster Linie ein Richter der Rechtssicherheit.

Andererseits neigt er dazu, den konkreten Sachverhalt und seine mannigfachen, nur ihm eigenen Besonderheiten zu vernachlässigen. Er läßt Umstände außer acht, deren Beachtung ihm die Rechtsnorm nicht vorschreibt, weil er mehr zur Typisierung des Sachverhalts nach rechtlichen Gesichtspunkten neigt. Sofern es ihm nicht aus juristischen Gründen geboten scheint, klärt er den Sachverhalt nicht näher auf. Juristischen Laien ist seine Auffassung vom konkreten Fall oft unverständlich, weil sie für die Merkmale der Norm, für das juristisch Erhebliche, keinen Sinn haben, sondern den Fall aus ihrer eigenen laienhaften Wertung beurteilen. Deshalb halten sie diesen Richter für den „trockenen, pedantischen Juristen". Wegen dieses Zwiespalts der Wertungen hat es der Rechtsrichter vielfach auch schwer, mit den Prozeßbeteiligten zu verhandeln und das Verfahren in der Sitzung zu leiten. Auf Zeugen und Parteien macht er den Eindruck, als spreche er in einer unverständlichen Sprache und lebe in einer anderen Welt. Noch mehr als der Tatsachenrichter neigt er dazu, die Aussagen von Zeugen zu stilisieren und nach seiner juristischen Auffassung in Protokollen wiederzugeben, was zu verhängnisvollen Entstellungen führen kann[446]. So können juristisch erhebliche Umstände, die gar nicht oder nicht richtig vorgetragen worden sind, dem Rechtsrichter verborgen bleiben und damit der Einzelfall in der vom Richter gesehenen tatsächlichen Beschränkung zwar juristisch

---

[446] SCHEUERLE, Vorweggenommene Beweiswürdigung durch richterliche Aussageformulierung, ZZP Bd. 66, S. 306. Der Aufsatz SCHEUERLES hält mehr als sein Titel verspricht. Der Verfasser zeigt an Beispielen die Fehler auf, die sich für die Tatsachenfeststellung aus der Umformulierung von Aussagen durch den Richter ergeben können, insbesondere auch wie die Glaubwürdigkeit dadurch auf- oder abgewertet werden kann. Die Ursache dieser allgemein verbreiteten richterlichen Praxis sieht er in der Neurasthenie des modernen Lebens, das dem Richter keine Zeit lasse und ihn ständig zu schnellerer Arbeit antreibe, ferner in der Arbeitsüberlastung, die es dem Richter nicht erlaube, einen Zeugen so lange reden zu lassen, wie dieser es wolle, sondern ihn zwinge, möglichst sofort auf den juristischen Kern der Sache oder was er dafür hält, zu sprechen zu kommen.

richtig, aber insgesamt tatsächlich unvollständig erfaßt und juristisch falsch entschieden sein[447].

Demgegenüber interessieren den Tatsachenrichter die Besonderheiten des Einzelfalls. Er ist vor allem bestrebt, den konkreten, von ihm zu beurteilenden Sachverhalt tatsächlich vollständig zu erfassen und ihn in seinen juristischen und in seinen unjuristischen allgemeinen sozialen Zusammenhängen zu verstehen. Seine Prozeßführung dient vor allem der Erkenntnis der tatsächlichen Zusammenhänge. Er versteht es, mit den Parteien und Zeugen zu verhandeln, sie in ihrer Sprache anzureden und mit Argumenten zu überzeugen, die ihnen einleuchten. Er hat stets ein offenes Ohr für die Besonderheiten des Einzelfalls, die er in seiner Entscheidung weitgehend berücksichtigen möchte. Er will den einzelnen Fall richtig entscheiden und setzt sich deshalb leichter über die starre Regelung der Rechtsnorm hinweg. Er ist der Richter, der den zeitlichen Rückhang der Norm überwindet, indem er Umstände für rechtserheblich erklärt, die bisher rechtlich unerheblich waren.

Andererseits ist seine Prozeßführung nicht immer juristisch ökonomisch. In seinem Bestreben, den Sachverhalt aufzuklären, verhandelt er über rechtlich unerhebliche Besonderheiten des Einzelfalls und erhebt Beweis darüber. Seine Erwägungen können juristisch abwegig sein[448], so salomonisch sie sich im Einzelfall auch anhören mögen.

Diese typologische Unterscheidung zwischen Tatsachen- und Rechtsrichter gründet sich allein auf verschiedene Arbeitsweisen des Richters. Mit der Verteilung der Richter auf die verschiedenen Rechtszüge hat diese Einteilung nichts zu tun. Insbesondere wäre es verhängnisvoll anzunehmen, daß die Richter der Tatsacheninstanzen eher Tatsachenrichter in dem hier beschriebenen Sinn seien als die Richter der Revisionsinstanzen,

---

[447] Diese theoretisierende Neigung wird vielfach den von der Universität kommenden Referendaren vorgeworfen. Das in der Praxis weithin hochangesehene Anleitungsbuch für die richterliche Arbeit, „Bericht, Gutachten und Urteil" von SATTELMACHER-LÜTTIG-BEYER, warnt ausdrücklich davor, die Tätigkeit des Richters allein mit dem Verstand erfassen zu wollen. Das rechte Gefühl müsse die Verstandeskräfte leiten; dadurch gelange der Richter mitunter zu Erkenntnissen und Wertungen, die abseits des Weges liegen, die ein rein logisches Verstandesdenken einschlage, ohne daß er sich dadurch zu den Gesetzen der Logik in Widerspruch setze (S. 29).

[448] Ein extremes Beispiel ist die — wohl erfundene — Geschichte einer Entscheidung des schwäbischen Amtsrichteroriginals DODEL. Auf einem Markt war einer Bäuerin ein Ziegenbock durchgegangen und auf eine Ziege gesprungen. Bock und Ziege rasten durch einen Stand mit Geschirr und zerschlugen Töpfe und Schalen. Nach dem Spruch des Richters mußte die Eigentümerin der Ziege $^2/_3$ des Schadens ersetzen. Begründung: Die Ziege habe mit 4 Beinen, der Bock aber nur mit 2 Beinen Geschirr zerschlagen; vgl. SETZ, Dodeldum, Komische Geschichten um einen schwäbischen Amtsrichter, S. 55.

und daß diese den Rechtsrichtern zuzuordnen seien. Richter, die eher dem Typus des Tatsachenrichters zuzuordnen sind, finden sich ebenso bei Revisionsgerichten, wie Richter, die mehr als Rechtsrichter anzusehen sind, bei Tatsacheninstanzen fungieren.

Entstehung des Richterspruchs und seine Begründung

In den meisten Rechtsstreitigkeiten muß der Richter schließlich eine Entscheidung fällen, um sie zu beendigen. Diese Entscheidung des Richters beruht nicht zunächst auf dem Gesetz, sondern auf einem Willensentschluß, die Sache in einer bestimmten Weise zu lösen[449]. Dieser Willensentschluß kann unbewußt oder bewußt getroffen werden. In manchen Fällen wird der Richter schon im Laufe des Prozesses gefühlsmäßig, d. h. unbewußt, zu einer Entscheidung gelangen, über deren Gründe er sich zunächst selbst keine Rechenschaft zu geben vermag. Jede Entscheidung des Richters muß aber ein bewußtes „Urteil" werden, da er in jedem Fall eine rationale Begründung geben muß, die für einen andern rational verständlich sein soll.

Beim Richter kann die bewußte Durchdringung des Rechtsfalles zu einer Korrektur der zunächst aus dem Gefühl gewonnenen Entscheidung führen. Aber auch wenn die bewußten Überlegungen zu demselben Ergebnis kommen wie das Rechtsgefühl, ist nicht gesagt, daß die für die Entscheidung wirklich maßgebenden Gründe tatsächlich mitgeteilt werden. Die Gründe der Entscheidung verdecken in manchen Fällen die wirklichen Entscheidungsgründe[450], da das „Rechtsgefühl" außerrechtlichen Gesichtspunkten entscheidendes Gewicht beilegen kann, die in der juristischen Begründung der Entscheidung nicht erscheinen können[451].

---

[449] Was MAY, Zur Beschränkung der Berufung auf das Strafmaß, NJW 1960, 465, für die Strafzumessung feststellt, daß es sich hierbei um eine Mischung rationaler Überlegungen, Werturteile und unfaßbarer Empfindungen handelt, gilt ebenso auch für richterliche Entscheidungen auf anderen Gebieten, wenn auch diese Freiheit der Rechtsfindung manchmal überdeckt scheint.

[450] SCHORN, a. a. O., S. 52 f. führt aus, daß zahlreiche Urteile unter dem Deckmantel nationalsozialistischer Gedanken gerade gegen die Prinzipien des Nationalsozialismus entschieden haben. Genauso lassen sich außerrechtliche Entscheidungsgründe durch juristische Konstruktionen kaschieren.

[451] Nach ständiger Rechtsprechung ist ein Kraftfahrer bei einem Blutalkoholgehalt von 1,5 ‰ und mehr fahruntüchtig. Unter Alkohol stehende Verkehrssünder versuchen deshalb, die Schuld an Verkehrsunfällen plötzlichen Ereignissen zuzuschieben, bei denen auch ein nicht unter Alkoholeinfluß stehender Fahrer den Unfall nicht hätte vermeiden können. Als Unfallursache war zeitweilig ein schwarzer Hund beliebt. Ein Oberamtsrichter berichtet:

„Vor den Schranken des Gerichts steht ein Verkehrssünder. Er ist bei einer nächtlichen Ausflugsfahrt mit seinem LKW auf die linke Straßenseite geraten und dort in einer Hecke gelandet. Reichlich über 1,5 ‰ Blutalkoholgehalt sind

In Zweifelsfällen kann das Gesetz, eine Kommentarstelle oder ein Präjudiz dem Richter die Entscheidung erleichtern. Treffen muß sie der Richter aber in jedem Fall selbst.

Die allgemeinen Regeln von der Auslegung und Anwendung von Rechtsvorschriften helfen dem Richter zu diesem Zeitpunkt wenig. Die Dogmen der progressiven Rechtsfindungsmethode sind schillernd, sie können sogar vieldeutig sein. Sie zeigen dem Richter, zu welchen verschiedenartigen Ergebnissen er gelangen kann, je nachdem, welchem Dogma er bei seiner Auslegung folgt. Sie geben ihm aber keine Auskunft, welche Entscheidung er im konkreten Einzelfall treffen soll. Letztlich gibt sich diese Rechtsfindungsmethode selbst auf, wenn sie dem Richter in schwierigen Fällen empfiehlt, auf die „Rechtsidee", das „Sittengesetz", das „richtige Recht" oder das „Naturrecht" zurückzugreifen[452]. Wollte der Richter nach dieser „Rechtsfindungsmethode" versuchen, eine Entscheidung zu finden, so würden seine bisherigen Zweifel über die richtige Entscheidung der Sache nur durch neue Zweifel über die richtige Methode der Gesetzesanwendung belastet, so daß er schließlich vor lauter Zweifeln zu gar keiner Entscheidung käme. Bei der Suche nach einer Entscheidung will der Richter gerade wissen, was im Einzelfall das „richtige Recht", „Naturrecht" oder ein sonstiger philosophischer Begriff ist. Wüßte er das „richtige Recht", so brauchte er keine Rechts-

---

nachgewiesen. Der Angeklagte erklärt nun, daß ihm, als er aus der G-Straße nach recht in die R-Straße einbog, zwei Hunde vor das Fahrzeug gelaufen seien, denen er im letzten Moment ausweichen wollte. Sichtlich erleichtert meint der Oberamtsrichter, daß wenigstens der jetzt so oft auftauchende „schwarze Hund" nicht hinzugekommen sei, der gehe ihm schon ganz arg auf die Nerven. Vielleicht denke der Angeklagte aber doch noch genau darüber nach, ob der Wahrheit nicht doch noch näher gekommen werde, wenn er auch die beiden andern Hunde weglasse. Worauf der Angeklagte treuherzig verlegen sagt: ‚Na, dann laß'n mir's halt weg!' Der Führerschein konnte zwar durch die Wahrheitsliebe nicht mehr gerettet werden, die Atmosphäre war aber so freundlich aufgelockert, daß der Angeklagte mit seinen weiteren Einlassungen offenbar auf weitestmögliches Verständnis des Gerichts stieß und ein besseres Endergebnis erzielte, als wenn er die beiden Hunde nicht ‚weg gelassen' hätte." (Juristische Praxis, Januar 1959, S. 31).

Der diese Notiz einsendende Oberamtsrichter ist offenbar der Richter dieses Falls gewesen. Der wahre Grund für die Höhe der Strafe war hier der ‚weggelassene Hund'. Im Urteil erschien dieser Grund allenfalls angedeutet, indem dem Angeklagten eine glaubhafte Einlassung eingeräumt wurde. Hätte der Angeklagte den Hund nicht erfunden und später wieder weggelassen, so wäre wahrscheinlich die Atmosphäre nicht so aufgelockert worden und die Strafe möglicherweise härter ausgefallen. Bei einem anderen Richter hätte der Angeklagte mit seiner Einlassung möglicherweise ein ungünstiges Verhandlungsklima geschaffen und wäre strenger bestraft worden.

[452] BENDER, a. a. O., JZ 1957, 601.

findungsmethode. In Zweifelsfällen sucht er aber nach einem festen Punkt, von dem er ausgehen kann.

Für die richterliche Praxis ergeben sich bei Anwendung dieser juristischen Lehre weitere Schwierigkeiten. Abgesehen von Schulfällen ist es nicht ohne weiteres möglich, die rechtlich „richtige" Entscheidung eines Falles zu treffen. Mit Llewellyn ist davon auszugehen, daß jede rechtlich zweifelhafte Entscheidung, die vom höchsten Gericht im Gegensatz zur Vorinstanz entschieden wird, im allgemeinen mit guten Gründen auch anders hätte entschieden werden können[453].

Die juristische Rechtsfindungsmethode ist dennoch für den Weg zur richterlichen Entscheidung nicht wertlos. Sie kann namentlich in Fällen, deren Tatbestand kompliziert ist, zeigen, welche Gesichtspunkte für eine Lösung des Rechtsstreits von Bedeutung sein können. Durch ein Rechtsgutachten, das einen Sachverhalt nach allen rechtlichen Gesichtspunkten hin untersucht, erkennt der Richter diese Gesichtspunkte und erlangt eine Übersicht über die rechtlich erheblichen Umstände. Sattelmacher, der auf dem Gebiet des Rechtsgutachtens als einer der maßgebenden Autoren gilt, warnt aber eindringlich vor einer Überschätzung der Möglichkeiten rationaler Rechtsfindung[454]:

> „Die bloße Kenntnis der gesetzlichen Vorschriften und juristischer Scharfsinn reichen nicht aus. In den so unendlich vielgestaltigen und komplizierten Gebensvorgängen, die das Arbeitsfeld des Richters bilden, gibt es vieles, was mit dem Verstand allein nicht erfaßt werden kann, was nur erfühlbar ist. Das rechte Gefühl muß hier die Verstandeskräfte leiten und wird den Richter mitunter zu Erkenntnissen und Wertungen führen, die abseits des Weges liegen, den ein rein logisches Verstandesdenken einschlägt, ohne sich jedoch mit den Grundgesetzen der Logik in Widerspruch zu setzen."

Die richterliche Entscheidung ist also letztlich irrational und logisch nicht vollständig erfaßbar. Sie ist unter diesen Umständen nur berechenbar, wenn gewährleistet ist, daß jeder Richter von denselben Grundlagen der Rechtsfindung ausgeht. Die Moral oder das Sittengesetz können diese Grundlage nicht geben. Zahlreiche Rechtsnormen erscheinen dem Richter wertneutral, sie sprechen sein Rechtsgefühl nicht an[455]. Aber auch soweit Normen sittlich oder moralisch wirken, kann ihre Auslegung nicht von der Moral des einzelnen Richters abhängen. Die Entscheidung würde

---

[453] LLEWELLYN Präjudizienrecht und Rechtsprechung in Amerika, S. 91.

[454] SATTELMACHER, a. a. O., S. 29.

[455] Etwa Regelungen über Bauabstände, Verkehrsvorschriften oder Formvorschriften. Im Strafrecht wird neuerdings sogar diskutiert, ob es „wertfreies Unrecht" gibt.

sonst in vielen Fällen allein vom Zufall abhängen, je nachdem, welcher Richter die Sache entscheidet[456].

Die für alle Juristen und damit auch für alle Richter verbindliche Grundlage der Rechtsfindung ist die juristische Dogmatik. Sie lehrt die Betrachtungsweise tatsächlicher sozialer Beziehungen, die rechtlich zu beurteilen sind, nimmt Stellung zu Rechtsfragen und gibt dafür eine bestimmbare Zahl von Lösungen, die möglich erscheinen. Vor allem schult sie den Juristen, in einem bestimmten Wertsystem zu denken, das seine rechtliche Betrachtungsweise entscheidend prägt.

Der Vorteil dieser dogmatischen Schulung liegt darin, daß der Jurist in einem historisch gewachsenen und im großen ganzen stabilen Wertsystem denkt, so daß seine Entscheidung einerseits berechenbar, andererseits auch von ideologischen politischen Tageseinflüssen nur am Rande berührt ist. Der laienhafte Volksrichter, der diesen Rückhalt nicht hat, ist Weisungen leichter zugänglich, ja bedarf ihrer sogar, worauf Eberhard Schmidt zutreffend hinweist[457].

Verschiedentlich wird versucht, die juristische Dogmatik auf eine eigene moralisch oder sittlich philosophische Grundlage zurückzuführen, indem man sie als „ethisches Minimum" bezeichnet[458]. Dieser Versuch ist schon deshalb fragwürdig, weil es an einem festen Ausgangspunkt fehlt, von dem aus das ethische Minimum oder ein ethisches Maximum

---

[456] Ein katholischer Richter könnte etwa die Scheidung einer Ehe verweigern. In Konstanz soll sich der Vorsitzende eines Schöffengerichts bei der Aburteilung einer Abtreibung zwei Schöffen gegenübergesehen haben, die ihm erklärten, die Vorschrift des § 218 StGB sei mit ihrem Gewissen nicht vereinbar und trotz aller Hinweise des Berufsrichters sich weigerten, eine Verurteilung auszusprechen. Eine derartige richterliche Amtsführung kann rechtliche Sanktionen wegen Rechtsbeugung (§ 336 StGB) nach sich ziehen. Vgl. hierzu sehr klar und richtig Eberhard SCHMIDT, Lehrkommentar zur Strafprozeßordnung und zum Gerichtsverfassungsgesetz, Teil I, Randnummer 415.

[457] Eberhard SCHMIDT, a. a. O., Teil I, Randnummer 455 und dazu Anmerkung 403.

[458] KÜCHENHOFF, Der Begriff des Minimum in der Rechtswissenschaft, NJW 1959, 1254 mit weiteren Literaturnachweisen. — Wie sich das Schisma der Moralen in der Rechtsprechung praktisch auswirken kann, zeigt die Begründung des Beschlusses des Großen Strafsenats des BGH vom 2. 12. 1957 — BGH GSSt 3/57, NJW 1958, 309. — Der den Großen Strafsenat anrufende 5. Strafsenat beurteilte in einem Einzelfall wegen besonderer Umstände eine Tötung nicht als heimtückisch und deshalb nicht als Mord (§ 211 StGB). Der Große Strafsenat sprach in der Begründung seine Besorgnis über eine Entwicklung aus, die selbst unter den Strafsenaten des BGH zu verschiedenen Auffassungen führen würde, ob eine Tötung im Einzelfall besonders verwerflich und damit Mord oder weniger verwerflich und damit Totschlag sei. Diese unterschiedliche Beurteilung eines Falles ist letztlich auf einem verschiedenen „ethischen Minimum" des Großen Strafsenats und des vorlegenden 5. Senats zu erklären.

bestimmt werden könnten. Vom Standpunkt der Ethik einer Gruppe aus kann die eine Rechtsnorm mehr fordern als das ethische Maximum der außerrechtlichen Gruppenordnung, während eine andere rechtliche Regelung noch unter dem ethischen Minimum der Gruppenethik liegt.

Die juristische Dogmatik wird näher durch die Rechtsprechung, vor allem durch die der oberen Gerichte, präzisiert. Entscheidungen haben zwar nicht den Rang einer Rechtsnorm; ihre Bedeutung geht aber doch weit über die Regelung eines Einzelfalles hinaus. Kein Richter wird von einer bestehenden Rechtsprechung abweichen, falls er nicht gewichtige Gründe dafür zu haben glaubt. Die Neigung zur Beibehaltung einer bestehenden Rechtsprechung ergibt sich schon aus der Art der juristischen Deduktion, die sich zum Beweis für eine juristische Auffassung auf die Ansicht anderer Gerichte und auf die juristische Literatur beruft. Die Mehrzahl der Gerichte, die über sich noch eine Instanz hat, muß außerdem stets damit rechnen, daß gegen die von ihnen getroffenen Entscheidungen ein Rechtsmittel ergriffen werden kann, das geltend macht, das Gericht sei grundlos von einer Rechtsprechung abgewichen. Kein Gericht sieht es gerne, wenn seine Entscheidung aufgehoben wird. Dennoch schließt der berufliche Konformismus der Richter eine bizarre Originalität im Privatleben nicht aus, wie sich am Beispiel des Kammergerichtsrats E. Th. Hoffmann zeigt.

Für den Richter, der nach einem festen Ausgangspunkt sucht, auf den er seine Entscheidung gründen kann, bieten die Entscheidungen anderer Gerichte gegenüber dem Wortlaut des Gesetzes den Vorteil, daß sie zu einem konkreten Sachverhalt Stellung nehmen. Der Richter kann vergleichen, inwiefern der von dem andern Gericht dem von ihm zu entscheidenden Sachverhalt ähnelt und inwiefern er sich davon unterscheidet. Die vielfachen Erläuterungen einer Norm durch Entscheidungen, Lehrbücher und Kommentare beseitigen viele Zweifel über Inhalt und Tragweite der Rechtsnormen.

Da die Rechtsfindungsmethode der Interessenjurisprudenz dem Gesetzeswortlaut nicht die Bedeutung beimißt, wie die Begriffsjurisprudenz, die sich notwendigerweise auf den Begriff, also auf das Wort zurückziehen mußte, wird der Richter um so mehr dazu veranlaßt, sich an die Rechtsprechung zu halten, die am konkreten Sachverhalt zeigt, welche und wie die Interessen abzuwägen sind. Das kann so weit gehen, daß für die Entscheidung einer Rechtsfrage nicht der Wortlaut des Gesetzes, sondern die Entscheidung eines andern Gerichts angeführt wird[459].

---

[459] Die 18. Kammer des LG Braunschweig beruft sich in einem Beschluß vom 20. 12. 1956 — 18 T 1021/56, NJW 1957, 469 auf eine Entscheidung des LG Freiburg, NJW 1956, 144, um zu belegen, daß auch bedingte Ansprüche durch eine Vormerkung gesichert werden können. § 883 Abs. 1 S. 2 BGB lautet: „Die Eintragung einer Vormerkung ist auch zur Sicherung eines künftigen oder eines bedingten Anspruchs zulässig.“

Erheblichen Einfluß auf die Rechtsfindung in der Praxis haben ferner gewisse gängige Kommentare[460]. Die Entwicklung des Rechts hat zu einer „Verstärkung des Richterrechts" und zu einer Verringerung des Gesetzesrechts geführt. Diese Entwicklung wird in der Rechtswissenschaft mit gemischten Gefühlen betrachtet. Einerseits räumt man ein, daß es dem Richter in vielen Fällen nicht möglich wäre, eine sozial praktikable Lösung eines Rechtsstreits zu finden, wenn er unter allen Umständen an den starren Wortlaut eines Gesetzes gebunden wäre. Andererseits kann das Bestreben des Richters, die besonderen Umstände des Einzelfalls vollständig zu berücksichtigen, dazu führen, daß der Inhalt einer gesetzlichen Regelung praktisch aufgehoben wird[461].

Bedeutung der Rechtsfindungsmethoden für die Begründung richterlicher Entscheidungen

In der Rechtslehre gilt die Begriffsjurisprudenz, die die Rechtsfindungsmethode des sogenannten juristischen Positivismus darstellt, wissenschaftlich als überwunden[462]. Auch die Gerichte aller Rechtszweige begründen heute Entscheidungen nach den Regeln der Interessenjurisprudenz. Treffend formuliert Eberhard Schmidt: „Positivismus ist zum Unwerturteil geworden. Nichts schlimmeres kann einem Juristen gesagt werden, als daß er ‚Positivist' sei[463]." Demgemäß verwahrt sich jeder Jurist gegen den Vorwurf, Begriffsjurisprudenz zu betreiben.

Diese Abwertung der Begriffsjurisprudenz schließt nicht aus, daß auch heute noch sowohl in der Rechtslehre wie in der Praxis der Gerichte vielfach mit begriffsjuristischen Erwägungen gearbeitet wird. Boehmer zitiert mehrere Beispiele aus der neueren juristischen Literatur für begriffsjuristisches Arbeiten[464]. Bender meint sogar, begriffsjuristische Argumentationen würden sich vor allem dann in gerichtliche Entscheidungen einschleichen, wenn die Verfasser begabte Juristen seien[465]. Tatsächlich bricht manchmal in der juristischen Literatur die Ansicht durch, daß eigentlich nur die begriffliche Argumentation den Anspruch erheben

---

[460] Dies gilt insbesondere für die „Kurzkommentare".

[461] BAUR, Sozialer Ausgleich durch Richterspruch, JZ 1957, 194 Anm. 10; ferner SCHEERBARTH, Ist im Verwaltungsrecht die Hermeneutik auf Abwegen? DVBl. 1960, 185; sowie HAUEISEN, Die Rechtsfindung auf dem Gebiet des Verwaltungsrechts, DVBl. 1960, 350.

[462] LEHMANN, a. a. O., § 8 I, 7; BOEHMER, Grundlagen der bürgerlichen Rechtsordnung, S. 126 ff.

[463] Eberhard SCHMIDT, Gesetz und Richter, Wert und Unwert des Positivismus, S. 8.

[464] BOEHMER, a. a. O., II, 1, S. 84 ff.

[465] BENDER, a. a. O., JZ 1957, 596.

könne, juristisch zu sein[466]. Als typisches Beispiel begriffsjuristischer Deduktion in einem Urteil sei eine Entscheidung des OLG Bremen angeführt[467].

Weitere Beispiele begriffsjuristischer Begründungen lassen sich ohne Schwierigkeiten in der neueren Rechtsprechung finden[468]. Verhältnismäßig wenige der genannten Entscheidungen stützen die Begründung auf Ordnungsbegriffe und Interessenabwägungen[469]. Bei der Aufrechterhaltung einer ständigen Rechtsprechung berufen sich die Obergerichte auf einen geprägten Ordnungsbegriff, der sich bei früheren Entscheidungen bewährt hat. Dieser Begriff wird als richtig hingenommen, weil er zahlreichen Entscheidungen unverändert zugrunde gelegt worden war[470]. Er hat den Vorteil, daß das Gericht sich langwierige Untersuchungen über Zweck und Funktion des Gesetzes ersparen kann.

Den Untergerichten ist durch den vorgegebenen Ordnungsbegriff ein klarer Anhaltspunkt für die Begründung gegeben. Halten sie sich an die Kriterien des Ordnungsbegriffs, so steht ihre Entscheidung jedenfalls im

---

466 Etwa bei SCHÖNFELD, Verwendungsansprüche des Werkunternehmers bei Unwirksamkeit des Werkvertrags, JZ 1959, 301, Anm. 28: „Im Ergebnis ebenso Horst MÜLLER, Verwendungsanspruch und Kreditrisiko, Festschrift für LENT, 1957, S. 188 mit der rein wirtschaftlichen Begründung, daß auch in diesem Falle der Unternehmer für den Besteller arbeiten wolle und auch tatsächlich arbeite. Das ist sicher richtig, aber rechtlich beachtlich eben erst unter dem Gesichtspunkt des § 868 BGB, auf den § 986 BGB verweist.“ Tatsächlich ist diese juristische Konstruktion erst aus dem wirtschaftlichen Ergebnis verständlich, nicht umgekehrt.

467 OLG Bremen Urteil vom 22. 2. 1956 — 3 U 397/55, NJW 1957, 1284: „Aus dem Wortlaut des § 1197 BGB entnimmt die einhellige Rechtsansicht mit Recht die Ermächtigung zur Bestellung von Löschungsvormerkungen auch für frühere Vereinigungen, deutet also die Worte ‚wenn sich ... vereinigt‘, so, als lauteten sie ‚wenn sich ... vereinigt hat oder vereinigen wird‘. Eine dem Wortlaut des Gesetzes entsprechende Grundbucheintragung kann nicht anders ausgelegt werden. Enthält sie ohne Beschränkung auf frühere oder spätere Vereinigungen nur die Worte des Gesetzes ‚wenn sich ... vereinigt‘, dann muß daraus, ebenso wie aus § 1179 BGB geschlossen werden, daß auch frühere Vereinigungen mit umfaßt sind.“

468 Etwa: BGH Urteil vom 11. 12. 1960 — II ZR 198/59, NJW 1960, 964 (Begriff der Veräußerung); BGH Beschluß vom 20. 1. 1960 — 4 StR 292/59, NJW 1960, 1019 (Begriff der Flucht); BGH Urteil vom 9. 12. 1958 — VI ZR 199/57, NJW 1959, 479 (Begriff des ausgeübten Gewerbebetriebs).

469 z. B. BGH Urteil vom 3. 3. 1960 — II ZR 196/57, NJW 1960, 1057; BGH Urteil vom 20. 10. 1959 — 5 StR 339/59, NJW 1960, 51; in seinem Beschluß vom 27. 4. 1960 — 12 W 668/60, JZ 1960, 446 entscheidet das KG unter Berufung auf den Zweck und die Entstehungsgeschichte von § 380 ZPO gegen den Wortlaut dieser Norm.

470 z. B. BGH Urteil vom 23. 9. 1957 — VII ZR 403/56, NJW 1957, 1796 (Begriff der Drohung in § 123 BGB).

Einklang mit der obergerichtlichen Rechtsprechung, selbst wenn sie ihrer Entscheidung noch eine Interessenwertung beifügen, die das Obergericht nicht für richtig hält. Denn mit der Übernahme und der richtigen Anwendung des Oberbegriffs muß das Gericht zu einem konkreten Ergebnis kommen, das durch den abstrakten Ordnungsbegriff schon vorgegeben ist. Vielfach dürften daher die Interessenabwägungen nur beigegeben sein, um die begriffsjuristische Rechtsanwendung zu verschleiern.

Leitbild des Richters nach der Praxis der Gerichte

Als wesentliches Ergebnis ist hier festzuhalten, daß das soziologische Leitbild des Richters, wie es die Rechtspraxis aufstellt, mit dem soziologischen Leitbild der Rechtslehre nicht übereinstimmt. Die Praxis der Gerichte ist grundsätzlich eher geneigt als die Theorie, Beschränkungen des Richters gegenüber dem Gesetz auf sich zu nehmen. Selbst wenn die Rechtssprechung derselben Meinung wie die Rechtslehre wäre und die dem Richter durch die Begriffsjurisprudenz zugewiesene funktionale Stellung als eines Richters unwürdig ansehen sollte[471], so müssen doch die Vorteile, die sich aus dieser Beschränkung ergeben, die Nachteile in manchen Fällen überwiegen. Die rein begriffliche Deduktion gibt der Entscheidung den Charakter des Unpersönlichen. Sie enthebt scheinbar den Richter der Verantwortung für die Folgen seiner eigenen Rechtsfindung, deren Auswirkungen auf andere Rechtsfälle er im Augenblick nicht übersehen kann und schiebt sie letztlich dem Gesetz, dem Begriff und der Logik zu. Durch ihre Begriffsdeduktionen beugen die Obergerichte fehlerhaften Interpretationen unterer Gerichte vor.

Das Nebeneinander verschiedener Leitbilder von der Funktion des Richters, wie es sich in der Rechtsprechung darbietet, ist für den Richter ein Hilfsmittel, um eine Entscheidung zu begründen. Will der Richter eine schon entwickelte Rechtsprechung aufrechterhalten, so argumentiert er vom Rechtsbegriff aus[472]. Will er aber die bisherige Rechtsprechung für seinen besonderen Fall modifizieren oder die gesetzliche Regelung weiterentwickeln, so begründet er seine Entscheidung mit den Erwägungen, die die Interessenjurisprudenz oder ihre Schulen ihm bieten[473].

---

[471] LEHMANN, a. a. O., § 8 I 7; BOEHMER, a. a. O., I, S. 126.

[472] Vgl. die oben gegebenen Beispiele zur begriffsjuristischen Deduktion im Zivilrecht; im Strafrecht vgl. BGH Urteil vom 15. 3. 1960 — 1 StR 46/60, NJW 1960, 1023, in dem ausgeführt wird, daß der Angehörige auch dann straflos ist, wenn er einen Dritten zu einer Begünstigungshandlung anstiftet. In seinem Urteil vom 20. 10. 1959 — 5 StR 339/59, NJW 1960, 51 deduziert der BGH, daß ein Raub in einer unterirdischen Bedürfnisanstalt kein schwerer Raub sei, weil er nicht **auf**, sondern **unter** einem öffentlichen Weg begangen worden sei.

[473] Dies zeigt sich im Zivilrecht klar an den die Regelung des § 912 BGB ergänzenden Urteilen des BGH vom 30. 4. 1958 — V ZR 215/56 und V ZR

Die Umschreibung der richterlichen Funktion in den Formeln der Begriffsjurisprudenz und in denen der Interessenjurisprudenz nebeneinander zeigt, daß die soziale Funktion des Richters zur Zeit nicht eindeutig festliegt. Welche soziale Funktion der Richter nach einer Klärung des jetzigen dogmatischen Zwischenzustandes in der Rechtspraxis einnehmen wird, läßt sich nicht vorhersagen. Man wird nicht ohne weiteres unterstellen können, daß die Entwicklung dahin geht, dem Richter eine immer größere soziale Machtbefugnis zuzubilligen. Eine Evolutionstheorie des Inhalts, daß die Bedeutung der richterlichen Funktion für die Ordnung einer sozialen Gruppe immer mehr zunimmt, ließe sich mit der geschichtlichen Entwicklung nicht vereinbaren. Diese lehrt, daß die Funktion des Richters bald bedeutender, bald weniger bedeutend ist. Das Beharren der Rechtsprechung auf dem Leitbild des Richters der Begriffsjurisprudenz deutet darauf hin, daß die Eingriffstiefe des Richters beschränkt bleiben soll. Die Richter verzichten selbst auf Möglichkeiten, eine weitergehende soziale Macht zu ergreifen als sie bisher schon innehatten. Diese Feststellung wird nicht dadurch beeinträchtigt, daß das Feld der Jurisdiktion durch die Schaffung neuer Gerichtszweige erheblich erweitert worden ist.

Aus der Tätigkeit der Richter läßt sich ersehen, daß neben dem Leitbild des Richters der Begriffsjurisprudenz und dem der Interessenjurisprudenz ein drittes Leitbild besteht. Es ist das Leitbild des Richters als Sozialarzt, der in erster Linie um einen Ausgleich zwischen den Prozeßbeteiligten bemüht ist. Soweit ihm das Gesetz nicht die Möglichkeit gibt, den Rechtsstreit nach eigenem Ermessen zu lösen, versucht er, die Beteiligten zu einer friedlichen Beilegung ihrer Differenzen zu veranlassen, indem er mehr oder minder nachdrücklich einen Vergleich anstrebt[474]. Die Beilegung des Rechtsstreits durch gegenseitiges Nachgeben hat für die Beteiligten den unmittelbaren Vorteil, daß ihre Streitfrage rasch gelöst ist. Der Richter ist an Vergleichen schon deshalb interessiert, weil es ihm

---

178/56, JZ 1958, 438 und NJW 1958, 1180 zur Frage des Eigentums an Grenzmauern. Aus dem Strafrecht sind die Urteile über die Abgrenzung von schwerem und einfachem Raub von Interesse, etwa BGH Urteil vom 20. 9. 1956 — 4 StR 351/56, MDR 1957, 242. Hier wird durch Ausführungen über den Zweck des Gesetzes begründet, daß ein Raub „auf einem öffentlichen Weg" auch noch nahe an einem öffentlichen Weg begangen sein kann (vgl. aber auch oben Anm. 472).

[474] Setz, Dodeldum, Komische Geschichten um einen schwäbischen Amtsrichter, S. 84, Beradt, Der deutsche Richter, S. 79, Fallada, Damals bei uns daheim, S. 55 berichten von jenem sagenhaften Richter, der die Parteien vergleichsbereit stimmte, indem er sie auf einer Bank vor einem Kachelofen Platz nehmen ließ und den Ofen dann so heftig wie möglich heizen ließ. Diese Geschichte zeigt, wie weit der Richter nicht gehen darf. Langwieriges Warten, lange andauernde Verhandlungen und eindringliches Zureden durch den Richter beeinflussen die Willensbildung der Parteien manchmal erheblich.

bei der ihm zugemuteten Arbeitsbelastung kaum möglich ist, alle Streitigkeiten durch Urteil zu entscheiden und zu begründen. Ein Vergleich kann außer der augenblicklichen Arbeitserleichterung noch weitere Vorteile haben. Stehen die Prozeßbeteiligten ständig zueinander in sozialen Beziehungen, so kann eine richterliche Entscheidung die Folge haben, daß die obsiegende Partei im Gefühl eines Sieges weitere Forderungen an die unterliegende Partei stellt, so daß es bald wieder zu Streitigkeiten kommt. Ein Vergleich gibt keinem der Beteiligten das Gefühl, Recht bekommen zu haben oder eine Scharte auswetzen zu müssen und kann zu einer dauernden Befriedung führen.

Andere Richter halten diese Vorstellung von der Funktion des Richters für unzutreffend, weil sich der Richter damit eine Befugnis anmaße, die ihm nach dem Gesetz an sich nicht zustehe. Ein Vergleich habe nur solange eine Berechtigung, als der streitige Sachverhalt nicht hinreichend geklärt sei, oder wenn die Rechtslage besonders zweifelhaft sei. Sache des Richters sei es, Recht zu sprechen, nicht eine möglicherweise rechtlich unrichtige Lösung durch Vergleich herbeizuführen. Cohn meint, daß das Ansehen des Gerichts bei den Rechtsuchenden leide, wenn um den Vergleich gehandelt werde[475]. Dieser Einwand besagt nichts Grundsätzliches gegen den Abschluß von Vergleichen, sondern betrifft nur die Frage, wie das Gericht den Prozeßbeteiligten gegenüberzutreten hat. Ein Vergleich wird in den weitaus überwiegenden Fällen nicht unter Preisgabe der Würde des Gerichts ausgehandelt. Beachtlicher ist dagegen der Einwand, daß die Bereitschaft, die Parteien zu Vergleichen mehr oder minder zu drängen, indem die Prozeßrisiken in düsteren Farben gemalt werden, Veranlassung geben kann, eine Klage mit verhältnismäßig höherer Forderung oder überhaupt eine Klage zu erheben. Der Kläger rechne in diesem Fall schon damit, daß das Gericht den Rechtsstreit nicht zu Ende führen werde, sondern auf einen Vergleich zusteuere[476].

Bedeutung der Gerichtsorganisation für die Rechtsfindung

Die Entscheidung des Richters im Einzelfall wird wesentlich von äußeren Bedingungen mitbestimmt, unter denen er seine Arbeit zu erbringen hat. Von besonderer Bedeutung ist, ob er die Entscheidung allein zu fällen hat, oder ob er als Berichterstatter ein Kollegium von seiner Entscheidung zu überzeugen hat.

In tatsächlich und rechtlich komplizierten Fällen ist es für den Einzelrichter oft schwierig, aus der von zwei verschiedenen Standpunkten aus gegebenen Sachdarstellung alle für die Entscheidung rechtlich erheblichen

---

[475] COHN, Richter, Partei und Prozeßvergleich, JZ 1959, 463.

[476] GLOSSE, Diesmal an die Herren „Vergleichsrichter“, NJW 1957, 131, die eine abgewogene Darstellung aller Argumente für und wider die Herbeiführung von Vergleichen von Gerichts wegen enthält.

Umstände herauszufinden oder die rechtlichen Fragen in vollem Umfang zu erfassen. Es ist deshalb kein Zufall, daß juristisch besonders schwierige Fälle an großen Gerichten von den Richtern vielfach auch privat erörtert werden. Der entscheidende Richter will sich eine Kontrolle verschaffen, daß er die wesentlichen Gesichtspunkte des Falles in seiner Entscheidung beachtet. Dem Einzelrichter, der an einem kleinen Gericht einziger Richter ist, fehlt die Möglichkeit einer solchen Selbstkontrolle. Deshalb ist die Praxis der Justizverwaltungen auch vom juristischen Standpunkt bedenklich, frisch gebackene Assessoren ohne praktische Erfahrung sofort als Einzelrichter an ein kleines Amtsgericht abzuordnen.

Der Richter in einem Kollegium hat zwei oder mehrere Richter von der Richtigkeit seines Votums zu überzeugen. Dabei muß der Berichterstatter bei der Begründung seiner Entscheidung beachten, ob er Laienbeisitzern oder Juristen seine Entscheidung erklären will. Den nicht juristisch gebildeten Richtern muß die Entscheidung ohne juristische Konstruktionen, für die sie in der Regel kein Verständnis haben, evident sein. Der juristisch vorgebildete Richter im Kollegium wird auch die rechtlichen Erwägungen des Berichterstatters kritisch betrachten. Durch das Zusammenwirken mehrerer Richter ist grundsätzlich die Möglichkeit gegeben, das beste mögliche Urteil des Kollegiums zu erhalten, da die Argumente aller Richter besprochen werden. Dieses beste Urteil des Kollegiums liegt über dem besten Urteil des Einzelrichters, weil es den Einzelfall aus verschiedenen Perspektiven erörtert, die der Einzelrichter schon wegen seiner Nähe zu der von ihm vorgesehenen Entscheidung nicht haben kann.

In der Praxis ist es allerdings fraglich, ob das Kollegium, wenigstens an den unteren Instanzen, diesen hohen Kontrollwert hat. Für Laienrichter ist es erfahrungsgemäß sehr schwer, bei tatsächlich vielschichtigen Sachen geradezu unmöglich, einen klaren Überblick über den zur Entscheidung stehenden Sachverhalt aus der streitigen Verhandlung zu bekommen. Die Verhandlungsführung liegt beim Berufsrichter, der vorher die Akten mitunter tagelang studiert hat, um sich ein Bild zu verschaffen und die Verhandlung leiten zu können. Als tatsächliche Grundlage der Entscheidung sind die Nichtjuristen in erster Linie auf die Sachschilderung des Berufsrichters angewiesen, die er ihnen in der Beratung gibt. Die Erfahrung zeigt, daß es schon in durchschnittlichen Rechtsfällen für einen in der Darstellung und im Erfassen eines Sachverhalts geübten Juristen sehr schwer ist zu übersehen, ob die Schilderung eines Sachverhalts vollständig ist[477]. Ob die rechtliche Begründung der Entscheidung zutrifft, können die nicht juristisch geschulten Richter aus Mangel

---

[477] Man denke etwa an die zahlreichen Prozesse um Lohnabrechnungen, Abzahlungen aus Käufen, Baufinanzierungen, Unfallschäden, Renten, oder um Betrugs- oder Konkursdelikte, in denen es in erster Linie um Abrechnungen geht, deren Einzelheiten sich mündlich gar nicht schildern lassen.

an Fachkenntnissen nicht übersehen. Richterliche Ermessensentscheidungen, wie die Höhe einer Strafe, setzen eine praktische Erfahrung voraus, wo die Grenzen des richterlichen Ermessens liegen. Deshalb sind Nichtjuristen auch insoweit auf die Vorschläge des Richters grundsätzlich angewiesen. Eine wirkliche gleichberechtigte Mitwirkung der nicht juristisch geschulten Rchter ist nur in Fällen möglich, in denen sie, wie etwa die Handelsrichter, eigene besondere für die Beurteilung des Rechtsstreits wesentliche Kenntnisse besitzen.

Aber auch der Wert einer Kontrolle der Entscheidung des Einzelrichters durch die juristischen Beisitzer darf nicht überschätzt werden. Auch für sie ist es schwer, die gedrängte Sachschilderung auf ihre Vollständigkeit hin zu beurteilen. Grobe juristische Fehler können sie zwar sofort erkennen, aber solche Fehler liegen meist nicht vor. Die Erfahrungen im Kollegium lehren, daß der Berichterstatter seinen Fall im allgemeinen gründlich vorbereitet hat und mit seiner Entscheidung Beifall findet. Deshalb sind die aus der Praxis geäußerten Bedenken gegen den „dritten Mann“[478], den Beradt boshaft den „Beischläfer“ nennt[479], nicht ganz unbegründet. Der dritte Kollegialrichter, der den Inhalt der Akten im Gegensatz zu dem Direktor und zum Berichterstatter nicht kennt, verläßt sich meist auf die Entscheidung des Berichterstatters und hört oft seinen Ausführungen nicht mehr kritisch zu, weil der Berichterstatter die Vermutung für sich hat, daß seine Entscheidung im Ergebnis richtig ist.

Einfluß des Arbeitsanfalls auf die Rechtsprechung

Von wesentlicher Bedeutung für die Arbeit des Richters sind die technischen Hilfsmittel, die ihm für seine Arbeit zur Verfügung stehen. So sind Rechtsausführungen, wie sie sowohl nach den Regeln der Begriffs- als auch nach denen der Interessenjurisprudenz als kennzeichnend für ein gutes Urteil angesehen werden, dann unmöglich, wenn dem Richter die notwendigen Unterlagen, wie Fachzeitschriften, Kommentare und Lehrbücher fehlen[480].

---

[478] Glosse, „Der dritte Mann“, NJW 1959, 1119.

[479] Beradt, a. a. O., S. 88/89.

[480] So werden dringend notwendige Kommentare für Strafrecht und Strafprozeßrecht an kleinen Gerichten zum Teil über Mittel der Gefangenenfürsorge beschafft. Das Mitteilungsblatt des Vereins baden-württembergischer Richter und Staatsanwälte e. V. veröffentlichte in seiner Nr. 5 von 1957, S. 17, die angebliche Bemerkung eines erfahrenen Richters: „Die Richter der unteren Instanzen sind darauf angewiesen, gelegentlich durch ein aufgehobenes Urteil ihre Kenntnisse über den Stand der neuesten Rechtsprechung zu erhalten.“ Damit soll illustriert werden, wie wenig die Richter wissenschaftliche Hilfsmittel für ihre Arbeit erhalten.

Die Art der richterlichen Arbeit muß sich aber vor allem nach dem Arbeitspensum richten, dessen Erfüllung vom Richter verlangt wird. Bei den ordentlichen Gerichten besteht ein sogenannter „Pensenschlüssel“, der einen objektiven und bindenden Maßstab dafür gibt, was ein Richter pro Jahr an Rechtssachen zu erledigen hat. Während der Verein der baden-württembergischen Richter und Staatsanwälte diesen Pensenschlüssel begrüßt, weil er eine gerechte Verteilung von Richtern und Staatsanwälten auf die einzelnen Gerichte ermögliche und das Feilschen um Planstellen überflüssig mache[481], wird namentlich von Richtern der Verwaltungsgerichtsbarkeit der Pensenschlüssel rundweg abgelehnt, weil die richterliche Arbeit als geistige Leistung in statistischen Daten nicht erfaßbar sei[482] und Zahlenvergleiche bei geistigen Leistungen in sich unsinnig und zugleich unwürdig seien[483]. Dem einzelnen Richter werde vom grünen Tisch aus bürotechnisch im Verhältnis zu seinen Kollegen nachgerechnet, welche Leistung man von ihm fordere. So sei der Pensenschlüssel nur ein übles Druckmittel, das der menschlichen Würde widerspreche[484]. E. G. Richter meint sogar, die Festlegung eines Arbeitspensums nach Zahlenquoten stelle ein ungerechtfertigtes Mißtrauensvotum gegen den einzelnen Richter dar, der akademisch vorgebildet, zu strengem Pflichtbewußtsein erzogen und schließlich auf das Gesetz und sein richterliches Gewissen verpflichtet sei[485]. Er gibt allerdings zu, daß das richterliche Gewissen durch politische und andere Ereignisse in den letzten 25 Jahren strapaziert worden sei. Mancher Richter mache vielleicht nur die Bindung an das Gesetz zur Richtschnur seines Handelns und gehe um die übrigen Fragen herum[486].

Solche Werturteile sind kaum geeignet, die Einführung des Pensenschlüssels auch in der Verwaltungsgerichtsbarkeit auf die Dauer zu verhindern. Die Empfehlung E. G. Richters, statt eines Pensenschlüssels von der auf das richterliche Gewissen gestützten Unabhängigkeit des Richters auszugehen und den Richter auf sein Wort zu fragen, ob er in seinem

---

[481] Mitteilungsblatt des Vereins baden-württembergischer Richter und Staatsanwälte e. V., 1957, Nr. 5, Juli, S. 19; allerdings wenden sich die Richter der ordentlichen Gerichtsbarkeit energisch dagegen, daß die Pensenschlüssel ohne ihre Beteiligung aufgestellt und vor ihnen geheim gehalten werden; WAGNER, a. a. O., S. 172.

[482] E. G. RICHTER, Der Verwaltungsrichter und „seine“ Statistik, DVBl. 1959, 196; VAN HUSEN, Schlußwort: Die Entfesselung der Dritten Gewalt, DVBl. 1959, 202, Archiv für Öffentliches Recht, Bd. 78, 56; SCHÄFER, Der dritte Start der Verwaltungsgerichtsordnung, DVBl. 1958, 49; RAUTENBERG, Perfektionismus in der Verwaltungsgerichtsbarkeit, NJW 1958, 164.

[483] E. G. RICHTER, a. a. O., DVBl. 1959, 197; VAN HUSEN, a. a. O., DVBl. 1959, 200.

[484] VAN HUSEN, a. a. O., DVBl. 1959, 203.

[485] E. G. RICHTER, a. a. O., DVBl. 1959, 197.

[486] E. G. RICHTER, a. a. O., DVBl. 1959, 197 Anm. 6.

Dezernat überlastet sei[487], wird weder bei allen Richtern noch in den Justizministerien Gegenliebe finden.

Es ist lebensfremd anzunehmen, daß alle Richter interessiert sind, eine möglichst große Zahl von Entscheidungen zu fällen. Auch bei manchen von ihnen findet sich das allgemein menschliche Bestreben, Arbeiten tunlichst aus dem Weg zu gehen.

Richtig ist zwar, daß es schwierig ist, die Arbeit des Richters statistisch zu erfassen. Sie erschöpft sich nicht allein darin, daß eine bestimmte Zahl von Sachen erledigt wurde; es ist vom Standpunkt des Richters aus vor allem wichtig, wie sie erledigt worden sind. Hinsichtlich der Qualität der richterlichen Arbeit besagt die Statistik über die richterlichen Geschäfte nichts. Die Kontrolle hierüber wird einmal durch die Prozeßbeteiligten ausgeübt, die gegen eine Entscheidung, die sie als qualitativ schlecht empfinden, Rechtsmittel einlegen können, soweit sie durch die Entscheidung beschwert sind. Wesentlich ist aber vor allem die Kontrolle, die durch die Dienstaufsicht über den Richter geführt wird. Beide Kontrollmöglichkeiten zusammen gewährleisten, daß die Qualität richterlicher Entscheidungen den Anforderungen von Nichtjuristen und Juristen genügt. Genießen aus irgendwelchen Gründen scharfsinnige juristische Konstruktionen bei den Rechtsuchenden eine geringeres Ansehen als früher, so mag juristisch die Qualität neuerer Entscheidungen, die begrifflich weniger scharf sind als etwa Entscheidungen des RG aus dem Jahre 1880, geringer sein. Hat der geringere Aufwand an Gelehrsamkeit zur Folge, daß bei einem erheblich gestiegenen Geschäftsanfall mehr Sachen erledigt werden, so erfüllen die Gerichte mit juristisch oberflächlicheren Urteilen ihre Funktion besser, als wenn sie die Sachen jahrelang hinausziehen[488]. Die Festsetzung von Pensenschlüsseln soll also gewährleisten, daß die Gerichte die ihnen obliegende soziologische Funktion erfüllen.

Soweit sich die Einwände E. G. Richters gegen die Maßstäbe des Pensenschlüssels richten, besagen sie nichts gegen die Möglichkeit eines Pensenschlüssels überhaupt. Welche Gesichtspunkte im einzelnen bei der Festsetzung eines Pensenschlüssels zu berücksichtigen sind, kann hier dahingestellt bleiben.

[487] Während meiner Tätigkeit als Referendar habe ich nur ganz wenige Richter kennengelernt, die nicht von sich gesagt haben, sie seien überlastet. Ungeachtet dieser behaupteten Überlastung haben die meisten von ihnen ihr Referat ohne sichtliche Schwierigkeiten bewältigt und ihre Dienststunden meist nicht überschritten.

[488] Dies verkennt Hamann, Die gerichtliche Nachprüfung von Anordnungen, Verfügungen und sonstigen Maßnahmen der Justiz- und Vollzugsbehörden, DVBl. 1959, 7 und Hamann, Die Krise der Verwaltungsgerichtsbarkeit, DVBl. 1960, 7; s. hierzu auch Weidner, Zur Rechtsprechung des Bundessozialgerichts, JZ 1959, 698. Die soziologische Bedeutung der Rechtsprechung erkennt klar Cardozo, Lebendiges Recht, S. 67, der vor allem eine Reaktionsschnelle des Rechts fordert.

Die Entwicklung der Justizstatistik zeigt, daß der Arbeitsanfall bei den Gerichten gegenüber der Vorkriegszeit beträchtlich zugenommen hat. Dies ist zum Teil darauf zurückzuführen, daß den Gerichten neue Aufgaben zugewiesen worden sind. Vor allem aber haben sich die sozialen Beziehungen, soweit sie rechtlich erheblich sind, gegenüber früher kompliziert. Dadurch ist die Möglichkeit der Entstehung rechtlicher Konflikte gewachsen. Ein allgemeiner Vergleich der Justizstatistiken vor 1939 mit denen seit 1950 scheitert schon an der Verschiedenheit der Ausgangspunkte. Für die Vorkriegszeit ist statistische Grundlage das Deutsche Reich, das sich ständig vergrößert hat. Ein Vergleich mit dem Rumpfgebiet der Bundesrepublik läßt sich aus den vorliegenden Unterlagen nicht ziehen. Die Unterlagen der Gerichte über den Geschäftsanfall der Vorkriegszeit sind zum großen Teil durch Kriegseinwirkungen vernichtet.

Der Verein der baden-württembergischen Richter und Staatsanwälte hat eine Übersicht über den Geschäftsanfall einiger württembergischer Gerichte im Jahre 1938 und 1956, die Zahl der Richter an diesen Gerichten, sowie eine Übersicht über die Entwicklung der Bevölkerung im Gerichtsbezirk gegeben. Diese Zahlen finden sich in einer Denkschrift, die der Verein dem Rechtsausschuß des Landtags von Baden-Württemberg vorgelegt hat. Die Denkschrift verfolgt das Ziel nachzuweisen, daß eine Vermehrung der Richterstellen dringend erforderlich sei. Dennoch können die vorgelegten Zahlen als repräsentativ für die Entwicklung im ganzen Land angesehen werden. Der allgemeinen Justizstatistik läßt sich entnehmen, daß der Geschäftsanfall im ganzen Land Baden-Württemberg zwischen 1952 und 1956 erheblich angestiegen ist. Demgegenüber ist die Zahl der Richterstellen nicht in demselben Verhältnis vermehrt worden. Dies ergibt sich aus den folgenden Übersichten[489]:

Verhältnis der Bevölkerung zur Zahl der Urteile in Zivil- und Strafsachen

	1952	1956	Zunahme in % 1952—1956
Zahl der Einwohner (in Millionen)	6,680	7,008	+ 5
Landgerichtsurteile			
Zivilsachen	16 710	19 093	+ 14
Strafsachen	4 075	6 095	+ 50
Planstellen an Amts- und Landgerichten	650	768	+ 18

[489] Nach Aufstellungen des Vereins der baden-württembergischen Richter und Staatsanwälte in der Denkschrift an den Landtag von Baden-Württemberg, veröffentlicht im Mitteilungsblatt des Vereins Nr. 5, Juli 1957, S. 11 ff.

Einwohnerzahl und Zahl der Richter in Baden-Württemberg zwischen 1939 und 1956

	1939	1952	1956	Zunahme in % 1939—1956
Zahl der Einwohner (in Millionen)	5,182	6,680	7,008	+ 35
Planstellen an Amts- und Landgerichten	665	650	768	+ 15,5
Zahl der Einwohner auf 1 Richter an Amts- und Landgerichten	7792	10 277	9120	+ 17
Zahl der Richter an Amts- und Landgerichten auf 1 Million Einwohner	128	98	110	− 14

Einwohnerzahl, Geschäftsanfall und Zahl der Richter an verschiedenen Gerichten in Baden-Württemberg zwischen 1938 und 1956[490]

Gerichte	1938	1956	Zunahme in % 1938—1956
AG Stuttgart			
Gerichtseingesessene	400 000	490 000	+ 22,5
Zivil- und Strafsachen	4 606	7 024	+ 52
Richter	48	48	0
AG Ravensburg			
Gerichtseingesessene	53 900	76 700	+ 42
Zivil- und Strafsachen	1 117	1 939	+ 73,5
Richter	7	6	− 17
Amtsgerichte im Bezirk Heilbronn			
Gerichtseingesessene	390 000	540 000	+ 37
Zivil- und Strafsachen	1 190	2 774	+ 130
Richter	32 1/2	30	− 8
AG Backnang			
Gerichtseingesessene	32 700	53 105	+ 62
Zivilurteile	15	201	+ 1240
Richter	3	2 1/2	− 16
AG Wangen			
Gerichtseingesessene	30 000	40 000	+ 33
Strafsachen	450	1 129	+ 151
Richter	3	2	− 33
AG Ulm			
Gerichtseingesessene	83 000	168 000	+ 102
Zivil- und Strafsachen	940	1 955	+ 108
Richter	10	12	+ 20

Die Denkschrift des Vereins der baden-württembergischen Richter an den Landtag[491] kommt zu dem Ergebnis, daß nach den vorhandenen Unterlagen von 1938 bis 1956 die Zahl der Richterstellen um 15 %, die Zahl der Einwohner um 35 %, der Geschäftsanfall in Zivilsachen um 87 % und der in Strafsachen um 144 % zugenommen hat. Dieser erhöhte Geschäftsanfall hätte bei gleichbleibender Arbeitsweise der Richter zur Folge gehabt, daß die Dauer der Prozesse sich wesentlich verlängert hätte. Deshalb werden solche vergleichenden Statistiken oder Aufstellungen über den Arbeitsanfall und die Laufzeit von Prozessen vor allem herangezogen, um die Notwendigkeit einer Vermehrung der Richterstellen darzutun[492]. Tatsächlich läßt sich ihnen nur entnehmen, daß jeder einzelne Richter heute mehr Sachen erledigt als ein Richter früher. Dies ist durch eine Rationalisierung der richterlichen Arbeit möglich geworden, indem die Richter ihre Urteile kürzer fassen, sich weniger mit rein theoretischen Meinungen beschäftigen, prozessuale Hilfen für die Beschleunigung von Rechtsstreitigkeiten benützen, die früher weniger scharf angewandt wurden, vor allem aber nach einem gütlichen Ausgleich zwischen den Parteien ohne Urteil suchen.

In der ordentlichen Gerichtsbarkeit ist diese Rationalisierung nach außen kaum hervorgetreten, weil sie sich allmählich vollzogen hat. Dagegen hat in der Verwaltungsgerichtsbarkeit ein Unbehagen mit der Rechtsprechung zu einer heftigen Diskussion um die Möglichkeiten und Wege zu einer Rationalisierung der richterlichen Arbeit geführt. Kritisiert wurde vor allem die übermäßige Länge der verwaltungsgerichtlichen Urteile und die Dauer der Prozesse bei diesen Gerichten.

Im allgemeinen sind Urteile der Verwaltungsgerichte länger als solche der Zivilgerichte. Dies erklärt sich einmal aus den verschiedenen Prozeßordnungen für beide Verfahren. Während nach § 313 Abs. 2 ZPO der Sach- und Streitstand des Prozesses durch Bezugnahme auf Schriftsätze gekürzt werden kann, fehlt in den Prozeßordnungen der Verwaltungs-

---

[490] Die Angaben sind der Denkschrift des Vereins der baden-württembergischen Richter und Staatsanwälte, a. a. O., S. 11 und S. 23 entnommen.

[491] Mitteilungsblatt, a. a. O., S. 12.

[492] Das gilt für die Aufsätze von VAN HUSEN, a. a. O., DVBl. 1959, 203, ebenso wie für die oben angeführte Denkschrift. Besonders deutlich zeigt sich diese Tendenz im Aufsatz E. G. RICHTERS, a. a. O., DVBl. 1959, 197. Skeptisch gegen den viel beklagten „Richtermangel" sind GILLNER, a. a. O., DÖV 1957, 563 und a. a. O., DÖV 1959, 130 für die Verwaltungsgerichtsbarkeit und BULL, Prozeßhilfen, S. 169, für die Zivilgerichtsbarkeit. Letzterer meint sogar, daß der Einzelrichter mehr erledigen könnte als ihm durch ein Referat zugewiesen ist und läßt erkennen, daß das seiner Meinung nach auch für den Richter im Kollegialgericht gilt.

gerichtsbarkeit eine entsprechende Bestimmung[493]. Dies führt dazu, daß in verwaltungsgerichtlichen Urteilen der Sach- und Streitstand sehr breit ausgeführt ist, und außerdem noch die Rechtsansichten der Beteiligten im Urteil ausführlich wiedergegeben werden, was im Zivilurteil grundsätzlich nicht der Fall ist[494].

Für die verhältnismäßig längeren Ausführungen der Verwaltungsgerichte in den Gründen ist in erster Linie die der Zivilgerichtsbarkeit gegenüber fehlende Tradition verantwortlich. Über die Zulässigkeit einer Klage in zivilrechtlichen Urteilen wird in der Regel kein Wort verloren, weil diese Frage allgemein als längst geklärt gilt. Demgegenüber ist in der Verwaltungsgerichtsbarkeit unter der Herrschaft des VGG und der MRVO nicht eindeutig klar geworden, welche Zulässigkeitsvoraussetzungen für eine Klage bestehen[495]. So finden sich fast in jedem verwaltungsgerichtlichen Urteil kürzere oder längere Ausführungen über die Zulässigkeit der erhobenen Klage, die dann meist bejaht wird.

Ehrig[496], Arndt[497] und Newerla[498] meinen, daß bei den Verwaltungsgerichten die Neigung zu einem gewissen Perfektionismus bestehe, der seine Ursache in einer gewissen Selbstgefälligkeit der Richter habe, die ihre Urteile gerne veröffentlicht sähen. Niedermayer meint, daß dieser Gesichtspunkt nicht ausschlaggebend sein könne, da nur ein geringer Bruchteil der verwaltungsgerichtlichen Urteile veröffentlicht werde[499]. Dieser Einwand ist nur scheinbar stichhaltig. Zur Veröffentlichung gelangt ein Urteil um so eher, je mehr es mit wissenschaftlichen Ausführungen gespickt ist. Erst die Auseinandersetzung mit anderen Auffassungen macht das Urteil juristisch allgemein interessant. Der Sachverhalt der Entscheidung wird dagegen für die Veröffentlichung gekürzt, was so weit gehen kann, daß der Leser nur mit Mühe herausbringt, worüber entschieden worden ist.

---

[493] Das VGG und die MRVO Nr. 165 enthielten keine Bestimmung über die Abfassung und den Inhalt der Urteile. § 117 VwGO sieht irgendwelche Arbeitserleichterungen für den Richter bei der Abfassung des Urteils nicht vor. Die Streitfrage dürfte deshalb auch in Zukunft in der Rechtsprechung ausgetragen werden.

[494] Sattelmacher, a. a. O., S. 191; Berg, a. a. O., S. 191.

[495] Vgl. die Zusammenfassung bei VGH Stuttgart, Urteil vom 19. 3. 1959 — 2 S 129/57, BaWüVBl. 1959, 125.

[496] Ehrig, Die Krise der Verwaltungsgerichtsbarkeit, NJW 1959, 217.

[497] Arndt, Die Krise der Verwaltungsgerichtsbarkeit, DRiZ 1959, 85.

[498] Newerla, Noch einmal: Die Krise der Verwaltungsgerichtsbarkeit, NJW 1959, 1621.

[499] Niedermayer, Zur Krise der Verwaltungsgerichtsbarkeit, NJW 1959, 1897.

[500] Wagner, a. a. O., S. 200.

Wagner[500] hebt richtig hervor, daß solche „Fleißarbeiten", die zur Bedeutung der entschiedenen Sache mitunter in keinem Verhältnis stehen, für den Dienstvorgesetzten, das nächsthöhere Gericht oder für eine Veröffentlichung verfaßt sind.

Maßgebend für die Länge der verwaltungsgerichtlichen Urteile scheint eine Gewohnheit aus den ersten Anfängen der Verwaltungsgerichtsbarkeit zu sein. Die Urteile sollten durch erschöpfende Ausführungen im Tatbestand und in den Gründen überzeugen. Damit sollte bewiesen werden, daß die Verwaltungsgerichte den Rechtsstreitigkeiten ebenso gerecht werden wie die ordentlichen Gerichte. Auf diese Weise sollte um Vertrauen für die neue Gerichtsbarkeit geworben werden[501].

Nachdem dieser Urteilsstil sich einmal eingebürgert hat, gehen die Verwaltungsrichter nur zögernd daran, seine Berechtigung zu überprüfen. Zunächst ist offen, wie sich das übergeordnete Gericht zu verkürzten Urteilen stellt. Hebt es die Entscheidungen auf, und verweist es die Sache zurück, so entsteht dem Verwaltungsgericht doppelte Arbeit. Beim Verwaltungsgericht Stuttgart hat zunächst eine Kammer begonnen, anstatt Urteilen von 14 Schreibmaschinenseiten und mehr solche von 6 bis 8 Seiten abzusetzen. Als die Rechtsmittelinstanzen diese Praxis längere Zeit nicht tadelten, schlossen sich auch andere Kammern diesem neuen Stil an.

Die Gründe, die Niedermayer dafür anführt, daß die verwaltungsgerichtlichen Urteile so lang sein müßten, können nicht überzeugen. Der Tatbestand braucht nicht deshalb lang zu sein, weil die Parteien ihr gesamtes tatsächliches Vorbringen dort wiederfinden wollen. Diese Behauptung gilt in der Regel schon nicht für die beteiligte Behörde, die den Sachverhalt genau kennt und sich deshalb in erster Linie für die Entscheidung des Gerichts und seine rechtliche Begründung interessiert. Ein Blick auf die Entscheidungen der Zivilgerichtsbarkeit zeigt, daß es auch für Nichtjuristen ausreicht, wenn das Vorbringen der Parteien in den Gründen erschöpfend gewürdigt ist. Es ist auch nicht Sache der Verwaltungsgerichte in erster Instanz, eingehend zu Meinungen Stellung zu nehmen, die in der Rechtswissenschaft vertreten werden[502]. Über grundsätzliche Rechtsfragen wird im allgemeinen die Entscheidung eines höheren Gerichts herbeigeführt. Inwieweit Urteile der Verwaltungsgerichte

---

[501] Zwischen 1933 und 1945 war die Verwaltungsgerichtsbarkeit immer mehr abgebaut und ihre Entscheidungsbefugnis eingeschränkt und zuletzt ganz abgeschafft worden.

[502] a. A. E. G. Richter, Über die angebliche Vielschreiberei, DVBl. 1959, 691.

[503] Zutreffend Gillner, DÖV 1957, 563, Stellungnahme zum Aufsatz Külz, DÖV 1956, 741; a. A. E. G. Richter, Über die angebliche Vielschreiberei, DVBl. 1959, 688.

eine „Tiefenwirkung" bei Behörden haben, ist fraglich[503]. Selbst E. G. Richter gibt zu, daß eine solche Tiefenwirkung nur erwartet werden kann, wenn die Behörden gerichtliche Entscheidungen in Karteien sammeln. Zur Anlegung solcher Karteien fehlen Arbeitskräfte und Zeit, so daß diese Karteien nur in Ausnahmefällen bei Behörden zu finden sein werden.

Über die Laufzeit verwaltungsgerichtlicher Prozesse hat van Husen eine Aufstellung über Rechtsstreitigkeiten im Bezirk des OVG Münster veröffentlicht[504]. Bei den dem OVG Münster nachgeordneten Verwaltungsgerichten werden mehr als die Hälfte der anhängigen Sachen (53 %) in acht Monaten erledigt. Nur ein Siebentel aller Sachen dauert beim Landesverwaltungsgericht länger als zwei Jahre.

Das OVG Münster erledigt mehr als die Hälfte der Sachen (53 %) in einem Jahr. Immerhin benötigt fast jede vierte Rechtssache mehr als zwei Jahre, bis sie vom OVG entschieden wird (24,4 %).

Man wird davon ausgehen können, daß Urteile, die später mit Berufung und dann mit der Revision angefochten werden, zu den schwierigeren Sachen zählen und darum normalerweise nicht in den ersten 6 oder 8 Monaten entschieden werden. So wird man die Zeit von der Erhebung der Klage bis zur Entscheidung durch das Bundesverwaltungsgericht mit durchschnittlich wenigstens 3 Jahren ansetzen können. Damit arbeiten die Verwaltungsgerichte immer noch schneller, zumindest aber nicht langsamer als die Zivilgerichte. Entscheidungen in öffentlich-rechtlichen Streitigkeiten sollen aber auch schneller ergehen, weil die Gesetze, mit denen die Verwaltungsgerichte arbeiten, kurzlebiger sind als die Gesetze, mit denen die Zivilgerichte arbeiten. Niedermayer weist in seinem Aufsatz nach, daß sich seit 1954/55 die Erledigung der beim Bundesverwaltungsgericht anhängigen Sachen erheblich beschleunigt habe[505].

Der Beschleunigung der Entscheidungen soll ein viel umstrittener Vorschlag von Gillner und Baring dienen, der die Urteile der Verwaltungsgerichte in gewissen typischen Fällen typisieren möchte[506]. Gegen solche schablonisierten Urteile hat sich vor allem Bachof gewandt[507]. Ob die Praxis sich allein durch den abwertenden Begriff der „Urteile von der Stange" von Rationalisierungsmöglichkeiten abhalten läßt, muß sich noch zeigen. Die Kritik Bachofs geht wohl in erster Linie von den Arbeitsbedingungen in der Berufungsinstanz aus, auf die die Rationalisierungsvorschläge Barings kaum anwendbar sind, da die Entscheidungen der Oberverwaltungsgerichte meist nur gefordert werden, wenn es sich um

---

[504] van Husen, Die Überlastung der Verwaltungsgerichte, DVBl. 1958, 674.

[505] Niedermayer, Zur Krise der Verwaltungsgerichtsbarkeit, NJW 1959, 1897.

[506] Gillner, Wider die Vielschreiberei, DÖV 1959, 130; Baring, Urteile nach Maß, DÖV 1959, 161.

[507] Bachof, Urteile von der Stange? DÖV 1957, 564, dagegen wieder Baring, Urteile nach Maß, DÖV 1959, 161.

rechtlich besondere, also nicht typische Fälle handelt. Für erstinstanzliche Urteile erscheinen die Vorschläge Barings mindestens zum Teil brauchbar.

Die Diskussion um die Rationalisierung der richterlichen Tätigkeit im Verwaltungsrecht zeigt, daß es gesetzliche und arbeitstechnische Möglichkeiten gibt, um die Arbeit des Richters „wirtschaftlicher" zu gestalten[508], ohne daß dabei das wichtigste Ziel richterlicher Arbeit, die „gerechte Entscheidung", Schaden leidet. Manche Erfahrungen der Verwaltungsgerichtsbarkeit dürften sich auch auf die Tätigkeit anderer Gerichtszweige übertragen lassen.

---

[508] Vgl. hierzu Noack, Rationalisierungsmöglichkeiten im Verwaltungsgerichtsverfahren, DÖV 1959, 210; sein Vortrag über dieses Thema hat Zustimmung und Widerspruch ausgelöst, vgl. DÖV 1959, 899.

V. ABSCHNITT:

Tendenzen im heutigen Recht und ihre Auswirkungen auf die Stellung des Richters

Das allgemeine Interesse der Rechtssoziologie an Grundlagendiskussionen und an Entwürfen, die, wie etwa der von Gurvitch, den Ergebnissen der empirischen Sozialforschung vorauseilen, hat zu der Meinung Anlaß gegeben, eine soziologische Untersuchung des heutigen Rechts sei überhaupt noch nicht in Angriff genommen[509]. Diese Ansicht übersieht die Ausführungen M. Webers in seiner Rechtssoziologie[510], die freilich kaum erkennen lassen, daß sie eine eingehende Analyse des heutigen Rechts darstellen. Diese Erkenntnis wird dadurch erschwert, daß M. Weber, seiner Übung gemäß, kein Zitat bringt und auf engstem Raum eine Übersicht über die im heutigen Recht wesentlichen Spannungen gibt. Die Analysen M. Webers sind um so bedeutungsvoller, weil sie die in der heutigen Rechtswissenschaft und der Rechtspraxis maßgebende Interessenjurisprudenz berücksichtigen[511]. Deshalb haben seine Ergebnisse auch jetzt noch weitgehend Gültigkeit. Nur in unwesentlichen Punkten sind Vorbehalte zu machen; einige Probleme sind heute anders zu beurteilen, weil neue Tatsachen zu berücksichtigen sind.

Die in den Jahren 1910 bis 1930 zum Teil leidenschaftlich geführte Diskussion um die Berechtigung von Laienrichtern neben den juristisch gebildeten Berufsrichtern[512] ist inzwischen praktisch erloschen. Die Zweckmäßigkeit einer Mitwirkung von Laienrichtern wird zwar auch heute noch von Zeit zu Zeit erörtert; die Institution der Laienrichter bei den verschiedenen Spruchstellen der Gerichte nehmen die Berufsrichter aber als Gegebenheit hin. Umgekehrt fehlt auch den juristischen Laien die leidenschaftliche Animosität gegen die Berufsrichter, die Antrieb zur Zu-

---

[509] FISHMAN, Prolegomena zu einer Soziologie des Rechts, Österreichische Zeitschrift für Öffentliches Recht 1959, Band IX, Heft 3, S. 298.

[510] Insbesondere die Ausführungen über die formalen Qualitäten des modernen Rechts in M. WEBER, Wirtschaft und Gesellschaft, S. 503 ff.

[511] Die eingehenden fachjuristischen Kenntnisse M. WEBERS zeigen sich an dieser Berücksichtigung der Interessenjurisprudenz, die im Zeitpunkt, als M. WEBER seine Rechtssoziologie schrieb, gerade begann, sich gegen die bis dahin herrschende Begriffsjurisprudenz zu erheben.

[512] M. WEBER, a. a. O., S. 511 ff.; BERADT, a. a. O., S. 91 ff.

rückdrängung des Berufsrichtertums geben könnte. Die nach den ordentlichen Gerichten entstandenen Gerichtszweige, die Arbeits-, Verwaltungs- und Sozialgerichtsbarkeit, sind stärker mit Laien besetzt als die ordentlichen Gerichte. Es sind bisher aber keine Reformbestrebungen ersichtlich, die die Laien von der Mitwirkung wieder ausschließen möchten, noch gegenteilige, die eine weitergehende Mitwirkung der Laien in der ordentlichen Gerichtsbarkeit verlangen.

M. Weber hat den Kampf um die Laienjustiz als Ausdruck eines „Klassenkampfes" gewertet, wobei er den Begriff der „Klasse" allerdings nicht im marxistischen Sinne verstanden wissen wollte[513]. Der Wegfall der Auseinandersetzung um die Laienrichter deutet auf eine Verringerung des von M. Weber beschriebenen „Klassenkampfes" hin. Der Wegfall dieser sozialen Spannung dürfte einmal darauf zurückzuführen sein, daß der einzelne in der heutigen pluralistischen Gesellschaftsordnung seinen sozialen Standort kaum sicher bestimmen kann, weil ihm der Überblick über die differenzierte Gesellschaftsordnung fehlt; statt dessen dringt die weitgehende Arbeitsteilung ins allgemeine Bewußtsein. Jeder einzelne ist „Fachmann" für einen bestimmten, meist ziemlich eng begrenzten Bereich. Sachgebiete, die außerhalb des eigenen Sachgebiets liegen, müssen von einem „Fachmann" für dieses Gebiet bearbeitet werden. Der Richter ist in der heutigen Gesellschaft „Fachmann für soziale Ordnung, die rechtlich zu regeln ist", dessen Dienste in Anspruch genommen werden wie die eines andern Fachmanns auch. Seinem Spruch unterwirft sich der Laie wie dem Urteil eines Fachmanns für eine beliebiges anderes Gebiet. Der Richter hat allerdings auch nur die Autorität eines Fachmanns und muß sich Kritik an seiner Leistung gefallen lassen wie jeder andere Fachmann auch. M. Weber hat auch schon darauf hingewiesen, daß dem Berufsrichter die Gefahr der „Entmündigung" durch den Sachverständigen droht. Er hatte damals nur das Strafrecht und den Fach-Psychiater im Auge[514]. Seine Feststellung läßt sich heute auf alle Gerichtsbarkeiten erweitern.

Die Entmündigung des Richters durch Sachverständige hat in den vergangenen 30 Jahren erhebliche Fortschritte gemacht. Die Ausdehnung des dem Rechtsschutz unterliegenden sozialen Bereichs verlangt vom Richter Urteile über Sachgebiete, die er mangels eigener Sachkenntnisse kaum verstehen kann. Neben dem Psychiater stehen heute Psychologen, Verkehrssachverständige für technische und Verkehrsfragen, Bau- und Grundstückssachverständige sowie Sachverständige für alle möglichen technischen Fragen. Sogar der alte Satz „iura novit curia" gilt nicht mehr uneingeschränkt. Die Zunahme internationaler Beziehungen führt zu Rechtsstreitigkeiten, die vom Richter die Anwendung fremden Rechts

---

[513] M. Weber, a. a. O., S. 511.

[514] M. Weber, a. a. O., S. 511.

verlangen. In solchen Fällen erläutern Experten für dieses ausländische Recht dem Richter die für seinen Fall maßgebenden Grundsätze.

Das letzte Beispiel macht besonders deutlich, daß die Tätigkeit der Sachverständigen den Richter auf seinem eigenen rechtlichen Gebiet einschränkt. Wie die praktische Erfahrung zeigte, begnügen sich auch die Gutachter für nicht-juristische Fragen nicht mit einer Vermittlung ihres Fachwissens an den Richter, sondern geben offen rechtliche Urteile über den ihnen vorgelegten Sachverhalt. Die Richter selbst tragen zu ihrer Entmündigung bei, wenn sie Sachverständigengutachten einholen, wo es nur möglich ist[515]. Damit schieben sie in vielen Fällen die rechtliche Entscheidung dem Sachverständigen zu.

Die richterliche Arbeit hat gegenüber früher an juristischer Präzision verloren[516]. Die Interessen- oder „soziologische" Jurisprudenz fordert, daß anstelle juristischer Begriffe soziologische Erwägungen treten. Die Rechtsprechung zeigt, daß die innere Antinomie des Rechts, die aus dem Widerstreit der Rechtssicherheit — dem Rechtsformalismus M. Webers — und der Gerechtigkeit des Einzelfalls sich ergibt, heute überwiegend zugunsten der materiellen Gerechtigkeit entschieden wird. Die formalen Qualitäten des Rechts werden meist geringer geachtet; denn die Juristen[517] und die juristischen Laien erwarten von der Arbeit des richterlichen Fachmanns, daß sein Ergebnis und seine Begründung dem Laien verständlich sein sollen. Dem Laien ist aber nur schwer verständlich zu machen, daß im Interesse der Rechtssicherheit eine im Einzelfall unbefriedigende Entscheidung hingenommen werden muß[518]. Bei den Juristen wird die Berufung auf die formalen Qualitäten des Rechts gegen die richtige Entscheidung des Einzelfalls als Begriffsjurisprudenz abgewertet[519]. Die Tendenz der Rechtsprechung gegen die Berücksichtigung formalen Rechts zugunsten der materiellen Gerechtigkeit zeigt sich namentlich darin, daß Treu und Glauben, gute Sitten und ähnliche Generalklauseln als oberste Richtlinien des Rechts gelten[520]. Diese einseitige Beachtung der materiellen

---

[515] So hat das Amtsgericht Kirchheim/Teck in einer Strafsache ein Sachverständigengutachten darüber einholen lassen, ob ein Mann von 70 Jahren imstande ist, einen bestimmten Hund an der Leine zu halten, wenn dieser sich losreißen will, um auf Hühner zu jagen.

[516] Auch diese Entwicklung hat M. Weber, a. a. O., S. 512, vorausgesehen.

[517] Diese Erwartung der Juristen spiegelt sich in Prüfungsaufgaben wider, einen juristischen Text in „allgemeinverständliches Deutsch" zu übersetzen (Nachweis bei Nicken, Vorbereitungsdienst und Große juristische Staatsprüfung, JZ 1958, 207).

[518] Die Rechtsprechung kommt diesem Wunsch der Rechtslaien soweit entgegen, daß sie vom Gesetz nicht vorgesehene Rechtsmittel eröffnet, vgl. BayObLG Beschluß vom 15. 1. 1960 — BReg 2 Z 196/59, MDR 1960, 407.

[519] Typisch bei Boehmer, a. a. O., II, 1, S. 87 ff.

[520] Vgl. für Treu und Glauben, Palandt, a. a. O., § 242 Anm. 1.

Gerechtigkeit führt zu Durchbrechungen der Rechtsdogmatik[521], die, wie im Falle der Ersatzpflicht für Schädigungen unter Arbeitskameraden, eine Änderung des positiven Rechts durch die Rechtsprechung nach sich zieht. Diese Tendenz macht die gesamte Rechtsprechung differenzierter und verringert die Berechenbarkeit gerichtlicher Entscheidungen, da auch der Jurist kaum in der Lage ist, die vielfach verästelte Rechtsprechung zu überschauen[522].

Diese Differenzierung der Rechtsprechung ist eine Folge der Interessenjurisprudenz. Die pluralistische Gesellschaftsordnung bildet immer neue Interessen aus, die Beachtung durch den Richter fordern.

Die Ersetzung juristischer Begriffe durch teleologische oder „soziologische" Erwägungen nähert die Rechtsfindung der Berufsrichter der der Laienrichter an. Die Rechtsfindung wird insgesamt mehr irrational als bisher, weil sie immer zu einer Abwägung verschiedener in Interessen verkörperter Werte wird.

Die Rationalität der Rechtsprechung in der Strafrechtspflege bei den Berufsrichtern ist von M. Weber überschätzt worden[523]. Richtig ist, daß die Urteilsbegründung von Strafurteilen rationaler erscheint als die anderer Gerichte, weil hier noch öfter aus Lebenstatbeständen auf begrifflichem Weg juristische Merkmale destilliert werden. Im Falle einer Verurteilung ist aber auch unter der Herrschaft der Begriffsjurisprudenz in Strafsachen die Höhe der von Berufsrichtern verhängten Strafe „direkt irrational" im Sinne M. Webers. Ob ein Dieb für eine Tat 1, 2 oder 3 Monate Gefängnis zu erwarten hat, läßt sich bei einiger praktischer Erfahrung zwar ungefähr schätzen. Warum aber gerade die vom Richter ausgesprochene Strafe verhängt wird, ist rational nicht eindeutig zu begründen[524]. Über die Stellung des Juristen und des Richters besteht heute bei den Berufsjuristen ein allgemeines Unbehagen. Überholt erscheinen zwar Befürchtungen, daß die ständige Zunahme des formulierten Ge-

---

[521] Siehe hierzu besonders REINICKE, Haftpflichtrecht und gesellschaftliche Entwicklung, VersR 1960, 769 und 965; ein weiteres Beispiel für die Durchbrechung der Dogmatik stellt das Urteil des BAG vom 31. 3. 1960 — 5 AZR 441/57, BB 1960, 593 dar. Hier wird der klar juristische Begriff der „ungerechtfertigten Bereicherung" ohne zwingenden Grund durch die juristisch unklare „arbeitsrechtliche Treupflicht" ersetzt.

[522] Etwa die Rechtsprechung zur Frage der Rückgewähr des zuviel bezahlten Kaufpreises für Grundstücke, für die ein Stopppreis besteht; BGH Urteil vom 19. 3. 1958 — V ZR 62/57, NJW 1958, 1725; BGH Urteil vom 22. 4. 1959 — V ZR 159/57, NJW 1959, 1319.

[523] M. WEBER, a. a. O., S. 511.

[524] So wird bei Fahren unter Alkoholeinfluß in Stuttgart dem Fahrer grundsätzlich der Führerschein für einige Zeit entzogen, in Ulm ist dies von den Umständen des Einzelfalls abhängig; vgl. auch über Irrationalität des Strafurteils, MAY, Zur Beschränkung der Berufung auf das Strafmaß, NJW 1960, 465.

setzesrechts die Bedeutung des Juristen und damit auch des Richters verringere und die Bewegungsfreiheit wissenschaftlichen Denkens schmälere[525]. Die Flut gesetzten Rechts hat die Stellung des Juristen lediglich modifiziert. Sicherlich sind manche dogmatische Streitfragen positiv geregelt und damit entschieden worden; dafür ist aus den neuen Kodifikationen eine Fülle neuer juristischer Streitfragen erwachsen. Insbesondere stellt sich nunmehr die Frage, in welchem Verhältnis die zahlreichen, auf Teilgebieten systematischen Regelungen zueinander stehen, so daß eine einheitliche Rechtsordnung sichtbar wird. Vergeblich hat man bisher versucht, einen positiven übergeordneten systematischen Gesichtspunkt zu finden, der die gesamte Rechtsordnung zusammenhält.

Nach dem Zusammenbruch von 1945 wurde die Lösung dieser Aufgabe als besonders dringlich empfunden. Eine Lösung des Problems aus den formalen Qualitäten des Rechts erschien undenkbar, weil diese auch dem Regime des Dritten Reichs gedient hatten. Eine Wiederbelebung des Naturrechtsgedankens in der Rechtswissenschaft hat das bestehende Schisma der Moralen auch unter den Juristen augenfällig gemacht und keinen Erfolg gezeitigt. Neuerdings ist anstelle der Diskussion über die materiellen Grundlagen des Rechts eine über die Methoden der Rechtsfindung getreten[526]. Diese Untersuchungen wollen zeigen, weshalb in bestimmten Fällen bei richtiger Anwendung der juristischen Methode ein einziges richtiges Ergebnis möglich ist. Ob darin eine Rückkehr zum Rechtsformalismus zu sehen ist, erscheint fraglich. Auch die formalen Regeln der Rechtsfindung beruhen letztlich auf materiellen Wertentscheidungen, die schon im Ausgangspunkt verschieden sind, weshalb sie keine eindeutigen Ergebnisse garantieren können. Die von M. Weber hervorgehobene Entheiligung des Rechtsformalismus[527], die mit dem Vordringen der Interessenjurisprudenz seit 1920 noch zugenommen hat, erklärt sich aus der Unterordnung formaler Regeln unter das Ziel, eine materiell gerechte Entscheidung im Einzelfall zu finden. Gleichzeitig aber erweist sich, daß auch die Heiligkeit der materiellen Grundlagen des Rechts mehr und mehr schwindet. Recht ist nicht mehr eine Ordnung mit heiligem Inhalt, sondern ein Kompromiß gegensätzlicher Interessen, der bei einer anderen Gruppierung der sozialen Kräfte auch anders als in der gesetzlich niedergelegten Form ausfallen kann. Von dieser Betrachtungsweise der Rechtsnormen ist es nur noch ein Schritt zu der Vorstellung, daß Recht nicht „gerecht“ zu sein braucht, sondern nur ein Produkt einer jeweiligen

---

[525] M. Weber, a. a. O., S. 509.

[526] Die Schaffung einer neuen formalen Basis für die Rechtsfindung hat ihren wohl eigenartigsten Ausdruck in Klug, Juristische Logik, gefunden. Klug meint, durch Einführung der modernsten Logistik nach Hilbert-Ackermann eine bessere Berechenbarkeit des Rechts erreichen zu können. In der Rechtspraxis hat seine Lehre bisher keinen Einfluß gewonnen.

[527] M. Weber, a. a. O., S. 512.

sozialen Marktlage ist. Die neue Anschauung des Rechts ermöglicht eine neue Einordnung des Richters in die Sozialordnung der heutigen Gesellschaft. Der Richter ist zwar nicht mehr Subsumtionsautomat, in den man oben den Tatbestand nebst den Kosten einwirft und der dafür die Entscheidung nebst Gründen ausspuckt[528]. Man erwartet dafür vom Richter heute die Erfüllung einer bestimmten Produktion richterlicher Entscheidungen wie von einem Fließbandarbeiter, dem statt Werkteilen Akten durch die Hände gehen. Der Unterschied zum Fließbandarbeiter besteht nur darin, daß der Richter im Gegensatz zu jenem seine Akkordnorm nicht genau kennt, weil der Pensenschlüssel vor ihm geheim gehalten wird.

Die richterliche Entscheidung ist also nicht länger eine mythische schöpferische Entscheidung, sondern eine in Zahlen meßbare Leistung. Über diese Wandlung des Bildes vom Richter können die Roben und die zeremoniellen Vorschriften der Prozeßordnung nicht hinwegtäuschen. Proteste gegen diese neue Entwürdigung des Richters erheben die Verwaltungsrichter[529]. Die von ihnen bisher angeführten Gründe sind jedoch kaum geeignet, das jetzige Verständnis von der richterlichen Arbeit zu ändern.

---

[528] So die drastische Kenntzeichnung M. Webers, a. a. O., S. 508.

[529] E. G. Richter, Der Verwaltungsrichter und „seine“ Statistik, DVBl. 1959, 196; van Husen, Die Entfesselung der Dritten Gewalt. DVBl. 1959, 202.

VI. ABSCHNITT:

Zusammenfassung und Ausblick auf weitere Entwicklungsmöglichkeiten der Rechtssoziologie

Die vorliegende Arbeit stellt einen Versuch dar, ein begrenztes Teilgebiet des Rechtslebens soziologisch zu untersuchen. Da die für das Recht zentrale Figur des Richters Gegenstand der Untersuchung war, sind in dieser Arbeit die derzeit wichtigen rechtssoziologischen Fragen im Hinblick auf ihn und seine Tätigkeit aufgeworfen worden. Das Thema der Arbeit, in manchen Punkten der Mangel an empirischem Material, brachten es mit sich, daß einige wichtige Fragen nur angeschnitten werden konnten.

Eine neue „Grundlegung“ der Rechtssoziologie ist nicht erreicht worden. Es hat sich aber ergeben, daß trotz des Verzichts, philosophische Voraussetzungen und materielle Grundbegriffe der Rechtssoziologie zu definieren, konkrete Ergebnisse erzielt werden konnten. Bemerkenswert ist, daß es nicht erforderlich war, einen soziologischen Arbeitsbegriff des Rechts zu definieren. Daraus folgt, daß der juristische Tatbestand „Recht“ nur einen Teil des soziologischen Rechtsbegriffs ausmacht. Erforderlich sind nunmehr weitere empirische Einzeluntersuchungen zu rechtssoziologischen Fragen. Von den Ergebnissen dieser Untersuchungen ausgehend läßt sich dann eine Definition des Rechts aufstellen, die als Arbeitsbegriff für die Rechtssoziologie geeignet ist.

Recht ist, soziologisch verstanden, ein Teil der allgemeinen Ordnung des Gesellschaftslebens. Von den bestehenden sozialen Ordnungsmechanismen ist das Recht in den meisten Fällen derjenige, welcher sich nach außen durch seine Institutionen und seine formulierten Normsätze am deutlichsten manifestiert. Das besagt jedoch nicht, daß Recht auch stets das wirksamste Ordnungsprinzip ist, dessen Normen sich im sozialen Leben in jedem Fall gegen kollidierende Normen anderer Ordnungsprinzipien durchsetzen[530]. Die soziale Bedeutung des Rechts als Ordnungsfaktor kann größer oder geringer sein. Für den Grad der sozialen Wirksamkeit des Rechts kann das Sozialprestige des Richters ein bestimmender Faktor sein. In der heutigen Rechtsordnung scheint allerdings umgekehrt das Sozialprestige des Richters lediglich ein Ausdruck der sozialen Be-

---

[530] GURVITCH, Sociology of Law, S. 223.

deutung des Rechts zu sein. Das ergibt sich aus den Untersuchungen über die Stellung und die soziale Herkunft des Richters. Das Sozialprestige des Rechts hängt nicht davon ab, daß der größte Teil der Richter aus einem bestimmten eng umgrenzten Teil der Mittelschicht stammt; vielmehr erwerben die Angehörigen dieser Mittelschicht ein besonderes soziales Prestige, weil sie Richter werden. Gleichgültig aber, ob die Sozialfunktion des Rechts vom Sozialprestige des Richters bestimmt wird oder ob das Recht dem Richter erst ein bestimmtes Sozialprestige verleiht: jedenfalls kann aus der Tatsache eines bestimmten Sozialprestiges der Richter ein Schluß auf die soziale Bedeutung des Rechts gezogen werden.

Neben der Figur des Richters ist die Rechtsnorm ein zentraler Begriff der Rechtssoziologie. Ein soziologisches Verständnis der Rechtsnorm setzt ein genaueres Durchdenken der soziologischen Bedeutung von Normen überhaupt voraus. Leider ist die Theorie der Norm, abgesehen von den Arbeiten Th. Geigers, heute noch im wesentlichen auf dem Stand der Ergebnisse Durkheims.

Neuerdings hat Dahrendorf in seiner Antrittsvorlesung über den Ursprung der Ungleichheit unter den Menschen den Versuch gemacht, in ein tieferes Verständnis der Norm einzudringen. Den Schlüssel zum soziologischen Verständnis der Norm sieht er in der sozialen Ungleichheit. Diesen mehrdeutigen Begriff definiert er als soziale Schichtung nach Ansehen und Reichtum (Prestige und Einkommen), als Rangordnung des sozialen Status im Gegensatz zu einer bloß äußerlichen natürlichen Verschiedenartigkeit des Aussehens, Charakters usw., der natürlichen Verschiedenwertigkeit der Fähigkeiten und Talente des einzelnen, welcher im Hinblick auf die Gesellschaft die soziale Differenzierung prinzipiell gleichwertiger Positionen entspricht[531]. Die vielfach, selbst noch in neuester Zeit in mannigfachem Gewande auftretende Erklärung der sozialen Schichtung aus der Annahme einer natürlichen Verschiedenwertigkeit der Menschen lehnt Dahrendorf ab[532].

Dahrendorf geht statt dessen von dem Satze Durkheims aus, wonach jede Gesellschaft eine moralische Gesellschaft ist, weil die Bildung jeder Gesellschaft voraussetzt, daß gewisse Werte gefunden und als geltende Normen gesetzt werden[533]. Die Auffassung Rousseaus und anderer Philosophen des 18. und 19. Jahrhunderts bis zu Marx, nach denen die Menschen ursprünglich in einer Art paradiesischen gesellschaftlichen Zustands allgemeiner natürlicher Gleichheit gelebt haben und erst durch einen sozialen Sündenfall zu einer Gesellschaft mit verschiedenen Rangstufen gekommen sind, hält er für eine gedankliche Fiktion, die nie eine empi-

---

[531] Dahrendorf, Über den Ursprung der Ungleichheit unter den Menschen, S. 6f.

[532] Dahrendorf, a. a. O., S. 7ff.

[533] Dahrendorf, a. a. O., S. 20.

rische Grundlage gehabt hat[534]. Alle empirischen Untersuchungen deuten darauf hin, daß es von jeher Gesellschaftsordnungen mit sozialen Schichtungen irgendwelcher Art gegeben hat. Wenn aber in jeder Gesellschaft Normen beständen, an denen soziales Verhalten gemessen und demgemäß distributiv mit Lohn oder Strafe sanktioniert wird, so ergebe sich aus dieser Bewertung zwangsläufig eine Differenzierung des sozialen Rangs des einzelnen. Dahrendorf faßt dieses Ergebnis in dem Satz zusammen, daß alle Menschen *vor* dem Gesetz gleich sind, aber nicht mehr *nach* dem Gesetz, nachdem sie nämlich mit dem Gesetz in Berührung gekommen sind. Das Gesetz bewertet menschliches Verhalten teils positiv, teils negativ und differenziert so den sozialen Status des einzelnen. Daraus folgt seine These, daß der Ursprung der Ungleichheit die Existenz der Normen, nicht aber eine einzelne soziale Institution, etwa das Eigentum, ist[535].

Die allgemeinen Instrumente sozialer Rangdifferenzierung sieht Dahrendorf in Einkommen und Prestige[536]. Herrschaft sei Differenzierungsmerkmal der sozialen Schichtung allenfalls unter dem Gesichtspunkt der Gegenleistung für besondere Qualitäten oder Leistungen. Daraus zieht Dahrendorf den Schluß, daß die Notwendigkeit von Sanktionen die Herrschaftsstruktur von Gesellschaften nicht erklären könne. Die Notwendigkeit der Sanktionen sei vielmehr eine Erklärung der Schichtung aus der Sozialstruktur von Macht und Herrschaft. Demnach sei Schichtung nur eine Konsequenz der Herrschaftsstruktur und die Integration ein Spezialfall des innerhalb einer Gesellschaft wirkenden Zwanges[537].

Dahrendorfs kühner und einer weiteren Vertiefung würdiger Ansatzpunkt hat jedenfalls das Verdienst, auf die wichtige soziale Bedeutung der Norm hingewiesen zu haben. Seine Gedankengänge entwickelt er in erster Linie an Rechtsnormen. Die von ihm gegebenen Beispiele zeigen jedoch, daß er einen weiteren Normbegriff als den juristischen im Auge gehabt hat, der rechtliche und nichtrechtliche Normen umfaßt[538].

Andererseit ist Dahrendorfs Ausgangspunkt vom Standpunkt der Soziologie aus nicht ungefährlich. Seine Fragestellung nach der Ungleichheit unter den Menschen liegt an der Grenze soziologischer Wissenschaft überhaupt. Dahrendorf versteht Soziologie als eine empirische wertfreie Wissenschaft. Verlangt aber nicht die Frage nach dem Grunde für die Ungleichheit unter den Menschen eine wertende Antwort? Dahrendorf warnt selbst nachdrücklich vor der irrigen Meinung, die bloße Feststellung

---

534 DAHRENDORF, a. a. O., S. 7 ff.

535 DAHRENDORF, a. a. O., S. 21 ff.

536 DAHRENDORF, a. a. O., S. 26.

537 DAHRENDORF, a. a. O., S. 27, insbesondere Anm. 18.

538 DAHRENDORF, a. a. O., S. 21, wo er als Beispiel die rechtlich kaum vorstellbare Norm annimmt, daß Frauen innerhalb eines bestimmten Stadtviertels bereit sind, mit ihren Nachbarinnen mehr oder minder interessante Geheimnisse und Skandale auszutauschen.

einer Tatsache könne eine Begründung für einen bestimmten Wert dieser Tatsache abgeben[539]. Eine Normenordnung ist nicht deshalb richtig, weil sie bestimmte Regelungen trifft, wenn man nicht von einer allgemein verbindlichen Grundlage eine prästabilierten Harmonie im sozialen Leben ausgehen will. Als empirische Erfahrung läßt sich demgegenüber feststellen, daß verschiedene Menschen dieselben Tatsachen gleich feststellen, aber verschieden bewerten.

Dahrendorfs Erklärung der Ungleichheit endet allerdings nicht in diesem Irrtum. Sie gründet sich auf das Vorhandensein von Normen, weist also zur Begründung einer Wertung auf die in den Normen verkörperten Werte hin. Ob dieser Versuch einer Erklärung ausreicht, scheint nach den Ergebnissen dieser Arbeit zweifelhaft zu sein. Dahrendorfs These wäre richtig, wenn Normen wertautonom wären, d. h. aus sich eine Erklärung geben könnten.

Die Anwendung der Rechtsnormen zeigt, daß dies nicht der Fall ist. Im Einzelfall genügt es zur Begründung einer Entscheidung nie, auf die **bloße Existenz** einer Norm hinzuweisen, nach der der konkrete Sachverhalt zu behandeln sei. Diese Art der Betrachtung ist bei Juristen als formalpositivistisch verpönt. Zu einer als tiefer empfundenen Begründung der Normanwendung wird vielmehr stets stillschweigend oder ausdrücklich auf einen hinter der Norm liegenden, sie rechtfertigenden Wert zurückgegriffen. Dieser mag Wille des Gesetzgebers, Naturrecht, Sittlichkeit oder göttlicher Wille heißen oder in den Gründen richterlicher Entscheidungen etwa unter den Stichworten Treu und Glauben oder Anstandsgefühl aller billig und gerecht Denkenden anzutreffen sein.

Es ist nicht zu übersehen, daß andere soziale Normen den Bezugswerten näher stehen als die Rechtsnormen. In einer pluralistischen Gesellschaft scheint es aber nur wenige, sehr allgemeine Normen zu geben, die wertautonom sind. Das für die Existenz jeder gesellschaftlichen Ordnung unbedingt notwendige Minimum der übereinstimmenden Werte scheint nicht groß zu sein. Die weitaus überwiegende Zahl von Normen, darunter auch viele, die als grundlegend gelten, sind nicht wertautonom.

Dahrendorf führt aus, daß der Wandel von Gesellschaftsordnungen durch den innerhalb dieser Ordnungen bestehenden Pluralismus selbst bedingt sei, indem er darauf hinweist, daß das Schichtungssystem ebenso wie die Sanktionen und die Herrschaftsstruktur beständig dahin tendieren, sich selbst aufzuheben[540]. Die Ergebnisse dieser Arbeit haben hinsichtlich der Rechtsnormen diese These Dahrendorfs bestätigt. Der Streit um die richtige Anwendung einer Rechtsnorm ist nichts anderes als der Ausdruck der Auseinandersetzung verschiedener sozial wirksamer Wertordnungen, die eine Normanwendung in ihrem Sinne erstreben.

---

539 Dahrendorf, a. a. O., S. 15.
540 Dahrendorf, a. a. O., S. 31.

Zusammenfassend läßt sich zum Ansatz Dahrendorfs feststellen:

1. Die Erklärung Dahrendorfs für das Vorhandensein sozialer Ungleichheit in der Form einer verschiedenen Rangordnung des sozialen Status besagt nur, daß diese Ungleichheit besteht und weist auf eine faßbare Ursache dafür hin. Homans hat in seinem Buch „The Human Group" gezeigt, wie dieser Ansatz wertneutral ausgebaut werden kann. Es läßt sich darstellen, daß es in jeder Gesellschaft Personen oder Gruppen gibt, die den Normen näher stehen als andere Personen oder Gruppen.

   Es ist jedoch zu beachten, daß Dahrendorf mit seinem Ansatz keine abschließende philosophische Erklärung für das Vorhandensein sozialer Ungleichheit geben wollte. Dahrendorf will ausdrücklich keine wertende Erklärung geben, warum soziale Ungleichheit besteht.
2. Ob der Ansatz Dahrendorfs genügt, bleibt fraglich. Die Untersuchung der Rechtsnormen zeigt, daß es Wertungen gibt, die keinen Ausdruck in der Rechtsnorm gefunden haben und dennoch wirksam sind. Eine offene Frage ist, ob es auch neben andern sozialen Normen Wertungen gibt, die etwa für das soziale Prestige von Bedeutung sind, aber in den Normen selbst keinen Ausdruck gefunden haben.
3. Dahrendorf stellt den sachlichen Gehalt des in den Normen gefaßten Inhalts von Wertungen zur soziologischen Untersuchung. Dieser Untersuchungsgegenstand ist empirisch jedenfalls besser faßbar als die Wertungen, die hinter diesem Inhalt stehen. Diese bleiben zum Teil unausgesprochen, zum Teil sogar unbewußt. Die Frage bleibt aber, wie weit der manifeste Inhalt der Normen dem latenten Inhalt der hinter den Normen stehenden Wertungen entspricht und wie weit anstelle der Norm diese latenten Wertungen maßgebend für die Ungleichheit unter den Menschen sind.

Recht manifestiert sich zu einem Teil in der Tätigkeit des Richters durch einen gewollten, rational begründeten Eingriff in das Sozialleben. Soweit soziales Verhalten den Rechtsnormen genügt, ohne daß ein solcher äußerlich sichtbarer Eingriff vorliegt, bleibt nach dem heutigen Stand der Rechtssoziologie offen, ob dies eine Folge der Verbindlichkeit einer Rechtsnorm ist, oder ob sozial wirksame außerrechtliche Normen dieses Verhalten bedingen. Weitere Untersuchungen über das Verhältnis der Rechtsordnung zu außerrechtlichen Ordnungssystemen sind geeignet, das von Th. Geiger entworfene Bild über die Verbindlichkeit der Rechtsnormen[541] zu verfeinern. Auf diese Weise läßt sich ein Bild von der Stellung des Rechts als Ordnungsfaktor innerhalb einer Kultur gewinnen. Die vorliegende Arbeit erlaubt zu dieser Frage keine abschließende Antwort.

Die Bewegungs- und Entwicklungsgesetze des Rechts sind in dieser Arbeit angedeutet worden. Die statistischen Untersuchungen über den Geschäftsanfall bei den Gerichten und die Zahl der Richter ergeben, daß

---

[541] Th. Geiger, Vorstudien zu einer Soziologie des Rechts, S. 50 f.

die Zahl sozialer Beziehungen, die einer rechtlichen Regelung unterliegen, um so größer ist, je zahlreicher die sozialen Kontakte insgesamt sind. Dieses Ergebnis versteht sich nicht von selbst. Nach den Ausführungen Gurvitchs[542] könnte man erwarten, daß eine Vermehrung sozialer Beziehungen in der pluralistischen Gesellschaft den Wirkungskreis des Rechts unverändert läßt, weil die vermehrten sozialen Beziehungen durch außerrechtliche Ordnungssysteme geregelt würden.

Die vielfach vertretene Ansicht von einem stets vorliegenden „culture lag", einem sozialen Rückhang des Rechts gegenüber der tatsächlichen Entwicklung[543], ist in Frage zu stellen. Sicherlich sind große Teile des Rechtssystems erstarrt und hinken hinter den sie tragenden sozialen Systemen her. Andererseits gibt es auch Beispiele dafür, daß rechtliche Normen aufgrund einer bestimmten Ideologie bewußt gesetzt werden, um die bestehende Sozialordnung zu ändern. Diese mögliche Funktion des Rechts hat schon Marx angedeutet, indem er in seinen Thesen über Feuerbach darauf hinwies, daß die Umstände von den Menschen bei gleichzeitiger Selbstveränderung der Erzieher verändert werden müßten[544], also das staatliche Recht als Mittel der Klassenherrschaft begriff und die Diktatur des Proletariats forderte[545]. Nach der Vorstellung von Marx dient also das Recht in der Hand des Proletariats der Veränderung bestehender und der Herbeiführung einer künftigen Sozialordnung, wie sie nach kommunistischer Anschauung erstrebenswert erscheint.

Praktische Beispiele für die Vorwegnahme einer Sozialordnung durch ein Rechtssystem bieten vor allem die sogenannten Entwicklungsländer, namentlich diejenigen, die ihre Sozialordnung schon der als vorbildlich empfundenen europäischen oder amerikanischen angeglichen haben. So verfügten die Machthaber der Türkei im Jahre 1923 eine Ablösung des bis dahin geltenden türkischen Rechts durch das schweizerische Zivilgesetzbuch. Die neue Rechtsordnung wurde ohne irgendwelche Übergangsvorschrift von einem Tag auf den andern angeführt[546]. Aber auch im deutschen Recht kommt es zur Übernahme ausländischer Rechtsnormen, um die bestehende Sozialordnung nach bestimmten Vorstellungen zu gestalten.

Über die vielfältigen Einflüsse außerrechtlicher Art auf die Gestaltung der Rechtsordnung gibt die Arbeit einen ersten Überblick. Außerrechtliche Einflüsse erstreben eine bestimmte sachliche Gestaltung der Rechtsnormen. Sie wirken sich schon in der Gesetzgebung aus, wo sie bei der sachlichen

---

542 Gurvitch, Sociology of Law, S. 221 ff.

543 Siehe näher dazu König, Fischerlexikon Soziologie, S. 235.

544 Marx, Auswahl, S. 41.

545 Marx, a. a. O., S. 109 f., 115.

546 Die weitgehende Übernahme des deutschen BGB in Japan dürfte auch das Ziel verfolgt haben, bestimmte Bereiche des japanischen Lebens entsprechend dem als vorbildlich empfundenen deutschen umzuformen.

Gestaltung des Inhalts der Rechtsnormen aufeinandertreffen. Die Rechtsnorm wird schließlich in vielen Fällen ein Kompromiß verschiedener außerrechtlicher Wertvorstellungen und spiegelt so das soziale Kräfteverhältnis wider. Die juristische Hypothese, die in den Rechtsnormen eine Idee der Gerechtigkeit sucht, die über den sozialen Interessen steht und von einem unparteiischen fingierten Gesetzgeber ausgeht, entspricht nicht der sozialen Wirklichkeit.

Die Untersuchungen über die juristischen Methoden der Rechtsanwendung zeigen, daß die außerrechtlichen Einflüsse nicht nur in der Gesetzgebung, sondern auch in der Rechtsprechung den Inhalt der Norm prägen. Im Laufe der Zeit werden die der Normlösung zugrunde liegenden Wertvorstellungen in der Rechtsprechung oftmals abgewandelt. Dieser inhaltliche Bedeutungswandel der Rechtsnorm, der nicht geradlinig zu verlaufen braucht, beruht auf der Diskrepanz der Wertvorstellungen der an der Gesetzgebung Beteiligten, deren Vorstellungen in den „Motiven" ihren Ausdruck finden, und den Wertvorstellungen der an der juristischen Tradition geschulten Richter.

Die Gestaltung der Rechtsordnung ist nicht nur von diesen sachlichen Faktoren abhängig. Für das Verständnis des Rechts ist es wichtig, die Gesichtspunkte zu kennen, nach denen die Personen gewählt werden, die den Inhalt der Rechtssätze durch die Anwendung auf konkrete Fälle maßgeblich prägen. Die Gesetzgebung und die Praxis bei der Berufung von Richtern an obere Gerichte beweist, daß die politisch maßgebenden Schichten sich der Bedeutung dieser Positionen für die Gesellschaftsordnung, insbesondere für den Staat, bewußt sind. Die betont politische Einflußnahme auf die Ernennung von Richtern kann ursächlich dafür sein, daß die Rechtsprechung der oberen Gerichte und damit praktisch die gesamte Rechtsprechung heute staatsbejahend ist. In der Weimarer Republik scheint der politische Einfluß der Träger des Staates geringer gewesen zu sein. Darauf ist wohl zurückzuführen, daß die Rechtsprechung damals in erheblichem Maße den damaligen Staat verneinte. Diese Betrachtung zeigt, daß die Verfechter eines unpolitischen Beamtentums, das angeblich korrekter in der Amtsführung sein soll als das auch nach politischen Gesichtspunkten ernannte, die möglichen negativen Seiten der politischen Einflußnahme übertreiben, während sie andererseits die im Interesse des Staates positiven Auswirkungen geflissentlich übersehen.

Entwicklung und Bewegung des Rechts können nur erkannt werden, wenn der Zusammenhang zwischen Recht und anderen sozialen Ordnungsprinzipien aufgedeckt wird. Welche außerrechtlichen Ordnungsprinzipien die Gestaltung des Rechts beeinflussen, kann abschließend noch nicht gesagt werden. Sicher ist nur, daß eine soziologische Betrachtung allein des Rechts ohne Rücksicht auf außerrechtliche Ordnungsprinzipien nicht zu einem soziologischen Verstehen des Rechts führen kann.

Eine große Zahl sozialer Beziehungen ist rechtlich normiert. Rechtsnormen gelten in den verschiedensten Sachgebieten und in den verschiedensten sozialen Gruppen. Um so bemerkenswerter ist es, daß die Handhabung des Rechts bei einer eng umgrenzten sozialen Schicht liegt, die ihre Kenntnis von anderen sozialen Gruppen zu erheblichen Teilen erst bei der Anwendung des Rechts erlangt. Erst die Kenntnis sozialer Verhältnisse in anderen Gruppen ermöglicht dem Juristen eine dem Rechtsuchenden verständliche Bewertung des von ihm zu beurteilenden Verhaltens; deshalb ist die Beziehung des Rechts zur Umwelt davon abhängig, in welchem Umfang Richter Kenntnisse von sozialen Verhältnissen in andern sozialen Schichten haben. Daß den Richtern aller Gerichtszweige grundsätzlich die Möglichkeit offen steht, solche Kenntnisse in ausreichendem Maße zu erlangen, wurde in der Arbeit im einzelnen ausgeführt.

Bei den Juristen besteht seit mehr als 30 Jahren ein Unbehagen über eine mögliche Rechtsverfremdung der Laien gegenüber der Rechtsordnung, weil entweder die Juristen es nicht genügend verstehen, die Nichtjuristen zur Annahme der der Rechtsordnung zugrunde liegenden Wertordnung zu veranlassen, oder weil die Nichtjuristen selbstbewußt ihre in einer Gruppe der pluralistischen Gesellschaft entwickelten Wertvorstellungen als Normen der „Gerechtigkeit" deklarieren und die Rechtsnormen daran messen. Das ursprünglich religiös metaphysische Charisma des Rechts ist durch das sich allmählich entfaltende Bewußtsein vom Eigenwert der Einzelpersönlichkeit abgebaut worden[547]. Ein gleichwertiges anderes Charisma ist nicht an seine Stelle getreten. Insbesondere genügt der Anspruch des Juristen als eines Experten des Rechts nicht, um dieses weggefallene Charisma zu ersetzen.

Die mangelnde Bewährung des Rechts in den vergangenen Jahrzehnten, die in den politischen Umstürzen ihren Ausdruck gefunden hat, wird heute wahrscheinlich als Ursache für eine Vertrauenskrise überbewertet. Die bei der Einzelperson so wirksame Verdrängung führt auch im sozialen Bereich dazu, daß die Vergangenheit möglichst rasch aus dem Bewußtsein getilgt wird.

Als Erklärung für den gegenüber früheren Gesellschaftsordnungen festzustellenden Prestigeverlust des Rechts als sozialer Ordnungsfaktor bleibt demnach, daß man das Recht heute mehr rational zu erfassen sucht und den Ergebnissen des Rechts mit der rationalen Objektivität gegenübertritt, die den Naturwissenschaftler auszeichnet. Diese Einstellung zum Recht verhindert einen ähnlich hohen Grad der Verinnerlichung seines Inhalts, wie er bei einer unkritischen Hinnahme der Normen möglich war. Die Richtigkeit dieser These ließe sich an der Bedeutung des Rechts in andern pluralistischen Gesellschaften überprüfen. Die hier entwickelte Theorie ist richtig, wenn der Autoritätsschwund des Rechts auch in andern

---

[547] TH. GEIGER, a. a. O., S. 245 ff., insbesondere S. 248.

Gesellschaftsordnungen nachgewiesen werden kann, welche einen kontinuierlichen sozialen Wandel ohne Brüche aufzuweisen haben.

Die Stellung des Rechts in der Kultur läßt sich am ehesten weiter verfolgen, indem der Wandel des Rechts im einzelnen dargestellt wird. Da Recht ein Teilgebiet der allgemeinen Kultur ist, müssen sich manche allgemeine Gesetze des Kulturwandels auch im Wandel des Rechts nachweisen lassen.

Die einen Wandel im Recht bewirkenden Ursachen lassen sich in endogene und exogene gliedern. Diese Einteilung hat den Vorteil, daß damit eine terminologische Übereinstimmung zur Theorie des kulturellen Wandels erreicht wird. Für das Recht ist aber diese Gliederung schwieriger durchzuführen als für die Kultur, da Recht stets in einer Wechselwirkung zu außerrechtlichen Ordnungswerten steht.

Die wichtigste endogene Ursache für einen Wandel des Rechts ist die Rechtsprechung. Diese orientiert sich in erster Linie an der überlieferten Ordnung. Soziale Konflikte mißt sie an tradierten juristischen Lösungen, die sie auf den konkreten zu entscheidenden Fall anwendet. Läßt sich der konkrete Streitfall nicht unmittelbar aus der juristischen Überlieferung lösen, so versucht der Jurist, rechtliche Regeln anzuwenden, die für einen Sachverhalt gelten, der dem zu entscheidenden als ähnlich empfunden wird. Damit wird gewährleistet, daß juristische Lösungen innerhalb des Rahmens der Rechtsordnung bleiben. Ob juristische Normen unmittelbar oder nur mittelbar auf einen konkreten sozialen Sachverhalt anzuwenden sind, läßt sich nicht mathematisch-logisch feststellen, sondern folgt aus einem juristischen Begriffssystem, das in sich im wesentlichen wertlogisch, aber nicht eindeutig ist. Das Wertsystem, das dem Juristen durch die fachliche Ausbildung vermittelt wird, zeigt ihm, welche juristischen Prinzipien als ähnlich herangezogen werden dürfen, wenn keine unmittelbare Anwendung einer Rechtsnorm möglich erscheint.

Diese Art der Rechtsfindung geschieht im Interesse der Rechtssicherheit und damit einer weitgehenden Berechenbarkeit des Rechts. Schöpferisch eigenwillige Lösungen ohne Rücksicht auf juristische Traditionen laufen der Rechtssicherheit, einem der wesentlichsten Grundsätze des Rechts zuwider. Sie kommen deshalb praktisch nicht vor.

Diese Feststellung gilt in erster Linie für die Rechtsprechung, im wesentlichen aber auch für die Rechtslehre, die infolge ihres geschichtlichen Denkens eine Wandlung der Rechtsprechung vielfach unter Berufung auf deutschrechtliche oder römischrechtliche Rechtsgrundsätze verficht.

Die innerhalb des Rechts auf einen Wandel wirkenden Ursachen zielen somit auf eine allmähliche, die Kontinuität des Rechts nach Möglichkeit wahrenden Änderung der rechtlichen Ordnung ab.

An der Grenze zwischen endogenen und exogenen Ursachen für den Wandel des Rechts steht die Gesetzgebung. Als endogene Ursache kann die Gesetzgebung angesehen werden, weil die Gestaltung der Gesetze heute stets durch juristische Experten vorgenommen wird. Exogene Ursache ist die Gesetzgebung insofern, weil der Inhalt der durch die Gesetzgebung geschaffenen Normen vielfach von außerrechtlichen Wertsystemen bestimmt wird. Diese außerrechtlichen Einflüsse streben mitunter einen einschneidenden Wandel des Rechts ohne Rücksicht auf die juristische Tradition an. In solchen Fällen kommt es bei der Vorbereitung der Gesetzgebung regelmäßig zu Auseinandersetzungen zwischen den juristischen Experten und den maßgeblichen Vertretern außerrechtlicher Interessen, die für die Gestaltung der Rechtsnormen wesentlich sind.

Die neuere Rechtsentwicklung zeigt, daß sich die Rechtsordnung auch unabhängig von den augenfälligen Eingriffen wechselnder politischer Systeme in das Recht in einem Übergangsstadium befindet. Die Gerichte berufen sich heute noch für die Richtigkeit ihrer Entscheidungen auf den Willen des Gesetzgebers und gehen von einer Wertlogik innerhalb des Rechtssystems aus. Die unübersehbare Gesetzesproduktion bringt in zunehmendem Maße Eingriffe in das Recht, deren Folgen und Auswirkungen auf bestehende Gesetze sich nicht bis ins letzte vorausberechnen lassen. So kommt es zu offenbaren Widersprüchen in der Gesetzgebung und zu unvereinbaren Wertentscheidungen in verschiedenen Gesetzen. Setzt sich der Ausstoß von Gesetzen in der bisherigen Menge fort oder wird er gar noch größer, so kann sich die Rechtsprechung in immer geringerem Maße auf die widersprüchliche Gesetzgebung und die verworrene positive Wertordnung zur Begründung der Gesetzesanwendung stützen. Welche Ersatzlösungen anstelle dieser konstruktiv grundlegenden Werte treten könnten, ist bisher nicht zu sehen.

Von besonderem soziologischen Interesse sind Erscheinungen der Akkulturation und Enkulturation, die sich auch auf dem kulturellen Teilgebiet des Rechts beobachten lassen. Die Intensivierung sozialer Kontakte von Angehörigen verschiedener Kulturkreise bedingt Einflüsse verschiedener Rechtsordnungen aufeinander. Genau wie bei der Einzelperson lassen sich auch beim Recht verschiedene Grade der Akkulturation feststellen. Das heutige deutsche Recht ist ein besonders lohnendes Objekt für Untersuchungen über die Stufen der Akkulturation im Recht, da nach dem Krieg die Besatzungsmächte Rechtsnormen ihrer Rechtskreise in das deutsche Recht einfügten. Die deutsche Rechtsprechung verhielt sich gegenüber diesen oktroyierten Normen im allgemeinen reserviert[548]. Als

---

[548] Das Mißtrauen der Besatzungsmächte gegenüber der deutschen Rechtsprechung fand seinen Niederschlag in Art. 3 Abs. 1 und 2 des Gesetzes der Alliierten Hochkommission vom 20. 11. 1949, nach dem veröffentlichte generelle Vorschriften und Einzelvorschriften alliierter Besatzungsbehörden ohne Prüfungsrecht zugrunde zu legen sind, während bei nicht veröffentlichten Anweisungen unter Aussetzung des Verfahrens ein „Bescheid“ der Besatzungsgerichte oder -behörden einzuholen ist. Diese Grundsätze sollten analog auch bei mittelbarem Besatzungsrecht, d. h. bei dem auf Anweisung oder mit Er-

nachhaltiger erweist sich der Einfluß fremden Rechts, das als vorbildlich empfunden und als deutsches Recht freiwillig durch die Gesetzgebung übernommen wurde. Veranlassung zur Übernahme fremder Rechtsnormen bot der wirtschaftliche Aufstieg, der Aufgaben stellte, die in ausländischen Rechtsordnungen schon gelöst waren. In diesem Zusammenhang wäre etwa das Kartellrecht zu nennen, das sich an amerikanischen Vorbildern orientierte[549].

Umgekehrt lassen sich auch Beispiele dafür finden, daß ausländische Rechtsordnungen Vorstellungen des deutschen Rechts akkulturiert haben. So ist das japanische und das chinesische bürgerliche Recht nach dem Vorbild des deutschen BGB geschaffen worden[550]. Bei der Intensität sozialer Beziehungen zwischen Angehörigen verschiedener Länder ist zu erwarten, daß Normen des deutschen Rechts in Entwicklungsländern akkulturiert werden, insbesondere solche, die die ökonomischen Bedingungen regeln sollen, wenn auch der neu entstehende Nationalismus dazu führen kann, daß die Akkulturation fremden Rechts verschwiegen oder gar geleugnet wird.

Das Verhältnis des Rechts zu Einzelgebieten des sozialen Lebens ist noch zu klären. Eine juristische Gliederung der Einzelgebiete des Lebens ergibt sich aus der Einrichtung der verschiedenen Gerichtszweige. Diese Einteilung ist für soziologische Zwecke kaum brauchbar, da sie auf die wissenschaftliche Fragestellung der Soziologie keine Rücksicht nimmt. Ohne dem Ergebnis soziologischer Untersuchungen zu diesem Punkt vorgreifen zu wollen, kann schon jetzt gesagt werden, daß das Ausmaß rechtlicher Normierungen auf den verschiedenen Lebensgebieten unterschiedlich ist. Einzeluntersuchungen können möglicherweise Anhaltspunkte für eine differenzierte Verbindlichkeit der Rechtsnormen ergeben, je nachdem, in welchem Umfang außerrechtliche Ordnungsstrukturen im einzelnen wirksam sind. Die Übereinstimmung sozialen Verhaltens mit der normativen Regelung der Rechtsnorm kann auf der Wirkung einer

---

mächtigung einer Besatzungsmacht von deutschen Behörden gesetztem Recht jedenfalls dann Anwendung finden, wenn es sich um Zweifel der Anweisung oder Ermächtigung handelt. (OVG Hamburg, Urteil vom 28. 10. 1948 — OVG Bf 41/48, MDR 1949, 316; Baur, Richterliches Prüfungsrecht und Besatzungsrecht, DRZ 1950, 151.) Dieser gesetzliche Vorbehalt und die zum Besatzungsrecht ergangene deutsche Rechtsprechung zeigen, daß das von den Besatzungsmächten gesetzte Recht als Fremdkörper im deutschen Recht wirken sollte und von der deutschen Rechtsprechung auch so empfunden wurde.

549 Die größte und wohl auch wichtigste Akkulturation eines fremden Rechts ist die Rezeption des römischen Rechts. Der zeitweilig mit großer Leidenschaft ausgetragene Streit zwischen Romanisten und Germanisten über die Richtigkeit und Zweckmäßigkeit der Rezeption hat es bisher verhindert, die Rezeption unter dem wertfreien Gesichtspunkt der Akkulturation zu untersuchen.

550 Palandt, Einleitung, S. XLIV.

der Rechtsnorm gleichlautenden nichtrechtlichen Norm beruhen. So kann über derartige monographische Untersuchungen eine Differenzierung des von Th. Geiger entworfenen Schemas der Verbindlichkeit von Rechtsnormen gewonnen werden.

Die Stellung der Einzelperson zum Recht ist in dieser Arbeit kaum berührt worden. Sie wird grundlegend bestimmt durch die Art des Rechtssystems. Die geltende positive Rechtsordnung betont das Ziel, durch die Gesetze dem einzelnen die Möglichkeit zur Entfaltung seiner Persönlichkeit zu geben. Grundsätzlich soll heute die Rechtsordnung für den Menschen da sein, nicht der Mensch Mittel zum Zweck einer bestimmten Ordnung sein. Die soziale Wirklichkeit zeigt, daß eine scheinbar geringfügige Änderung der systematischen Betrachtung genügt, der Rechtsordnung einen Eigenwert zu geben, dem der einzelne Mensch unterworfen wird. Es ist eine Frage der Akzentuierung, ob eine Norm mehr zugunsten der Entfaltungsmöglichkeit des einzelnen oder mehr zugunsten einer Einordnung des einzelnen in die Gemeinschaft ausgelegt wird. Daraus erklärt sich, daß das nach den sozialen Vorstellungen des Kaiserreichs entworfene BGB so verschiedenen Ordnungen wie dem Staat Wilhelms II., der Weimarer Republik, dem nationalsozialistischen Führerstaat, der demokratischen Ordnung der Bundesrepublik und dem kommunistischen System der Sowjetzone dienen kann.

Die Rechtsentwicklung in der Bundesrepublik auf dem Gebiet des Zivilrechts deutet darauf hin, daß die Einzelperson im Recht an Entfaltungsmöglichkeit gewinnen soll. In der Rechtsprechung findet das seinen Ausdruck in der Behandlung der Grundrechte als positiver Normen, nicht nur als bloßer Programmsätze wie in der Weimarer Republik. Über dieser Tatsache darf jedoch nicht übersehen werden, daß der Bereich des öffentlichen Rechts beträchtlich ausgeweitet worden ist. Da öffentlichrechtliche Normen meistens eine Beschränkung der Entfaltungsmöglichkeit des einzelnen enthalten, kann zunächst nur gesagt werden, daß der Akzent rechtlicher Regelung dem einzelnen gegenüber sich gewandelt hat. Voreilig wäre die Behauptung, die Rechtsordnung heute gewähre eine größere Entfaltungsmöglichkeit als frühere Rechtsordnungen. Ob eine soziale Ordnung als „freiheitlich", d. h. als der Entfaltungsmöglichkeit des Individuums günstig erscheint, scheint nicht so sehr von der Quantität rechtlicher Normen als von ihrer Qualität abzuhängen. Welche rechtlichen Reglementierungen als Eingriff in die Freiheit des einzelnen aufgefaßt und welche insoweit als wertneutral verstanden werden, bestimmt sich nach außerrechtlichen Wertungen.

Zur Frage der Beziehungen des einzelnen zum Recht wurde festgestellt, daß die Juristen hinsichtlich ihrer Tätigkeit das von Dahrendorf hervorgehobene „schlechte Gewissen" mit anderen Mitgliedern der Oberschicht teilen. Empirische Untersuchungen müßten klären, inwieweit diesem Zweifel an der sozialen Funktion des Rechts eine mangelnde Bereitschaft der Nichtjuristen entspricht, das Recht als sozialen Ordnungsfaktor anzuerkennen. Die Untersuchungen Boltes und die von Popitz deuten eher darauf hin, daß der Jurist als Fachmann mit einem größeren sozialen Prestige rechnen kann, als er selbst anzunehmen wagt. Die Kontinuität der gesellschaftlichen Ordnung seit 1945 hat das Versagen der Justiz vor dieser Zeit ins Vergessen zurücktreten lassen.

Die Frage nach einer Verinnerlichung des Rechts oder einezelner Rechtsnormen hängt möglicherweise mit dem von alters her untersuchten Verhältnis zwischen Recht und Moral zusammen. Wie bereits ausgeführt, werden Rechtsnormen heute nicht mehr in dem Umfang verinnerlicht wie früher, da dem die rationale Eigenständigkeit der Einzelperson entgegensteht. Von einer Verinnerlichung wird man heute sprechen können, wo eine Übereinstimmung zwischen den sozialen Regelungssystemen der Moral und des Rechts besteht. Beachtlich ist der Hinweis Th. Geigers auf die Bedeutung eines gleichen Verhaltens von Gruppenmitgliedern in typischen Situationen[551]. Dieses nicht reflektierte gleiche Verhalten erleichtert die Verinnerlichung von Normen. Oder kann man gar davon sprechen, daß das unreflektierte gleiche Verhalten bei dem bestehenden Schisma der Moralen die Wertgrundlage der Moral oder „Sittlichkeit“ überhaupt ersetze?

---

[551] Th. Geiger, a. a. O., S. 55 ff.

FSC
www.fsc.org
MIX
Papier | Fördert
gute Waldnutzung
FSC® C083411

Kolibri 360 GmbH
Ferdinand-Jühlke-Straße 7
99095 Erfurt, Deutschland
produktsicherheit@kolibri360.de